FiNALEonline.de

FiNALEonline ist die digitale Ergänzung zu deinem Abiturband. Hier findest du eine Vielzahl an Angeboten, die dich bei deiner Prüfungsvorbereitung zusätzlich unterstützen.

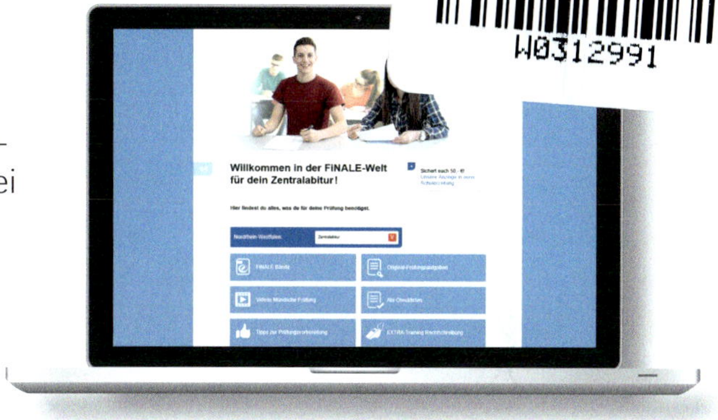

Das Plus für deine Vorbereitung:

- Original-Prüfungsaufgaben mit Lösungen (bitte Code von Seite 2 eingeben!)
- EXTRA-Training Rechtschreibung
  So kannst du einem möglichen Punktabzug bei deinen Abi-Klausuren vorbeugen.
- Videos zur mündlichen Prüfung
- Tipps zur stressfreien Prüfungsvorbereitung
- Abi-Checklisten mit allen prüfungsrelevanten Themen

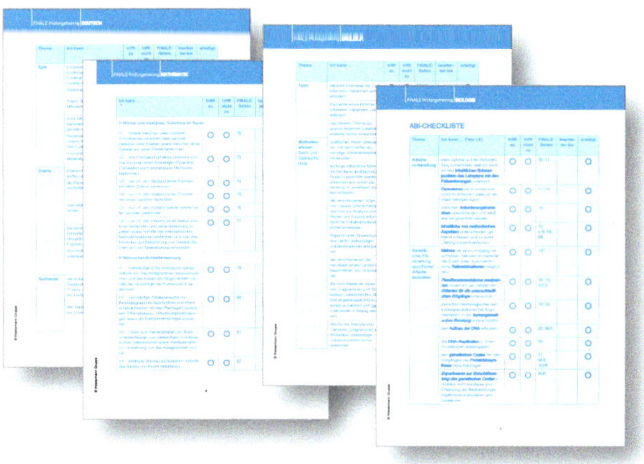

Abi-Checklisten

Sie helfen dir, den Überblick über den Prüfungsstoff zu behalten.

FiNALEonline.de

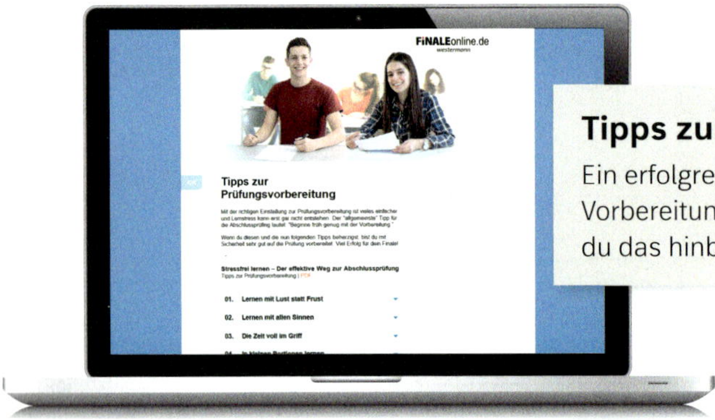

Tipps zur Prüfungsvorbereitung

Ein erfolgreiches Abitur erfordert eine gezielte Vorbereitung ohne unnötigen Lernstress. Wie du das hinbekommst, erfährst du hier!

Videos zur mündlichen Prüfung

Nur wenige Abiturienten wissen genau, wie sie abläuft, die „Mündliche". Die Videos geben dir Einblick in den Ablauf der Prüfung und Tipps für die richtige Vorbereitung.

Die Kombination aus FiNALE-Buch und FiNALEonline bietet dir die optimale Vorbereitung für deine Prüfung und begleitet dich sicher zu einem erfolgreichen Abitur 2021!

www.finaleonline.de

westermann

FiNALE Prüfungstraining

Niedersachsen

Zentralabitur 2021

Deutsch

FiNALEonline.de

Liebe Abiturientin, lieber Abiturient,

sobald die Original-Prüfungsaufgaben zur Veröffentlichung freigegeben sind, können sie unter www.finaleonline.de zusammen mit ausführlichen Lösungen kostenlos heruntergeladen werden. Gib dazu einfach diesen Code ein:

DE7Q5S9

Einfach mal reinschauen: www.finaleonline.de

Autoren: Harald Fischmann, Marcus Klinge, Carina Konowalow, Elke Helma Rothämel, Tina Schott sowie Marina Dahmen, Katrin Jacobs, Martin Kottkamp, Helmut Lindzus, Dr. Jens Zwernemann

westermann GRUPPE

Druck A[1]/Jahr 2020
Alle Drucke der Serie A sind im Unterricht parallel verwendbar.

Redaktion: omnibooks, Bielefeld
Kontakt: finale@westermanngruppe.de
Layout: Druckreif! Sandra Grünberg, Braunschweig
Umschlaggestaltung: Gingco.Net, Braunschweig
Umschlagfoto: Peter Wirtz, Dormagen
Druck und Bindung: westermann druck GmbH, Braunschweig

ISBN 978-3-7426-**2133**-7

Inhaltsverzeichnis

Arbeiten mit *Finale* ... 5

Informationen und Tipps zur Prüfung

Prüfungsvorgaben zu allen Rahmenthemen ... 6
Tipps zur Arbeitsorganisation ... 19

Basiswissen

Grundlegende Arbeitstechniken

Arbeitsschritte zur Lösung von Abituraufgaben ... 20
Texte erschließen ... 22
Texte schreiben ... 27
Texte überarbeiten ... 30

Beispiele für Prüfungsaufgaben

Rahmenthema 1: Literatur und Sprache um 1800

Klassik: Das Weimarer Kunstprogramm (prüfungsrelevantes Wahlpflichtmodul)
Das Weimarer Kunstprogramm (g. A.)
▶ Materialgestütztes Verfassen argumentierender Texte ... 32

Johann W. Goethe: Iphigenie auf Tauris (e. A.)
▶ Interpretation literarischer Texte (Drama) & Bewertung ... 44

Rahmenthema 2: Drama und Kommunikation

Gestaltungsmittel des Dramas (Pflichtmodul)
Samuel Beckett: Endspiel (g. A.)
▶ Interpretation & Erörterung literarischer Texte (Drama) ... 53

Rahmenthema 3: Literatur und Sprache um 1900

Krise und Erneuerung des Erzählens (Pflichtmodul)
Robert Walser: Acht Uhr (g. A.)
▶ Interpretation literarischer Texte (Epik) ... 58

Rahmenthema 4: Vielfalt lyrischen Sprechens

Fremdheit – Erfahrung von Verfolgung und Flucht (Wahlpflichtmodul)
Hilde Domin: Fremder / Franz Kafka: Der Fahrgast (g. A.)
▶ Gedichtinterpretation & Motivvergleich mit einem Kurzprosatext ... 65

Was ist der Mensch? Lebensfragen & Sinnentwürfe (Pflichtmodul; länderübergreifende Aufgabe)
Johann W. Goethe: Neue Liebe, Neues Leben. / Steffen Jacobs: Begegnung (e. A.)
▶ Gedichtinterpretation & Gedichtvergleich ... 74

Rahmenthema 5: Literatur und Sprache von 1945 bis zur Gegenwart

Neue und neueste Tendenzen der Erzählliteratur (Wahlpflichtmodul)
Jenny Erpenbeck: Gehen, ging, gegangen (e. A.)
▶ Interpretation & Erörterung literarischer Texte (Epik) ... 81

Rahmenthema 6: Reflexion über Sprache und Sprachgebrauch

Sprache als Instrument politischer und gesellschaftlicher Interessen (Wahlpflichtmodul)
Gregor Gysi: Wir müssen die Ursachen der Flucht bekämpfen (e. A.)
▶ Analyse & Erörterung pragmatischer Texte ... 90

Rahmenthema 7: Medienwelten

Zeitung (prüfungsrelevantes Wahlpflichtmodul)
Zukunft der Zeitung – Zeitung der Zukunft (e. A.)
▶ Materialgestütztes Verfassen argumentierender Texte ... 102

Original-Prüfungsaufgaben

Abiturprüfung 2019

Gotthold Ephraim Lessing: Nathan der Weise (g. A.)
▶ Materialgestütztes Verfassen informierender Texte ... 113
Joseph Roth: Hiob (e. A.)
▶ Interpretation literarischer Texte (Epik) ... 126

Abiturprüfung 2020

grundlegendes und erhöhtes Anforderungsniveau unter www.finaleonline.de

Basiswissen

Basiswissen zu den Rahmenthemen

Rahmenthema 1: Literatur und Sprache um 1800 ... 136
▶ **Prüfungsrelevantes Wahlpflichtmodul: Klassik: Das Weimarer Kunstprogramm** ... 142
Rahmenthema 2: Drama und Kommunikation ... 146
Rahmenthema 3: Literatur und Sprache um 1900 ... 157
Rahmenthema 4: Vielfalt lyrischen Sprechens ... 162
Rahmenthema 5: Literatur und Sprache von 1945 bis zur Gegenwart ... 175
Rahmenthema 6: Reflexion über Sprache und Sprachgebrauch ... 184
Rahmenthema 7: Medienwelten ... 189
▶ **Prüfungsrelevantes Wahlpflichtmodul: Zeitung** ... 190

Umgang mit Texten

Epische Texte ... 192
Lyrische Texte / Dramatische Texte ... 198
Literarische Texte in Prüfungsaufgaben ... 199
Sachtexte ... 202
Sachtexte in Prüfungsaufgaben ... 206

Arbeiten mit *Finale*

Seit 2006 findet in Niedersachsen die schriftliche Abiturprüfung im Fach Deutsch im Rahmen eines Zentralabiturs statt. Vor dem Hintergrund der Erfahrungen aus den vorausgegangenen Jahren sowie unter gewissenhafter Beachtung der offiziellen Vorgaben ist *Finale* speziell für Ihre Vorbereitung auf diese Prüfung konzipiert.

Zur gezielten Vorbereitung auf die Abiturprüfungen **2021** bietet *Finale*
- präzise und übersichtlich angeordnete Informationen zu den Vorgaben für das Abitur 2021 im Fach Deutsch,
- vielfältige Aufgabenbeispiele zu den Pflichtmodulen des Kerncurriculums, den für diesen Jahrgang als prüfungsrelevant festgelegten Wahlpflichtmodulen und den in den „Fachbezogenen Hinweisen" vorgegebenen Aufgabenarten,
- umfangreiche und klar strukturierte Angebote zur systematischen Wiederholung und Vertiefung des erforderlichen Basiswissens und der grundlegenden Arbeitstechniken,
- eine detaillierte Abi-Checkliste als Word-Datei und PDF zum Herunterladen auf www.finaleonline.de, mit der Sie sich einen Überblick darüber verschaffen können, welchen Wiederholungsbedarf Sie haben und welche Seiten oder Kapitel in *Finale* Sie daher vorrangig bearbeiten sollten, sowie
- als zusätzliche Onlineverlängerung zwei Original-Prüfungsaufgaben aus dem Abitur 2020 mit ausformulierten Beispiellösungen. Diese Original-Prüfungsaufgaben können Sie, sobald sie zur Veröffentlichung freigegeben sind, zusammen mit Musterlösungen kostenlos online herunterladen:
  www.finaleonline.de
  Code: DE7Q5S9

Finale ist so angelegt, dass Sie sich individuell vorbereiten können. Je nach persönlichen Stärken und Schwächen, die Sie auf www.finaleonline.de mithilfe der Abi-Checkliste ermitteln können, kann die Arbeit mit den einzelnen Kapiteln und Teilkapiteln ausgewählt und in der Intensität nach eigenen Erfordernissen dosiert werden. Das detaillierte Inhaltsverzeichnis sowie zahlreiche → Querverweise erleichtern dabei die Orientierung in *Finale*.

Der systematische, an den vorgeschriebenen Rahmenthemen orientierte Aufbau und die komprimierte Form fördern eine effektive Abiturvorbereitung. *Finale* empfiehlt sich daher als sinnvolle Begleitung und Ergänzung des Fachunterrichts.

Wir wünschen Ihnen viel Erfolg!

Informationen und Tipps zur Prüfung

Prüfungsvorgaben zu allen Rahmenthemen

Die schriftliche **Abiturprüfung 2021** ist im Fach Deutsch auf erhöhtem wie grundlegendem Niveau für den **30. April** festgelegt, Nachschreibtermin ist der **27. Mai**. Die Bildungsstandards Deutsch für die Allgemeine Hochschulreife (BiSta AHR-D, 2012) und das Kerncurriculum Deutsch für Gymnasium, Gesamtschule und das Kolleg (KC II, 2016) bilden die Grundlage der schriftlichen Abiturprüfung in Niedersachsen und den inhaltlichen Rahmen des Unterrichts. Das KC II sieht für die Qualifikationsphase sieben **Rahmenthemen** mit je einem **Pflichtmodul** vor, das verbindlich zu unterrichten ist. Vertiefend gilt es für Kurse auf erhöhtem Anforderungsniveau (**e. A.**), zu jedem Pflichtmodul ein **Wahlpflichtmodul** zu behandeln; für Kurse auf grundlegendem Anforderungsniveau (**g. A.**) sind ergänzend zu den Pflichtmodulen in der Kursstufe drei Wahlpflichtmodule vorgesehen. Dabei gibt es Spielräume, die Auswahl wird also schulintern getroffen, sofern keine Setzungen durch das Kultusministerium bestehen.

Die für Ihren Abiturjahrgang **prüfungsrelevant verbindlich** gesetzten Module sind zwei Wahlpflichtmodule: eines im **Rahmenthema 1** (1. Semester), mit dem Sie in die Kursstufe gestartet sind, und eines im **Rahmenthema 7** (4. Semester, vorverlegt auf 3. Semester). Das Kultusministerium hat entschieden, die Standardabfolge der Rahmenthemen zu ändern, sodass das Rahmenthema 7 „Medienwelten" mit dem Wahlpflichtmodul 2 „Zeitung" zeitlich vor dem Rahmenthema 6 unterrichtet wird. In der folgenden tabellarischen Übersicht ist dies berücksichtigt und sind die gesetzten abiturprüfungsrelevanten Inhalte durch „→" und **Fettdruck** hervorgehoben.
Zwei der insgesamt drei **Abiturprüfungsaufgaben** werden mit Bezug auf diese beiden verbindlich gesetzten **Wahlpflichtmodule** gestellt. Von besonderer Wichtigkeit ist zudem das **Rahmenthema 4** (2. Semester), denn für die „**länderübergreifend** gestellte **Abiturprüfungsaufgabe**" ist auf g. A. eine **Gedichtinterpretation** festgelegt, auf e. A. ebenfalls eine Gedichtinterpretation, bei der ein Motivvergleich mit einem Kurzprosatext vorgenommen werden soll, womit der Semesterübergriff zum 3. Semester „Literatur und Sprache nach 1945" angelegt ist sowie der Rückgriff auf das Rahmenthema 3 „Literatur und Sprache um 1900" („Stadterfahrungen, Kriegsgedichte aus der Zeit des Ersten Weltkriegs usw.", KC II, S. 26). In der Gesamtdarstellung dieses Finale-Bandes sind die verbindlich gesetzten Inhalte besonders berücksichtigt.

1. Schuljahr der Qualifikationsphase	
Rahmenthemen 1. Semester	**Pflichtmodule** (inkl. → **Wahlpflichtmodul**)
Rahmenthema 1: Literatur und Sprache um 1800	Romantik als Gegenbewegung zur Aufklärung? → verbindliches **Wahlpflichtmodul 3:** **Klassik: Das Weimarer Kunstprogramm**
Rahmenthema 2: Drama und Kommunikation	Gestaltungsmittel des Dramas

Rahmenthemen 2. Semester	**Pflichtmodule**
Rahmenthema 3: Literatur und Sprache um 1900 – neue Ausdrucksformen der Epik	Krise und Erneuerung des Erzählens → bei Wiederholern verbindlich: **Wahlpflichtmodul 8: Literatur als Zeitdiagnose**
Rahmenthema 4: Vielfalt lyrischen Sprechens	Was ist der Mensch? – Lebensfragen und Sinnentwürfe → **länderübergreifende Abituraufgabe:** g. A.: Gedichtinterpretation e. A.: Gedichtinterpretation und Motivvergleich mit einem Kurzprosatext

2. Schuljahr der Qualifikationsphase	
Rahmenthemen 3. Semester	**Pflichtmodule** (inkl. → **Wahlpflichtmodul**)
Rahmenthema 5: Literatur und Sprache von 1945 bis zur Gegenwart	Wirklichkeitserfahrungen und Lebensgefühle Jugendlicher – Literatur von der Nachkriegszeit bis in die Gegenwart
Rahmenthema 7: Medienwelten* (* in diesem Abiturdurchgang vom Kultusministerium vorverlegt)	Medien im Wandel → verbindliches **Wahlpflichtmodul 2: Zeitung**
Rahmenthemen 4. Semester	**Pflichtmodule**
Rahmenthema 6: Reflexion über Sprache und Sprachgebrauch	Tendenzen in der deutschen Gegenwartssprache

Für die gesamte Zeit der Kursstufe legt das KC in e.-A.-Kursen mindestens fünf, in g.-A.-Kursen mindestens drei Ganzschriften aus verschiedenen Epochen fest, wobei die **Auswahl** der Texte und Materialien, die Unterrichtsgegenstand werden, ausdrücklich in die Verantwortung der **Lehrkräfte** an Ihrer Schule gelegt wird. Das KC gibt Anregungen zu möglichen Texten und Materialien, um das **Pflichtmodul** ebenso wie das von Ihren Lehrkräften für den Arbeitsplan Ihrer Schule jeweils verabredete **Wahlpflichtmodul** zu gestalten. **Obligatorisch** sind die zu den **verbindlich gesetzten Wahlpflichtmodulen benannten Lektüren**; sie werden inhaltlich bündelnd besonders berücksichtigt.

Im Weiteren werden die sieben für den Deutschunterricht auf grundlegendem wie erhöhtem Anforderungsniveau (g. A. und e. A.) **verbindlichen Rahmenthemen** knapp erläutert und in den **Pflichtmodulen** profiliert.
Dem schließt sich eine Skizzierung aller im KC benannten **Wahlpflichtmodule** an, von denen Ihre Lehrkräfte von Schule zu Schule unterschiedlich **eines** ausgewählt haben, ebenso wie die dargelegten Ausgestaltungs- und Erweiterungsmöglichkeiten in Ihrer konkreten unterrichtlichen Umsetzung von Schule zu Schule und von Kurs zu Kurs unterschiedlich (gewesen) sein können. Besondere Berücksichtigung finden in der Darlegung und den konzipierten Musteraufgabenstellungen die **verbindlich gesetzten** Wahlpflichtmodule mit den entsprechenden Lektüren. Um für Sie in Ihrer Wiederholung des

Gelernten eine mit der schriftlichen Abiturprüfung **geforderte inhaltliche Vernetzung** zu unterstützen, wird für die **verbindlichen Inhalte** auf Bezüge zu anderen Rahmenthemen und/oder Pflichtmodulen hingewiesen.

Rahmenthema 1: Literatur und Sprache um 1800

Bei diesem Rahmenthema, das neben der literarischen auch die sprachliche Gestaltung hervorhebt, wird erstmals ein Jahrhundertwechsel innerhalb der Literaturgeschichte genauer betrachtet. In Kursen auf e. A. geht damit einher, „ein Standardmodell der Periodisierung der Literatur um 1800“ zu erarbeiten; in jedem Falle sollen exemplarisch „Probleme des Epochenbegriffs und der traditionellen Periodisierung beleuchtet und in Ansätzen Gründe eines Epochenübergangs diskutiert“ werden (KC II, S. 27).
Mit der unterrichtlichen Umsetzung des **Pflichtmoduls** „Romantik als Gegenbewegung zur Aufklärung?“ werden Sie in eine offene Fragehaltung hineingenommen, eröffnet sich Ihnen ein vergleichend-beurteilender Zugang zu zwei Epochen im Rückgriff auf die Unterrichtsinhalte der Einführungsphase Jahrgang 11 zur Aufklärung. Besonderes inhaltliches Augenmerk liegt auf „Leitideen und Wandel des Menschenbildes (der Auffassungen vom spezifisch Menschlichen)“ (ebd.).
Das für Ihre Abiturprüfung verbindlich anknüpfend-vertiefend gesetzte Wahlpflichtmodul 3 „Klassik: Das Weimarer Kunstprogramm“ (→ S. 142 ff.) dürfte als Bogenschlag zwischen Aufklärung und Romantik inhaltlicher Schwerpunkt Ihrer Arbeit gewesen sein, durch den Aspekt der Rezeption verbunden mit einem kritischen Gegenwartsbezug.

Das Spektrum der **verbindlichen Lektüren** ist breit:

- Friedrich Schiller: Ankündigung: Die Horen, eine Monatsschrift, von einer Gesellschaft verfaßt und herausgegeben von Schiller (1794; Auszug)
  Schiller, dem angesichts der Französischen Revolution die Politik immer fremder geworden war, konnte den Verleger Johann Friedrich Cotta in von Kriegsgefahr geprägter Zeit zu der Monatsschrift „**Die Horen**“ als Journal für Weltbürger überzeugen, das Philosophie und Kunst gewidmet sein sollte und für das er zur Mitarbeit Johann Wolfgang Goethe, Johann Gottlieb Fichte, Wilhelm von Humboldt u. a. gewinnen konnte. In der Ankündigung formuliert Schiller sein „Bedürfnis, durch ein allgemeines und höheres Interesse an dem, was rein menschlich und über allen Einfluß der Zeiten erhaben ist, sie wieder in Freiheit zu setzen, und die politisch geteilte Welt unter der Fahne der Wahrheit und Schönheit wieder zu vereinigen“ (Z. 9–12). Schiller macht es der Monatsschrift zur Aufgabe, „über die vergangene Welt die Geschichte, und über die kommende die Philosophie [zu] befragen“. Zwei zu deren gegenseitigem Nachteil getrennte Welten, die „schöne“ und „gelehrte“ (Z. 33), möchte Schiller zusammenführen mit dem Ziel, „die Schönheit zur Vermittlerin der Wahrheit zu machen, und durch die Wahrheit der Schönheit ein dauerndes Fundament und eine höhere Würde zu geben“ (Z. 27 f.), so verständlicher zu machen und so „wahre Humanität zu befördern“ (Z. 26).
- Johann Wolfgang Goethe: Iphigenie auf Tauris (1787)
  Das Theaterstück „**Iphigenie auf Tauris**“ ist eine freie Adaption des Stückes „Iphigenie bei den Taurern“. Ursprünglich schrieb Goethe das Stück 1779 in Weimar als Prosa-

stück, wandelte es dann aber ins Versmaß um, beendet Ende 1786 während seiner Italienreise und im Folgejahr veröffentlicht. Goethes „Iphigenie" ist, im Gegensatz zur antiken Vorlage, kein Handlungsdrama, vielmehr ein modernes „Charakterstück" der Weimarer Klassik, das sich ganz auf die inneren Vorgänge konzentriert: Goethe führt die Nachwirkungen der persönlichen Seite des Trojanischen Krieges vor Augen.
Nach den Regeln der klassischen Dramenkunst wird in fünf Akten der Konflikt Iphigenies entfaltet, zugespitzt und schließlich gelöst: Da ist Iphigenies ambivalente Exilsituation, in der sie zwar gezwungen ist, in der Fremde zu leben, das Leben auf Tauris aber der glücklichen Rettung durch die Göttin Diana verdankt und als Priesterin im Hain der Göttin, demnach privilegiert, lebt und wirkt. König Thoas gehört aus griechischer Sicht zu den Barbaren, wird aber von ihr als „edler Mann" (V. 33) bezeichnet. Er zwingt sie nicht, auf der Insel zu bleiben, ist ihr vielmehr freundlich zugewandt und macht ihr einen Heiratsantrag – wenn auch aus durchschaubaren Gründen (Thronnachfolge), jedoch mit ehrlichen Absichten. Das Dilemma Iphigenies besteht nun darin, dass sie einerseits Sehnsucht nach ihrer griechischen Heimat und ihrer Familie hat und ihr Leben auf Tauris als unnütz empfindet, sich zugleich Thoas gegenüber aber nicht als undankbar erweisen will. Zusätzlich sieht sie ihre unglückliche Situation exemplarisch für ihr Geschlecht und verallgemeinert sie dadurch: „Der Frauen Zustand ist beklagenswert[...]" (V. 24). Im Gegensatz zur Tragödie der antiken Dichter endet Goethes Schauspiel versöhnlich.

- Karl Otto Conrady: Goethe: Leben und Werk. 1. Band: Hälfte des Lebens (1982; Auszug)
  Der namhafte Goethe-Biograf Conrady zitiert diesen in einem Brief von 1802 an Schiller, die Iphigenie komme ihm „ganz verteufelt human" vor und führt Goethes Kritik der Wirklichkeitsferne an eigenen Werk weiter aus: „Beim flüchtigen ‚Hineinsehen' wurde ihm wohl bewußt, daß die Grundführung der Orest- und Iphigenien-Handlung allzu glatt Konflikte löst und das Individuum, sofern es nur das Humane will, zu sicher vor dem Scheitern gefeit erscheint." (S. 452) Conrady erläutert den Kunstgriff Goethes in der Umdeutung des Apollonischen Spruches, stellt das gleichwohl Erhaltene der „unerhörten Tat" Thoas', die im „Verzicht auf Rache, Strafe und herrscherliche Machtausübung" und der Fähigkeit liege, „die ‚Stimme / Der Wahrheit und der Menschlichkeit' (V. 1937 f.) zu vernehmen" (Z. 16). Letztendlich trage er, von dem der Zuschauer weiß, dass er, der „[e]in einsam hülflos Alter, ja vielleicht / Verwegnen Aufstand und frühzeitgen Tod (V. 161 ff.) gefürchtet habe, die Konsequenzen.
- August E. Hohler: Goethes Weimar hat Buchenwald nicht verhindert (1967; Auszug)
  Hohler argumentiert im Kontext einer Kontroverse über die Wirksamkeit von Literatur, es gebe Grenzen humanistischer Bildung und mit Blick auf Goethe einen „Vorbehalt gegenüber seiner absoluten Autorität", so wie es gegenüber der Autorität jeder großen Kultur sei, auf deren – und hier zitiert er Max Frisch – „Grundriß immer wieder das Ungeheuerlichste möglich geworden ist, Menschenschändung jeder Art und jeden Ausmaßes" (Z. 10 ff).

Über die Dramenanalyse hinaus erlauben die Sekundärtexte, wie im Kern herausgestellt, die als **verbindliche Unterrichtsaspekte** festgeschriebene Herausarbeitung von **„Figuren- und Konfliktgestaltung"** und dem **„Humanitätsideal als Problem"**.

Mit den für den Unterricht auf **e. A. verbindlichen Lektüren** wird vertiefend wissenschaftspropädeutische Arbeit zur Weimarer Klassik möglich. Ausgangspunkt ist wiederum Schiller:

- Friedrich Schiller: Brief an den Prinzen Friedrich Christian II., Herzog von Schleswig-Holstein-Sonderburg-Augustenburg (13. Juli 1793; Auszug)
  Schiller, der sich in dem Brief an seinen Förderer und Gönner für dessen großzügiges Salär bedankt, stellt die Frage seines angemessenen „Gebrauch[s]" der gegebenen „Freiheit" (Z. 4f.). Die Französische Revolution hält Schiller für gescheitert. Er sieht die Folgen in Europa und für das Jahrhundert der Aufklärung als Rückschritt, seinem Urteil nach sei „das Menschengeschlecht der vormundschaftlichen Gewalt noch nicht entwachsen" und komme „das liberale Regiment der Vernunft da noch zu frühe" (Z. 26f.). Zugleich zeigt Schiller als aus seiner Sicht entscheidende Voraussetzung auf: „Nur seine Fähigkeit als ein sittliches Wesen zu handeln, gibt dem Menschen Anspruch auf Freiheit; ein Gemüt aber, das nur sinnlicher Bestimmungen fähig ist, ist der Freiheit so wenig wert, als empfänglich." (Z. 29ff)
- Friedrich Schiller: Über die ästhetische Erziehung des Menschen in einer Reihe von Briefen (1795; Auszüge aus dem 6. und 9. Brief)
  Mit dem 6. Brief stellt Schiller, um die Entwicklung des Menschengeschlechts zu verdeutlichen, die Antike seiner Gegenwart gegenüber: „[...] qualifizierte sich der einzelne Grieche zum Repräsentanten seiner Zeit, [...] darf dies der einzelne Neuere nicht wagen [...]? Weil jenem die alles vereinende Natur, diesem der alles trennende Verstand seine Formen erteilten." (Z. 7ff.) Es ist Schiller durchaus klar, was „für das Ganze der Welt durch diese getrennte Ausbildung der menschlichen Kräfte gewonnen werden mag", zugleich gibt er zu bedenken, „daß die Individuen, welche sie trifft, unter dem Fluch dieses Weltzweckes leiden" (Z. 48ff.). Schiller sieht die Verantwortung, „die Totalität in unsrer Natur, welche die Kunst zerstört hat, durch eine höhere Kunst wieder herzustellen" (Z. 63f.).
  In seinem 9. Brief an den Prinzen geht Schiller von der Prämisse aus: „Alle Verbesserung im politischen soll von Veredlung des Charakters ausgehen" (Z. 1), und setzt als „Werkzeug" zu diesem Zwecke die „schöne Kunst" (Z. 5), und zwar weil hier von „einer absoluten Immunität von der Willkür der Menschen" ausgegangen werden könne (Z. 7). Der Künstler wird von Schiller mit fast messianischen Attributen und einem entsprechenden Auftrag versehen: „Lebe mit deinem Jahrhundert, aber sei nicht sein Geschöpf; leiste deinen Zeitgenossen, aber was sie bedürfen, nicht was sie loben." (Z. 44f.) Schiller ist überzeugt, dass, wenn der Künstler „der Welt, auf die du wirkst, die Richtung zum Guten" gebe, der „ruhige Rhythmus der Zeit die Entwicklung bringen" werde (Z. 35f.).
- Johann Wolfgang Goethe: Römische Elegien: I., V., VII. Elegie (1788/90)
  Die Römischen Elegien (ein Gedichtzyklus mit 24 Gedichten) bilden einen Wendepunkt in Goethes Leben, sind sehr persönliches Zeugnis seiner Emanzipation von heimatlicher Enge. Goethe verarbeitet literarisch anspruchsvoll sein kulturelles und erotisches Rom-Erlebnis. Streng in der Form – die Römischen Elegien sind durchgehend in Distichen abgefasst–, doch in der Thematik ungebunden, bilden die Römischen Elegien das Gegenstück zur in Italien fertiggestellten „Iphigenie auf Tauris".

- Johann Wolfgang Goethe: Italienische Reise (1816/17; Auszüge)
  Goethe reiste eine Woche nach seinem 37. Geburtstag von Karlsbad nach Italien und kam etwa zwei Monate vor Vollendung seines 39. Lebensjahres nach Weimar zurück. Mit den ausgewählten Auszügen wird der Leser Reisezeuge der ersten zehn Tagen des Novembers 1816 und noch einmal kurz vor Weihnachten am 20. Dezember. Voll Euphorie schreibt Goethe von seiner Ankunft in Rom am 1. November und ist erfüllt, im Original sehen zu dürfen, was ihm aus „Prospekten" des Vaters vertraut gewesen ist. Eine Woche später beklagt Goethe, das alte Rom mit seinen Ruinen hinter dem neuen nur schwer entdecken zu können, weil, was die „Barbaren" nicht zerstört hätten, durch die „Baumeister des neuen Roms verwüstet" worden sei. Einen Monat später formuliert Goethe die Anstrengung seines grundlegenden Lernens und wählt den Vergleich eines Baumeisters, der einen Turm habe bauen wollen, um festzustellen, dass das Fundament verstärkt werden müsse. Für seine Rückkehr hofft er, dass „moralische Folgen" seines „Leben(s) in einer weitern Welt" zu spüren sein möchten" (Z. 81 f.).

Facettenreich sind auf dieser breiten und in den vorgegebenen Textsorten vielfältigen literarischen Basis im e. A. die **verbindlichen Unterrichtsaspekte „Das ästhetische Programm der Weimarer Klassik"** sowie **„Die Antike als Leitbild der Weimarer Klassik"** erschließbar.

Rahmenthema 2: Drama und Kommunikation

Der gattungsbezogene Schwerpunkt ermöglicht einen rahmenthemenübergreifenden Ansatz in der Lektüre der „Iphigenie". Das klassische Drama kann hier in der grundlegenden Gestaltungsform, der Interaktion zwischen literarischen Figuren, daneben aber auch in der Rhetorik großer Monologe, der für das Rahmenthema 2 festgeschrieben ist, vertiefend und komparativ in den Blick genommen werden.

Das **Pflichtmodul** „Gestaltungsmittel des Dramas" bietet diverse Anknüpfungspunkte zum Pflichtmodul des Rahmenthemas 1, z. B. die „Elemente und Strukturen klassischer und moderner Dramen" sowie durch die Hinweise auf Autoren und/oder Textgruppen, die „Dramen der Antike" sowie „Dramen der Aufklärung" enthalten. Untersucht werden sollen die „Figuren- und Konfliktgestaltung" und die Formen der Kommunikation in offenen/geschlossenen Dramen. Auf e. A. ist eine Rückbindung an vertiefende Aspekte der Dramentheorie und Theaterkonzeption gefordert, die Erschlossenes konzeptionell fundiert.

Mit den weiteren vertiefenden Wahlpflichtmodulen werden verschiedene Schwerpunkte dramatischer Ausgestaltung herausgestellt, wobei **Wahlpflichtmodul 1** bezogen auf die Weimarer Klassik (und damit im Rückbezug auf das Wahlpflichtmodul 3 innerhalb des Rahmenthemas 1) vernetzend die Frage der „Staatsräson und Menschlichkeit" zu stellen ermöglicht. Die weiteren Wahlpflichtmodule werden allenfalls am Rande Unterrichtsgegenstand gewesen sein: Das **Wahlpflichtmodul 2** stellt Goethes „Faust" als „epochenübergreifendes Lebenswerk" heraus, **Wahlpflichtmodul 3** thematisiert die literarische Darstellung des Wissenschaftlers und des möglichen Konflikts zwischen technischem Fortschritt und moralischer Verantwortung. Inhaltliche Ausgestaltung des

Wahlpflichtmoduls 4 „Familie und Drama“ könnte im Rückgriff auf das Pflichtmodul 1 das Drama „Emilia Galotti“ vertiefen und motivisch „Ehre und Schande“ ausschärfen sowie den Aspekt der „Figurenkonstellation“ zentral setzen, zudem soll die Kommunikationsstruktur zwischen den Geschlechtern Analysegegenstand sein. Bei der Behandlung des **Wahlpflichtmoduls 5** „Jugendliche Protagonisten“ wird die Frage der Figurenzeichnung sowie der entwickelten dramaturgischen Handlung auf die Aspekte „Rebellion gegen Autoritäten“ und die Gratwanderung zwischen „Selbstverwirklichung und Scheitern“ zugespitzt, womit ein Bezug zum Rahmenthema 5 gegeben ist. Wiederum autorenorientiert ist das **Wahlpflichtmodul 6** angelegt, das anregt, den Schritt ins 20. Jahrhundert zu tun: Der aristotelischen Dramaturgie wird Bertolt Brechts Konzept des „epischen Theaters“ gegenübergestellt und dessen Wirken befragt: „Aufklärung oder Agitation?“ Das **Wahlpflichtmodul 7** nimmt das entlarvend Kritische der Komödie als spezifischer Theater- und Filmgattung in den Blick. Haben sich Ihre Lehrkräfte für das **Wahlpflichtmodul 8** entschieden, findet das zeitgenössische Theaterschaffen Würdigung, sind „verrückte Welten im experimentellen und absurden Theater“ Unterrichtsgegenstand und können Gegenwartsdramatiker herausgestellt werden.

Rahmenthema 3: Literatur und Sprache um 1900 – neue Ausdrucksformen der Epik

Dieses Rahmenthema legt seinen Schwerpunkt auf die „Krise und Erneuerung des Erzählens“ um 1900 in Korrelation zu „gesellschaftlichen Verhältnissen und Prozessen“, die sich zwischen 1880 und 1930 noch einmal deutlicher zeigen als 100 Jahre zuvor. Sie lernen die literarische Moderne als ein Mit- und Gegeneinander verschiedener Stilrichtungen kennen, die gemeinsam haben, dass sie nach neuen Darstellungsformen suchen (z. B. Montage), um mit dem starken gesellschaftlichen Veränderungsprozess umzugehen. Der Fokus auf die Gattung der Epik wird hin zum Autor erweitert.
Das **Pflichtmodul** sieht einen Vergleich zwischen dem Realismus mit seinem Prinzip der „Nachahmung“ und der Moderne mit ihrer Absage an bisherige Darstellungskonventionen vor. Neben der Literatur können dabei Werke der bildenden Kunst und der Musik sowie auf e. A. Texte von Friedrich Nietzsche als prägendem Vertreter des philosophischen Nihilismus und Sigmund Freud, dem Erfinder der Psychoanalyse, hinzugezogen werden. Die zugeordneten Wahlpflichtmodule verdeutlichen diese Grundthemen und ermöglichen aspektorientiert intensive Auseinandersetzung.

Sollten Sie Ihre **Abiturprüfung 2021 ohne Wiederholer** des vorausgegangenen Jahrgangs in der Kursstufe ablegen, sind Ihre Lehrkräfte hinsichtlich folgender Wahlpflichtmodule frei: Mit dem **Wahlpflichtmodul 1** wird der Konflikt von „Individuum und Gesellschaft“ in der Brüchigkeit tradierter Normen und dem Aufkeimen innerer Konflikte fokussiert und eine genauere Beschäftigung mit der „Entdeckung des Unbewussten“ und den „Grenzen des Ich-Bewusstseins und Desorientierung“ als einem wesentlich literaturprägenden Problemkreis ermöglicht. Das **Wahlpflichtmodul 2** ist der „Welt Kafkas“ gewidmet. In allen vorgeschlagenen Texten („Die Verwandlung“, „Das Urteil“, „Der Proceß“ sowie der „parabolischen Kurzprosa“) lässt sich der Unterrichtsaspekt der Problematik des „isolierten Subjekts in alltäglicher Selbstbehauptung“, daneben der „Macht und Unterwerfung in menschlichen Beziehungen“, als Kern der Interpretationsarbeit herausstellen. Die „Deutungsoffenheit des Parabolischen“ wird erfassbar. Mit dem **Wahlpflichtmodul 3** rückt die Figurenzeichnung von „Künstler(n), Außenseiter(n), gebrochenen Helden“ in deren innerer Zerrissenheit wie distanziertem Blick auf die „Gesellschaft“ ins Zentrum literarischer Auseinandersetzung. Das **Wahlpflichtmodul 4** bietet die „Großstadt als literarisches Thema“ an und damit die Gestaltung des Ortes, in der sich die rasanten und den Menschen von sich selbst entfremdenden gesellschaftlichen Veränderungen manifestieren. Dem **Wahlpflichtmodul 5** zufolge sollen „Frauenbilder von Effi bis Else“ in den Blick genommen werden und damit das im Wandel befindliche Verständnis der Rolle der Frau – wodurch ein reizvoller Rückbezug zur Iphigenie hergestellt werden kann. Angesichts der Vielfalt der literarisch verdichteten gesellschaftlichen Rollenzuweisungen wie „Frauentypisierungen“ ist dies ein an Romanausschnitte knüpfbares Untersuchungsvorhaben. Mit dem **Wahlpflichtmodul 6** „Sprachkrise und Wirklichkeitsverlust“ ist die „Sprachkritik“ vieler damaliger Autoren gewürdigt. Ihr empfundenes „Unbehagen an der herrschenden Kultur und den erstarrten Konventionen“ haben sie eindrucksvoll formuliert; Hugo von Hofmannsthals „Chandos-Brief“ ist besonders berühmt. Daneben sei Rainer Maria Rilkes biografisch geprägte Wahrnehmung der Großstadt Paris in den „Aufzeichnungen des Malte Laurids Brigge“ angeführt. Allen gemeinsam ist der empfundene „Wirklichkeitsverlust“ bis hin zu persönlicher Sprachnot in der Schwierigkeit, mit den „Wörtern“ die „Dinge“ nicht mehr angemessen beschreiben zu können („Inkommensurabilität“). Das **Wahlpflichtmodul 7** wendet den Blick auf das Neue, hin zum „Realitätsbewusstsein in der naturalistischen Prosa“ in Abgrenzung vom Realismus, mit dem Überzeugungen wie die der „Determiniertheit des Menschen durch soziale Verhältnisse wie Vererbung“ zum Tragen kommen, so bei Gerhart Hauptmann und Arno Holz.

Sollten sich **Wiederholer** in Ihrem Deutschkurs befinden, ist Ihren Lehrkräften durch das Kultusministerium vorgegeben, das **Wahpflichtmodul 8** „Literatur als Zeitdiagnose“ für den schuleigenen Arbeitsplan auszuwählen, so wie es in den Hinweisen zum Abitur 2020 ausgestaltet war, ausdrücklich ohne dass dies Gegenstand der Abiturprüfung sein würde. **Verbindliche Lektüre** waren **Erich Kästners** Roman **„Fabian. Die Geschichte eines Moralisten“** sowie Auszüge aus **Hans Falladas** Roman **„Kleiner Mann – was nun?“** (ungekürzte Neuausgabe von 2016). Für den Unterricht auf **e. A. verbindlich** sind darüber hinaus Auszüge aus Alfred Döblins Großstadtroman „Berlin Alexanderplatz“ von 1929 vorgeschrieben.

Verbindliche Unterrichtsaspekte sind den Romanen entsprechend „Krisenerfahrungen literarischer Figuren am Ende der Weimarer Republik“, die „Darstellung von Großstadterfahrungen“ sowie „satirische Erzählweise und Reportagestil in Kästners Roman“.
Für Kurse auf e. A. liegt ein weiterer **verbindlicher Unterrichtsaspekt** in dem „Vergleich der Großstadterfahrungen“ in beiden Romanen, damit verbunden der „Figurengestaltung, Erzählweise, Bewertung des Großstadtlebens“.

Rahmenthema 4: Vielfalt lyrischen Sprechens

Das Rahmenthema 4 widmet sich der Lyrik vom Mittelalter bis in die Gegenwart. Mit der Lyrik steht nach Epik und Dramatik die dritte literarische Gattung explizit im Fokus. Die Leitfrage gemäß dem **Pflichtmodul** lautet „Was ist der Mensch? – Lebensfragen und Sinnentwürfe". Diese Frage fordert zur Beschäftigung mit literarisierten Lebensauffassungen und Lebensläufen, Identitätsfragen und Menschenbildern auf. Angeregt ist der Vergleich „zwischen motiv- oder themen- sowie formgleichen Gedichten".
In doppeltem Sinne ist dieses Pflichtmodul abiturrelevant: Auf e. A. ist gefordert, einen Bezug zum „Menschenbild der Weimarer Klassik" herzustellen. Diesem Pflichtmodul lässt sich, wie oben benannt, für die **Abiturprüfung 2021** das Aufgabenformat der **länderübergreifenden dritten Abiturprüfungsaufgabe** zuordnen.
Diese Anforderungen lassen sich neben dem Pflichtmodul auch vielfältig mit den verschiedenen Wahlmodulen verknüpfen, z. B. mit dem **Wahlpflichtmodul 1** „Liebesauffassungen und Liebeserfahrungen vom Mittelalter bis zur Gegenwart". Auch die weiteren Wahlpflichtmodule halten lyrische Zusammenhänge bereit, die inhaltlich nicht ausgeschlossen werden können, wird als länderübergreifend verbindlich doch eine inhaltlich übertragbare Kompetenz gefordert: Das **Wahlpflichtmodul 2** nimmt thematisch unterschiedliche Naturwahrnehmungen auf. **Wahlpflichtmodul 3** regt an, Stadtgedichte zu lesen, möglicherweise im kontrastiven Vergleich mit Goethes Rom-Wahrnehmung. Alle folgenden Wahlpflichtmodule nehmen mit unterschiedlichen Schwerpunkten den Aspekt der literarischen Verdichtung politischer Geschehnisse und Gegebenheiten der Zeitgeschichte auf: Im **Wahlpflichtmodul 4** werden Kriegs- und Antikriegsgedichte aus verschiedenen Jahrhunderten thematisiert und im **Wahlpflichtmodul 5** Gedichte über die „Erfahrung von Verfolgung und Flucht – Leid und Tod" vor allem während der Zeit des Nationalsozialismus. Im Rahmen des **Wahlpflichtmoduls 6** wird die politische Prägung lyrischer Texte über die Jahrhunderte hinweg betrachtet. Schließlich wird mit dem **Wahlpflichtmodul 7** die Sprachreflexion als Gegenstand von Gedichten oder mit dem **Wahlpflichtmodul 8** die poetologische Selbstreflexion im Gedicht als möglicher Unterrichtsgegenstand benannt.

Rahmenthema 5: Literatur und Sprache von 1945 bis zur Gegenwart

Inhaltlicher Kern aller Module des Rahmenthemas 5, das wiederum Literatur und Sprache miteinander verknüpft, ist die „Thematisierung von Wirklichkeitserfahrungen in der Literatur" in dem benannten Zeitraum. Der besondere Reiz der erzählenden Literatur, die Sie in diesem Kurshalbjahr im Rahmen des **Pflichtmoduls** im Unterricht kennenlernen, liegt darin, dass diese bei der Zeiterfahrung jugendlicher Protagonisten ansetzt und somit in (un)mittelbarem Bezug zu Ihrem eigenen Erleben steht.
Die an diesen Schwerpunkt anknüpfenden Wahlpflichtmodule schärfen verschiedene Perspektiven aus. Das **Wahlpflichtmodul 1** erweitert den Blick auf die literarische „Auseinandersetzung mit Krieg, Verfolgung und Vernichtung" während des Nationalsozialismus. Mit dem **Wahlpflichtmodul 2** mit dem Titel „Abschied von der DDR" ist eine literarisch verdichtete Auseinandersetzung mit regimekritischen Autoren möglich. Das **Wahlpflichtmodul 3** rückt die gesellschaftliche Funktion von Literatur („Literatur

als Protest") in den Fokus. **Wahlpflichtmodul 4** setzt den Lektüreschwerpunkt mit dem Thema „Auf der Suche nach dem Ich – Identitätsprobleme" auf entwicklungsbedingte Schwierigkeiten der Selbstverortung. Eine bislang wenig berücksichtigte Gattung zieht das **Wahlpflichtmodul 5** „Ein anderer Blick auf die Wirklichkeit: Vom Kabarett zur Comedy" in Betracht. Eine Metaebene wird mit dem **Wahlpflichtmodul 6** betreten, indem unter der Überschrift „Literarisches Leben" professionelles Schreiben von Journalisten und Literaturkritikern sowie die Dynamik des Buchmarktes und die Bedeutung der Medien reflektiert werden. Das **Wahlpflichtmodul 7** „Leben in verschiedenen Kulturen" könnte für Sie alternativ den Blick auf Interkulturalität lenken – über international herausragende Schriftsteller und Filmemacher. Im Rahmen des **Wahlpflichtmoduls 8** werden „Neue und neueste Tendenzen der Erzählliteratur" seit den 1980er-Jahren bis heute behandelt.

Rahmenthema 7: Medienwelten

Dieses eigentlich letzte, für Ihren Abiturjahrgang jedoch angesichts der Prüfungsrelevanz vorgezogene Rahmenthema ist das einzige, das im neuen KC II anders betitelt worden ist als im zuvor geltenden. Offenbar intendiert ist eine Erweiterung vom Medium Film hin zu einer Medienpluralität. „Reflexion von Medienerfahrungen und -wirkungen" sind ebenso angelegt wie die „analytische und interpretierende Auseinandersetzung mit konkreten Medienprodukten". Ausdrücklich ist zudem der produktionsorientierte Weg der „eigenständigen Gestaltung" angelegt (KC II, S. 62), um einen ganzheitlich erschließenden Zugang zu bislang nur punktuell etablierten Textsorten zu ermöglichen. Das **Pflichtmodul** soll Überblickswissen stiften, Medienbegriff und Mediengeschichte zum Unterrichtsgegenstand machen, die heutige Mediennutzung zur Reflexion des eigenen Medienverhaltens thematisieren und so Ansätze zur kritischen Wahrnehmung vor allem des dadurch geprägten und veränderten Kommunikationsverhaltens ermöglichen, in Kursen auf e. A. erweitert um den Bereich grundlegender Medienkritik.
Mit dem gesetzten **Wahlpflichtmodul „Zeitung"** wird das Medium mit der wohl längsten Tradition und mit angesichts der Digitalisierung unklarer Zukunft unterrichtlicher Inhalt, damit verbunden die Frage nach dem journalistischen Anspruch.

Verbindliche Lektüre für alle Deutschkurse sind:

- Bernhard Pörksen: Alle müssen Journalisten sein. In: Die ZEIT, 14.02.2018. Online unter: http://www.zeit.de/2018/08/umgang-medien-fake-news-propaganda-journalismus/komplettansicht
  In seinem Gastbeitrag für die Wochenzeitung „Die ZEIT" konstatiert Bernhard Pörksen, Professor für Medienwissenschaft, wir als Nutzer befänden uns in „ständiger Bedrohung durch den Irrtum und die Täuschung", seien in der „mentalen Pubertät im Umgang mit den Medien der vernetzten Welt". In einer Zeit, in der „sich Nachrichten in frei umherwirbelndes Informations-Konfetti verwandeln, [...] jeder zum Sender geworden" sei, proklamiert er eine „redaktionelle Gesellschaft", in der „die Normen und Prinzipien eines ideal gedachten Journalismus zum Bestandteil der Allgemeinbildung geworden" seien und sieht dies deshalb als Bildungsauftrag. Pörksen skizziert die

Idee, ein „eigenes Schulfach an der Schnittstelle von philosophischer Ethik, Sozialpsychologie, Medienwissenschaft und Informatik" zu konfigurieren.

- Jochen Hörisch im Interview mit Joachim Frank: „Heute sind Journalisten als Barkeeper gefragt". In: Frankfurter Rundschau vom 17.08.2017. Online unter: http://www.fr.de/kultur/zukunft-der-zeitung-heute-sind-journalisten-als-barkeeper-gefragt-a-1333420
  Der Literaturwissenschaftler Jochen Hörisch sieht in der Entwicklung der Medientechnik eine „existenzielle Bedrohung für das ‚gedruckte Wort', für Zeitungen, Zeitschriften und Bücher". Gleichwohl ist er von der Qualität eines anspruchsvoll investigativen Journalismus und der Wertschätzung der Zeitung durch die Leser überzeugt. Statt den Wandel zu beklagen, müssten wir uns heute auf die neuen Medien einstellen. „Das Internet lässt sich nämlich nicht ausschalten."
- Medienpädagogischer Forschungsverbund Südwest (Hrsg.): aktuelle JIM-Studie zum Medienumgang 12- bis 19-Jähriger
  In der JIM-Studie von 2018 zeigt sich, dass Printnachrichtenmagazine, Focus Online und Spiegel Online mit steigendem Alter der Jugendlichen vertrauenswürdiger eingestuft werden, während die Vertrauenswürdigkeit von ProSieben Newstime, RTL Aktuell sowie der BILD-Zeitung in Print- und Onlineversion mit dem Alter der Jugendlichen abnimmt. Im Weiteren wird die Korrelation von Bildungshintergrund und Wertschätzung von Printmedien konstatiert.

An diese drei Lektüren sind zwei **verbindliche Unterrichtsaspekte** geknüpft: **„Zukunft der Zeitung – Zeitung der Zukunft"** (→ S. 190 f.) sowie **„Analyse der Aufbereitung eines selbstgewählten aktuellen Themas in verschiedenen Medien"**.

Mit den für Kurse auf **e. A.** zusätzlich **verbindlichen Lektüren** rückt die Qualitätsfrage noch einmal mehr in den Fokus:

- Deutscher Presserat (Hrsg.): Publizistische Grundsätze (Pressekodex). Richtlinien für die publizistische Arbeit nach den Empfehlungen des Deutschen Presserates. Berlin 2017, S. 1 – 7. Online unter: http://www.presserat.de/fileadmin/user_upload/Downloads_Dateien/Pressekodex2017_web.pdf
  In 15 Ziffern mit jeweils thematisch ausdifferenzierenden „Richtlinien" hat der Deutsche Presserat sich in Zusammenarbeit mit den Presseverbänden eine Arbeitsgrundlage im Sinne einer „Berufsethik" gegeben, die erstmals Bundespräsident Gustav W. Heinemann am 12. Dezember 1973 in Bonn überreicht worden ist. In der Präambel beruft sich der Presserat auf die im Grundgesetz der Bundesrepublik verbürgte Pressefreiheit, die „Unabhängigkeit und Freiheit der Information, der Meinungsäußerung und der Kritik" einschließe. Er reklamiert die Verantwortung gleichermaßen der Verleger, Herausgeber und Journalisten bei ihrer Arbeit der Öffentlichkeit gegenüber und fordert, alle müssten sich ihrer „Verpflichtung für das Ansehen der Presse bewusst sein".
- Michael Haller: Fehler im System. In: Cicero. Magazin für politische Kultur, 03.01.2018. Online unter: https://www.otto-brenner-stiftung.de/fileadmin/user_data/stiftung/02_Wissenschaftsportal/02_Infoseiten/AH93/AH93_Haller_Cicero_1-18_Journalismus%20-%20Systemkrise.pdf

Der Medienwissenschaftler Michael Haller begründet in dem politischen Magazin „Cicero" den laut Forsa-Umfrage gegebenen Vertrauensverlust in die Medien. Es gebe vielfältige Beispiele exzellenter journalistischer Arbeit und doch beklagt er mit drastischen Worten das „riesengroß gewordene Medienorchester, das nach ganz anderen Noten spielt und dem Diktat ganz anderer Dirigenten folgt." Am Beispiel der Flüchtlingsberichterstattung belegt Haller die Einseitigkeit journalistischer Arbeit bei unterschiedlichem Fokus; den „Selfie-Journalisten" fehle „jedes Interesse, den politischen Disput in seiner ganzen Breite wahrzunehmen, moralfrei zu beschreiben und zu diskutieren".
Er fordert einen meinungsoffenen, „unverblümt argumentierenden Weitwinkel-Journalismus" und schließt mit der festen Überzeugung: „Nur der offene Journalismus kann bewirken, dass die Andersdenkenden nicht mehr in ihre Community-Echokammern flüchten, wo sie sich im Kreis ihrer Meinungsfreunde verstanden fühlen."

- Franka Quecke: Weniger „Lügenpresse", mehr Vertrauen. Aus: ZEIT-Online, 01.02.2018. Online unter: http://www.zeit.de/gesellschaft/2018-02/journalismus-studie-vertrauen-medien-anstieg
  In diesem Beitrag werden die Ergebnisse der Studie „Medienvertrauen in Deutschland 2017" vorgestellt, der zufolge das Vertrauen vor allem in öffentlich-rechtliche Medien gestiegen sei, was sich mit anderen Forschungsergebnissen decke. Besonders kritisch sehen viele die Nachrichten aus sozialen Netzwerken und Onlineangeboten, was ursächlich auf die Debatte über Fake News und Hasskommentare zurückgeführt wird. Trotz des relativ hohen Medienvertrauens haben viele Befragte das Gefühl, von den Medien nicht ernst genommen zu werden. Außerdem würden sie gesellschaftliche Umstände oft anders wahrnehmen, als es in den Medien dargestellt wird.
- Laudatio des Bundespräsidenten Frank-Walter Steinmeier zur Verleihung des Marion-Dönhoff-Preises an die „New York Times" am 03.12.2017 in Hamburg. Online unter: http://www.bundespraesident.de/SharedDocs/Downloads/DE/Reden/2017/12/171203-Doenhoff-Preis-NYT.pdf;jsessionid=CE52D9891C293E8B824888F79112A290.1_cid378?__blob=publicationFile
  „Autorität der Aufklärung", „Leuchtturm der Vernunft in einem Zeitalter grassierender Unvernunft", „Flaggschiff der Pressefreiheit" (S. 2): Diese drei einprägsamen Würdigungen wählt Bundespräsident Steinmeier für die New York Times, um die journalistische Bedeutsamkeit und Leistung herauszustellen, als er den an der Spitze der New York Times stehenden Arthur Ochs Sulzberger und Dean Baquet am 3. Dezember 2017 in Hamburg den Marion-Dönhoff-Preis für internationale Verständigung und Versöhnung verleiht.
  Den Grund für die Ehrung der bereits durch 122 Pulitzer-Preise ausgezeichneten Tageszeitung formuliert Steinmeier schlicht: „Die New York Times ist eine globale Autorität." Als Kriterien für den Qualitätsjournalismus nennt Steinmeier „klare, institutionelle Trennung von Berichterstattung und Kommentar, mehr Ressourcen für die investigative Recherche, strengere Auflagen zur Quellenprüfung, mehr Transparenz im Newsroom und strenge Regeln für die Nutzung sozialer Medien" (S. 5).
  Der Laudator würdigt, die New York Times habe sich in schwierigen Zeiten auf die „fundamentalen Tugenden ihrer Branche" besonnen und reagiere auf „wachsende

Polarisierung und Parteinahme", indem der Journalist sich „in die Schuhe des Gegenübers" stelle, „Argument und Gegenargument" ernst nehme und „Lügen durch Fakten" (S. 7) klarstelle.

Die benannten **verbindlichen Unterrichtsaspekte** in der Behandlung dieser Lektüren zielen auf eine Auseinandersetzung mit dem journalistischen Ethos gerade in Zeiten des Wandels und mit dem an die Zeitung gestellten Anspruch **„Qualitätsjournalismus im digitalen Zeitalter"** sowie **„Zeitung als Medium der Aufklärung"**.

Rahmenthema 6: Reflexion über Sprache und Sprachgebrauch

Nachdem Sie bislang Sprachanalyse primär im Kontext der Auseinandersetzung mit Literatur betrieben haben, wird diese nun selbst zum Gegenstand. Als Arbeitsfelder werden benannt: „Kommunikationsanalyse", „Sprachkritik", die „Untersuchung des Verhältnisses von Sprache und Gesellschaft bzw. Herrschaft", die „sprachgeschichtliche Betrachtung" und bezogen auf die Gegenwartssprache die „Berücksichtigung sprachlicher Vielfalt" sowie die „Bewertung der interkulturellen Leistungen der Sprache" . Zugleich sollen Sie selbst eine sprachkritische Position einnehmen können und mit sprachwissenschaftlichen Ansätzen vertraut gemacht werden. So entwickeln Sie ein „Sprachbewusstsein", das Ihnen letztendlich bei der Textanalyse hilft und Ihnen das Schreiben von Texten erleichtert.
Der übergeordnete Fokus des **Pflichtmoduls** liegt auf der Untersuchung von „Tendenzen in der deutschen Gegenwartssprache". Gegenstand sind nichtfiktionale sowie literarische Texte, die den „Wandel" des Deutschen zum Gegenstand haben, wobei im Besonderen auf den „Einfluss der Anglizismen" hingewiesen wird. Als weitere Entwicklungstendenz wird die „Einebnung von Unterschieden" zwischen Varietäten, zwischen Schriftlichkeit und Mündlichkeit sowie zwischen Stilebenen benannt.
Mit den Wahlpflichtmodulen wird das breite Spektrum mit konkretem Bezug aufgefächert: Das **Wahlpflichtmodul 1** spezifiziert den Varietätenbezug, dem **Wahlpflichtmodul 2** zufolge sollen die „neuen Medien" in ihrem Einfluss thematisiert werden, was das **Wahlpflichtmodul 3** mit einem medienkritischen Impetus verknüpft. Dem **Wahlpflichtmodul 4** „Rhetorik", in dem rezeptionsorientiert Redeanalyse betrieben werden, zugleich aber auch praktische Redeübungen als Redebeitrag, Statement, Debattenbeitrag oder Verfassen eigener Reden seinen Ort haben soll, folgt als **Wahlpflichtmodul 5** der analytische Blick auf die „journalistische Sprache", womit ein Rückbezug zum verbindlichen Wahlpflichtmodul „Zeitung" des vorangegangenen Rahmenthemas möglich ist. Das **Wahlpflichtmodul 6** eröffnet die historische Perspektive auf „Sprachgeschichte", **Wahlpflichtmodul 7** auf Sprachskepsis und Sprachphilosophie. Das **Wahlpflichtmodul 8** schließlich weitet die Sprachbetrachtung auf den Spracherwerb sowie die eigene Sprachentwicklung hin aus.

Tipps zur Arbeitsorganisation

Die hier zusammengestellten Tipps beziehen sich auf drei unterschiedliche Phasen der Vorbereitung auf das Abitur:
Phase A: Gezieltes Lernen (Beginn: einige Monate vor der Prüfung)
Phase B: Festigung und Wiederholung (Beginn: 3–4 Wochen vor der Prüfung)
Phase C: Prüfung absolvieren (Beginn: am letzten Tag vor der Prüfung)

Phase A: Gezieltes Lernen

- im Unterricht gut mitarbeiten und mitdenken, Texte lesen (!), Fragen stellen, Aufzeichnungen, Hausaufgaben und Klausuren systematisch sammeln, die Lektüren mit eigenen Anmerkungen versehen (z. B. Post-its)
- Abituraufgaben des Vorjahres sichten (im Internet, in der Schule)
- Erstellen Sie sich einen Arbeits-/Lernplan (etwa ab Dezember). Laden Sie sich auf www.finaleonline.de die Abi-Checkliste zu diesem Buch herunter. Mit dieser detaillierten Übersicht über die in *Finale* behandelten Prüfungsinhalte können Sie schnell und präzise planen, welche Themen Sie zu welchem Zeitpunkt in den nächsten Monaten bearbeiten möchten.

Phase B: Festigung und Wiederholung

- Grundsätzlich sind Übungen in Kleingruppen sinnvoller als Einzelarbeit, kurzes, aber regelmäßiges Üben effizienter als Mammutwochenenden.
- Frischen Sie Lektüren aufgrund der eigenen Aufzeichnungen auf und wiederholen Sie die Aufgaben dazu (Operatoren beachten!), ggf. durch Schreibübungen. Hilfreich sind hierfür die eigenen Klausuren im Abgleich mit dem Erwartungshorizont.
- Vergewissern Sie sich der möglichen Aufgabenarten und wiederholen Sie die Liste der Operatoren, damit Ihnen an Sie gestellte Schreiberwartungen vertraut sind. Unter https://nibis.de/uploads/1gohrgs/operatoren_2021/DE_2021Abi_Operatoren.pdf finden Sie die aktuelle Operatorenliste. Ihre vorab geschriebenen Klausuren und Kommentare dazu sollten Sie daraufhin überprüfen.
- Durch Schreibübungen sollten Sie Ihre Sicherheit in grundlegenden Arbeitstechniken (→ S. 20 ff.) festigen. Offene Fragen sollten Sie frühzeitig im Unterricht klären.

Phase C: Am Prüfung absolvieren

- Nervosität vor der Prüfung ist normal, damit müssen Sie rechnen!
  Daher: Stellen Sie Ihr Arbeitsmaterial und Ihre Schreibgeräte rechtzeitig zusammen. Wählen Sie bequeme Kleidung und denken Sie an Getränke.
- Prüfen Sie zu Beginn der Bearbeitungszeit gründlich die Vorschläge und Aufgabenstellungen, bevor Sie eine endgültige Entscheidung treffen. Lassen Sie sich nicht allein vom ersten flüchtigen Eindruck lenken. Lesen Sie auch die gegebenen Texte!
- Erstellen Sie einen Schreibplan, der eine Mindmap oder Gliederung und einen Zeitplan für die Bearbeitung der Teilaufgaben, damit Ihnen genügend Zeit für die Erledigung aller Arbeitsschritte bleibt (→ S. 20).
- Planen Sie am Ende der Klausur mindestens 15 Minuten für die Kontrolle der inhaltlichen und sprachlichen Richtigkeit ein: Auch die Darstellungsleistung wird bewertet.

Basiswissen

Grundlegende Arbeitstechniken

Arbeitsschritte zur Lösung von Abituraufgaben

Arbeitsschritte	Handlungen
Zeit einteilen und effektiv nutzen	– Auswahlzeit nutzen – Zeitkontingent für Texterschließung festhalten – Zeitkontingent für die schriftliche Bewältigung der Teilaufgaben festlegen – Zeitkontingent für die Überarbeitung einplanen
Aufgabenvorschläge lesen, verstehen und auswählen	– Aufgabenvorschläge gründlich lesen – inhaltlichen und methodischen Schwerpunkt klären – eigenes fachliches Vorwissen abrufen – Operatoren und das damit geforderte methodische Vorgehen klären – sich für einen Aufgabenvorschlag entscheiden (die meisten Lehrer sammeln den nicht gewählten Vorschlag nach der Auswahlzeit wieder ein)
Text bzw. Texte mit Blick auf die Aufgabenstellung analysieren	• Lesestrategien nutzen – 5-Schritt-Lesemethode – Fragen an den Text stellen • Schreibstrategien verwenden • Interpretationsverfahren berücksichtigen • Textanalyse entzerren – Vorwissen festhalten – äußere Textmerkmale kennzeichnen – Interpretationshypothese aufstellen – Inhalt erschließen – Argumentationsweg bzw. Gedankenführung herausstellen – sprachliche Mittel und ihre Funktion für die inhaltliche Aussage erarbeiten • Erschließungsergebnisse schriftlich festhalten
	– Gliederung oder Schreibplan aufstellen – einzelne Gliederungspunkte ausformulieren
Klausur überarbeiten	• Text überarbeiten in Hinsicht auf – die inhaltlichen Vorgaben der Aufgabenstellung – die Logik der Gedankenführung – die formale Richtigkeit (Textsorte erfasst?) – die sprachliche Korrektheit

Aufgabenstellungen lesen, verstehen und auswählen

Bei der schriftlichen Abiturprüfung im Fach Deutsch muss von drei verschiedenen Aufgabenvorschlägen einer ausgewählt werden. Die Bearbeitungszeit beträgt im Kurs auf grundlegendem Anforderungsniveau 220 Minuten und im Kurs auf erhöhtem Anforderungsniveau 300 Minuten. Hinzukommen jeweils 20 Minuten Einlese- und Auswahlzeit. Die Aufgabenvorschläge entsprechen den Aufgabenarten, die insbesondere in den Klausuren der letzten beiden Jahrgangsstufen und in entsprechenden schriftlichen Übungen eingeübt worden sind. Schwerpunkte bilden dabei die Analyse von literarischen Texten, die Analyse von Sachtexten sowie die Erörterung eines fachspezifischen Sachverhalts. Bei der Auswahl der Aufgabe können Sie sich an folgenden Fragen orientieren:

- Verstehe ich den Text bei einem ersten überfliegenden Lesen? (→ S. 24)
- Bezieht sich der Text auf ein Thema, das ich gut vorbereitet habe?
- Verstehe ich die Aufgabenstellung? Weiß ich, was die Operatoren, die in den Aufgabenstellungen erwähnt sind, für Handlungsanweisungen geben?

Sie wählen am besten den Vorschlag aus,
- dessen Textvorlage Sie insgesamt problemlos verstehen bzw. zu dem Sie schnell einen Zugang finden;
- zu dessen Thema Sie genügend Fachkenntnisse haben und das Sie in einen größeren Zusammenhang einordnen können;
- dessen Aufgabenstellung für Sie klar verständlich ist, sodass Sie sie bewältigen können.

Vorwissen aktivieren, Vorarbeiten durchführen

Trotz der Besonderheiten der jeweiligen Gattung ist das systematische Herangehen an einen Dramenauszug oder an zwei zu vergleichende Gedichte in den Arbeitsschritten anderen Analyseaufgaben vergleichbar (→ S. 20). Der Verstehensvorgang erfordert dabei einen besonders intensiven Blick auf die unterschiedlichen Deutungsmöglichkeiten (→ S. 22).
Im Rahmen der Vorüberlegungen empfiehlt es sich, das bereits Bekannte wachzurufen, denn die Aktivierung von Vorwissen hilft, sich in das Thema einzudenken und einen ersten Zugang zu finden. Was weiß ich bereits über das in dem Text angesprochene Thema? Sie sollten daher u. a. stichwortartig
- Ihre Leseerwartung,
- Ihre ersten Leseeindrücke und Titelassoziationen,
- Ihre Beobachtungen zur gattungsspezifischen Gestaltung,
- Ihr Sachwissen über die Gattung, die Autorin/den Autor, die jeweiligen historischen Hintergründe sowie
- eventuelle Unklarheiten und weitere Fragen an den Text

notieren.

Texte erschließen

Mit Interpretationsverfahren arbeiten

Für fiktionale Texte – seien sie lyrisch, episch oder dramatisch – gilt grundsätzlich, dass deren Analyse oder Deutung (Interpretation) keine Allgemeingültigkeit beanspruchen kann. Vielmehr ist es nötig, sich der jeweiligen Lesart des Ansatzes, der die Deutung leitet, bewusst zu sein.
Grundsätzlich unterscheidet man zwei Interpretationsansätze:
- die *werkimmanente* (auch: textimmanente) und
- die *werkübergreifende* (auch: textexterne) Interpretation.

Interpretationsverfahren im Überblick

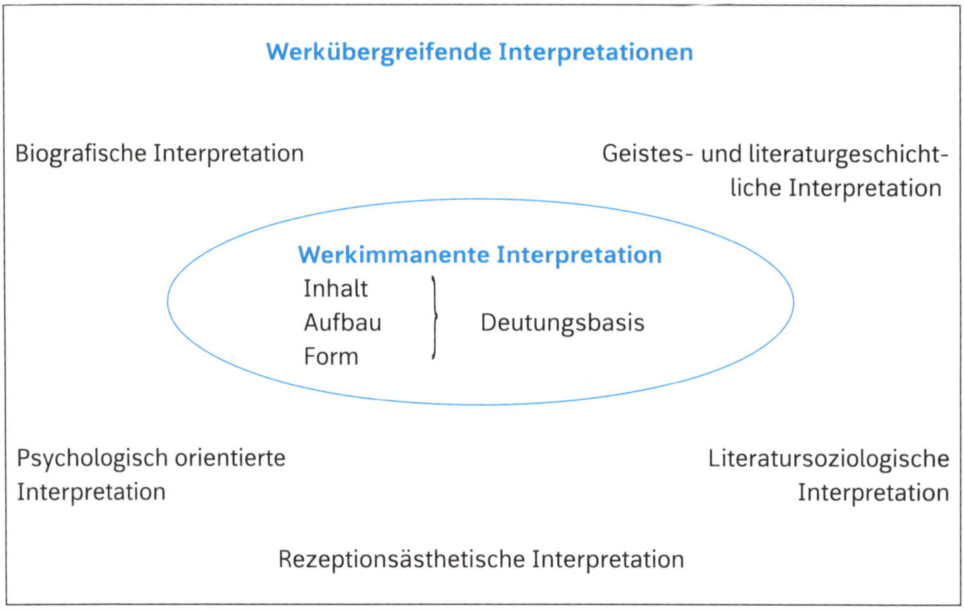

Die werkimmanente Interpretation

Die werkimmanente oder auch textimmanente Interpretation lässt alles Wissen um historische Bedingtheit, soziale Kontexte oder biografische Bezüge außer Acht und sieht den Text als Kunstwerk geradezu autonom. Ohne über den Text hinausgehende Information werden hier möglichst umfassend Inhalt und Form untersucht und interpretiert. Dabei geht es um direkte Aussagen, Verschlüsseltes, bewusst nicht Formuliertes, aber Gemeintes, um den Text in Aufbau und Gestaltung.
Der Schweizer Germanist Emil Staiger prägte diese Richtung des Interpretierens. Sie war in den Fünfziger- und Sechzigerjahren des 20. Jahrhunderts dominant in der Germanistik und im Deutschunterricht.

Dass das Bedingungsgeflecht, in dem ein literarischer Text entstanden ist – und rezipiert wird –, bei dessen Deutung stets mitzudenken ist, gehört heute zum selbstverständlichen Denken im Zusammenhang mit Interpretationen. Die werkimmanente Betrachtung ist daher inzwischen eher ein Ausgangspunkt oder eine Vorarbeit für die Deutung.

Werkübergreifende Interpretationen

- Eine *biografisch orientierte Interpretation* untersucht den Text vor allem mithilfe der Lebensgeschichte einer Autorin bzw. eines Autors und deren Selbstaussagen. Ausgangspunkt ist die These, dass sich im Kunstwerk persönliche Erfahrungen in vielfältiger Weise spiegeln.

- Leitender Aspekt einer *psychologisch orientierten Interpretation* ist die Vorstellung, dass eine Autorin / ein Autor oft auch unbewusst die Verarbeitung der eigenen psychischen Situation im Kunstwerk leistet. Modelle der Psychoanalyse, beginnend mit Sigmund Freud (1856 – 1939), können nach dieser Auffassung zur Entschlüsselung dienen. Wissen um die Biografie ist dafür unerlässlich.

- Eine *geistes- und literaturgeschichtliche Interpretation* versteht den Text als Produkt seiner Zeit, der Strömungen in Philosophie, Kunst, Naturwissenschaften sowie Politik und Gesellschaft. Die jeweilige literarische Epoche (Sturm und Drang, Naturalismus, Expressionismus usw.) wird zum Einordnungsrahmen der Untersuchung.

- Bei einer *literatursoziologisch angelegten Interpretation* steht das Verhältnis von literarischem Werk und Gesellschaft im Mittelpunkt. Die Frage, ob und wie der Text die politischen und sozialen Konflikte seiner Entstehungszeit aufgreift, ist zentral. Darüber hinaus wird nach dem Zusammenhang von Textproduktion und Textwirkung gefragt. Als dialektisch-materialistischen Ansatz bezeichnet man die literatursoziologische Interpretation, wenn bestimmte Grundannahmen des Marxismus (z. B. das Geschichtsbild: Die Geschichte als Geschichte von Klassenkämpfen) als erkenntnisleitend angenommen werden.

- Bei einer *rezeptionsästhetischen Interpretation* liegt der Schwerpunkt auf der Frage, wie der jeweilige Leser oder das Lesepublikum den Text verstanden bzw. rezipiert hat. Ausgangspunkt ist die Überlegung, dass jeder Leser den Text unterschiedlich auffasst und daher keine „gültige“ Interpretation möglich ist. Die Wirkung beim Leser ist abhängig von seiner Herkunft, seinem Alter usw. und ermöglicht daher eine jeweils neue Sicht des Werks.

Als geeignetes Vorgehen für eine Interpretation wird heute in der Regel die **kritisch-hermeneutische Methode** angesehen, die die genannten Ansätze vereinigt und von einem sich sukzessiv entwickelnden Deutungsfortschritt ausgeht. Dabei soll sich der Erkenntnisprozess von einem ersten, noch wenig reflektierten Vorverständnis bis hin zu einer Kontexte unterschiedlichster Art einbeziehenden Interpretation entwickeln (hermeneutischer Zirkel).

Lesestrategien einsetzen

Der gezielte Einsatz von Lesestrategien hilft sowohl bei der Erschließung von Sachtexten als auch bei der Analyse von fiktionalen Texten.

Die 5-Schritt-Lesemethode

1. Schritt	**antizipierendes Lesen** – Über welches Vorwissen verfügen Sie bereits? – Welche ersten Informationen erhalten Sie durch Titel, Untertitel, Zwischenüberschriften und Layout? *Ziel:* Aufbau eines Erwartungshorizonts
2. Schritt	**überfliegendes Lesen** – Welche Informationen geben die äußeren Textmerkmale im Hinblick auf Thema und Intention des Textes? (Autor, Titel, Textsorte, Erscheinungsort, und -jahr) – Welche Informationen geben erste innertextliche Signale? (z. B. Anfang und Ende des Textes, Absatzanfänge, Hervorhebungen …) *Ziel:* grober Überblick über Inhalt und Machart des Textes
3. Schritt	**klärendes Lesen** – Welche Begriffe bzw. Textstellen müssen geklärt werden? – Welches sind die zentralen Aussagen des Textes? – Wie ist der Text gedanklich aufgebaut? An welchen Textsignalen lässt sich der argumentative Aufbau erkennen? *Ziel:* detaillierte Klärung von Textinhalt und Textaufbau
4. Schritt	**vertiefendes konzentriertes Lesen** – Welche sprachlichen Mittel verwendet der Autor, um seine Aussageabsicht deutlich zu machen? – Welche Aspekte des Layouts unterstützen die Textaussagen? *Ziel:* Verknüpfung von inhaltlichen Aussagen und sprachlicher sowie formaler Gestaltung des Textes
5. Schritt	**reflektierendes und beurteilendes Lesen** – Inwieweit wird der Text inhaltlich, sprachlich und formal seiner Aussageabsicht gerecht? – Welche Aspekte sprechen für, welche gegen die Position bzw. die einzelnen Aussagen des Textes? – Welche Schlussfolgerungen lassen sich aus dem Text entwickeln? *Ziel:* Entwicklung einer eigenen Position

Trainieren Sie die einzelnen Schritte zunächst systematisch. Bei mehr Routine gehen sie automatisch ineinander über.

Fragen an den Text stellen

- Wer hat den Text, wann und zu welchem Zweck verfasst?
- An wen wendet sich der Text?
- Worum geht es in dem Text?
- In welchem thematischen Zusammenhang steht der Text?
- Welches sind – bezogen auf das Thema – die zentralen Aussagen des Textes?
- Welche Position vertritt die Autorin oder der Autor?
- Wie ist der Text gedanklich aufgebaut?
- Mit welchen sprachlichen und formalen Mitteln wird die Aussageabsicht deutlich gemacht?
- Wie beurteile ich den Text vor dem Hintergrund meiner fachlichen Kenntnisse zu diesem Thema?

Es ist hilfreich, die Fragen auf einzelne Blätter, etwa in Form einer Mindmap, zu notieren und die Antworten stichwortartig zu formulieren. Auf diese Weise erhalten Sie ein Schreibgerüst, auf dessen Basis Sie den Klausurtext verfassen können.

Ergebnisse der Texterschließung festhalten

Die Ergebnisse der Texterschließung sollten für die weitere Verarbeitung schriftlich festgehalten werden. Dazu bieten sich folgende Verfahren an:

- Stichpunkte zu den einzelnen Arbeitsschritten der gewählten Lesemethode festhalten.
- Erschließungsergebnisse in einer Mindmap zusammenstellen.
- Ein Schaubild anfertigen, das den gedanklichen Aufbau eines Textes zeigt.
- Die Erschließungsergebnisse in ein Fluss- oder Strukturdiagramm umsetzen (insbesondere für die Erschließung argumentativer Texte geeignet).
- Schlüsselwörter (Wörter, die die zentralen Textaussagen enthalten, d.h. den Text aufschließen) herausschreiben und mit Pfeilen und Symbolen logisch miteinander verbinden

Diese unterschiedlichen Verfahren sollten im Vorfeld der Prüfung erprobt werden. So können Sie feststellen, welche Verfahren für welche Textsorten besonders geeignet sind und mit welchen Verfahren Sie selbst am besten zurechtkommen.

Typische Schwierigkeiten bei der Texterschließung

Schwierigkeit	**Tipps**
Ich kann die zentralen Aussagen eines Textes nicht herausarbeiten.	– inhaltlichen Schwerpunkt der Aufgabenstellung klären – Thema formulieren – Text mit Blick auf das Thema lesen – Schlüsselwörter, d. h. immer wieder auftretende Begriffe oder Wörter, die zu einem Wortfeld gehören, markieren – zu jedem Textabschnitt einen Satz formulieren
Ich habe Probleme im Umgang mit schwierigen Textstellen.	– unbekannte Wörter mithilfe eines Wörterbuchs klären – unbekannte Wörter oder schwer zu verstehende Formulierungen aus dem Kontext heraus klären – den Satzbau ändern, Nebensätze in Hauptsätze auflösen, Satzverbindungen herstellen – die Textstelle mit eigenen Worten umschreiben – Fragen an den Text stellen
Ich kann den Aufbau eines Textes nicht erkennen.	– Thema und zentrale These des Textes klären (Hinweise enthalten oft Titel, Untertitel, erster und letzter Abschnitt eines Textes) – These, Argumente, Beispiele mit unterschiedlichen Farben oder Symbolen kenntlich machen – Konnektoren (Satzverbindungen) heraussuchen wie z. B. *dennoch, trotzdem, im Unterschied dazu, obwohl …* und Bezüge zwischen den Aussagen markieren – Überschriften für Absätze formulieren und mit entsprechenden Satzverbindungen logisch verknüpfen – Textgerüst in Form eines Schaubildes aufzeichnen
Ich gebe den Textinhalt immer nur wieder und analysiere den Text nicht.	– Texterschließung entzerren, nacheinander folgende Fragen beantworten: *Was steht im Text?* *Was bedeutet die Aussage für den gesamten Text / das Thema?* – Textstellen mit eigenen Worten umschreiben, nicht nur Zitate aus dem Text aneinanderreihen
Ich kann keine eigene Position zu einem Text entwickeln.	– sich das eigene Vorwissen vor der Lektüre des Textes klarmachen (thematisches Wissen, Kenntnisse zu Textsorte oder Autor), Cluster oder Mindmap anlegen – Bezugspunkte aus dem Text notieren, auf die ich konkret eingehen will; Vortext in Ich-Form schreiben: *Der Autor schreibt …, ich meine …*

Texte schreiben

Schreibstrategien verwenden

Das Schreiben der schriftlichen Abiturarbeit kann durch die Berücksichtigung folgender Schreibstrategien erleichtert werden:

Die 5-Schritt-Schreibmethode

1. Schritt	**Den Schreibprozess organisieren** Vor Arbeitsbeginn wird überlegt: – Wie viel Arbeitszeit steht mir insgesamt zur Verfügung? – Wie viel Zeit setze ich für die einzelnen Arbeitsschritte an?
2. Schritt	**Den Schreibprozess vorbereiten** – Die Aufgabenstellung wird geklärt. – Der Text wird mithilfe geeigneter Lesestrategien (→ S. 24) erschlossen. – Eine Arbeitshypothese wird formuliert, z. B. *Der Text handelt von … In dem Text geht es um … Der Autor vertritt die Position …* – Eigene Ideen zu Text, Thema, Unterthemen usw. werden notiert.
3. Schritt	**Arbeitsergebnisse strukturieren** – Die Ergebnisse der Texterschließung werden nach Oberthemen sortiert. – Die einzelnen Unterthemen werden in eine logische Abfolge gebracht, z. B. in Form einer linearen Gliederung bzw. einer Mindmap. – Die eigenen Ideen aus Schritt 2 werden zugeordnet.
4. Schritt	**Die Klausur schreiben** – Die Klausur wird auf der Basis der Vorarbeiten geschrieben. Dabei entspricht jeder Gliederungspunkt einem Abschnitt. – Eine Teilaufgabe der Klausur sollte in einem Zug ohne Unterbrechung verfasst werden, damit der Gedankengang nicht gestört wird.
5. Schritt	**Die Klausur überarbeiten** Die Klausur wird überarbeitet im Hinblick – auf das verwendete Textmuster und dessen Merkmale, – den sachlogischen Aufbau, – die schlüssige Verknüpfung der einzelnen Teile, – die Korrektheit von Rechtschreibung, Zeichensetzung und Grammatik.

Typische Schwierigkeiten beim Schreiben

Schwierigkeit	Tipps
Ich weiß häufig nicht, wie ich mit der „eigentlichen" Klausur anfangen soll.	– Einleitungssatz bzw. -sätze mit Blick auf die bekannten Textmuster vorbereiten – den möglichen Verlauf der Arbeit in einem Schaubild skizzieren (Begriffsnetz, Flussdiagramm usw.) – einen Gliederungspunkt, bei dem ich mich sicher fühle, als ersten ausformulieren
Ich gebe immer nur den Text wieder, ohne ihn zu analysieren; oft verbinde ich einfach nur Zitate miteinander.	– die Textanalyse mittels Fragen staffeln, z. B.: *Was sagt der Autor?* (Informationen entnehmen) *Welche Aussageabsicht hat der Autor?* (Intentionen erkennen) *Welcher Zusammenhang besteht zwischen Inhalt und Form?* (reflektieren) *Welche Position vertrete ich?* (bewerten) – sich von der Textvorlage lösen, eigene Formulierungen finden – Zitate so knapp wie möglich halten
Meine Klausuren werden häufig sehr lang; ich werde kaum mit der Aufgabe fertig.	– das Konzept in wenigen Sätzen skelettartig entwerfen, in welchen die Grundgedanken der Klausur enthalten sind – die Sätze im Sinne von Überschriften für die einzelnen Textabschnitte nutzen – den Text im Hinblick auf Wiederholungen kontrollieren
Ich weiß manchmal gar nicht, was ich zu einem Gliederungspunkt alles schreiben soll. Häufig fällt mir nur ein Satz ein.	– zu einem Gliederungspunkt, der zu knapp ausgefallen ist, eine Mindmap anlegen – die Perspektive wechseln: *Was müsste ein Adressat wissen, um meine Gedanken möglichst präzise zu verstehen?* – den Klausurtext mit Beispielen veranschaulichen
Mir fällt es schwer, meine Gedanken so miteinander zu verbinden, dass der logische Aufbau der Klausur deutlich wird.	– den Klausurtext in Sinnabschnitte gliedern – sich logische Zusammenhänge klar machen und entsprechende Satzverknüpfungen verwenden, z. B. *im Hinblick auf, darüber hinaus, im Gegensatz zu, anders als …*
Ich weiß nicht, was eine knappe Zusammenfassung sein soll.	– knapp auf Hauptthese(n) bzw. zentralen Interpretationsansatz eingehen – die eigene Position nochmals verknappt formulieren

Mit Zitaten und Textbelegen arbeiten

Zitate und Textbelege haben die Funktion, die eigenen Aussagen durch Verweise auf den Ausgangstext abzusichern und nachvollziehbar zu machen.

Regeln für die Arbeit mit wörtlichen Zitaten

- Eine Textstelle, d. h. eine Formulierung, ein Satz oder auch mehrere Sätze, wird wortwörtlich aus einer Vorlage übernommen; das gilt auch für Besonderheiten der Rechtschreibung und Zeichensetzung (z. B. Textvorlagen in alter Rechtschreibung).
- Zitate werden durch Anführungszeichen deutlich gemacht.
- Auslassungen in einem Zitat – unabhängig davon, ob es sich um ein einzelnes Wort, eine Formulierung oder mehrere Sätze handelt – werden durch eckige Klammern mit drei Punkten gekennzeichnet: [...]. Ein Zitat darf nicht soweit gekürzt werden, dass die Aussage verfälscht wird.
- Zitate, die man in den eigenen Text einpasst, müssen in einigen Fällen inhaltlich (z. B. durch ein erklärendes Wort) oder grammatisch (z. B. durch eine Veränderung des Kasus) dem eigenen Satzbau angepasst werden. Die Eingriffe kennzeichnet man durch die Verwendung eckiger Klammern, z. B. *„Er wirft ihm [Danton] vor, dass [...].“*
- Zitate in Zitaten kennzeichnet man mit einfachen Anführungszeichen, z. B. *„wenn Törless die besondere Wirklichkeit immer wieder mit dem Wort ‚es‘ zu fassen sucht.“*
- Zitate werden mit einem Hinweis auf den Fundort beendet. Dies geschieht in Form von Seiten-, Zeilen- oder Versangaben, z. B. *„Er [Törless] hatte jetzt einen ganz neuen Respekt vor der Mathematik“* (S. 75, Z. 3).

TIPP

- Zitate sollten sparsam verwendet werden.
- Jedes Zitat muss ausgewertet werden, d. h. die eigenen Aussagen absichern.

Regeln für die Arbeit mit sinngemäßen Zitaten

Gibt man die Gedanken eines anderen wieder, verwendet man

- eine einleitende Formulierung, z. B. *Nach Meinung von ...*, bzw. einen entsprechenden Einleitungssatz, z. B. *Der Autor hebt hervor, dass ...* Durch die einleitende Formulierung wird auch das eigene Textverständnis deutlich.
- indirekte Rede (Konjunktiv I), z. B. *Der Gebrauch von Anglizismen habe in Frankreich nicht in gleichem Ausmaß zugenommen.*

Sinngemäße Zitate werden wie wörtliche Zitate mit einem Verweis auf die Textstelle in Form von Seiten-, Zeilen- oder Versangaben beendet.

Texte überarbeiten

Klausurtexte überarbeiten

Klausurtexte sollten im Hinblick auf inhaltliche und formale Anforderungen überarbeitet werden. Die Überarbeitung sollte in zwei Schritten erfolgen:

CHECKLISTE zur inhaltlichen Überarbeitung

- ✓ Habe ich die Vorgaben der Aufgabenstellung entsprechend berücksichtigt?
  - inhaltliche Vorgaben: Texte, Thema, weiterführende Schreibaufgabe
  - methodische Anweisungen (Operatoren)
- ✓ Hat meine Arbeit einen roten Faden?
  - klare Gliederung
  - präzise Zuordnung der Ergebnisse zu den einzelnen Gliederungspunkten
  - keine Ausführungen, die nicht zum Thema gehören
- ✓ Ist meine Arbeit widerspruchsfrei?
  - sachliche Richtigkeit
  - schlüssige Argumentation
- ✓ Habe ich mein fachliches Vorwissen eingebracht und logisch mit den neu gewonnenen Untersuchungsergebnissen verknüpft?
  - allgemeine Kenntnisse zum Thema
  - (literarische) Fachkenntnisse zu Thema, Epoche, Autor, Vergleichstexten

CHECKLISTE zur formalen Überarbeitung

- ✓ Entspricht meine Arbeit den Vorgaben der vorgegebenen Textsorte (Textanalyse, Textvergleich, Texterörterung, Stellungnahme usw.)?
  - Einleitung, Hauptteil, Schluss
  - Einteilung in Abschnitte, die aufeinander Bezug nehmen
  - logische Verknüpfungen zwischen den einzelnen Abschnitten durch verbindende Wörter oder Formulierungen
- ✓ Entspricht meine Arbeit den sprachlichen und formalen Erwartungen an eine Abiturklausur?
  - präzise Wortwahl
  - Verwendung von Fachvokabular
  - verständlicher, abwechslungsreicher Satzbau
  - Vermeidung von Umgangssprache
  - korrektes Arbeiten mit Zitaten und Textbelegen
  - sprachliche Korrektheit in Bezug auf Grammatik, Rechtschreibung und Zeichensetzung

Die Ausarbeitung einer persönlichen Checkliste zur Textüberarbeitung hilft Ihnen, den Blick gezielt auf Ihre individuellen Problemfelder zu lenken.

Fehlerquellen ausschalten

Der Darstellungsleistung kommt in der schriftlichen Prüfung eine wichtige Bedeutung zu. Auf dieser Seite finden Sie Tipps, wie häufige Fehlerquellen im Bereich der Zeichensetzung und der indirekten Rede ausgeschaltet werden können.

Zeichensetzung

Infinitivgruppen

In den folgenden drei Fällen müssen bei Infinitivgruppen Kommas gesetzt werden:

- Die Infinitivgruppe wird mit *um, ohne, anstatt* oder *als* eingeleitet: *Der Erzähler schildert die Ereignisse, ohne sie zu kommentieren.*
- Die Infinitivgruppe hängt von einem Substantiv ab: *Karl Moor gibt den Befehl, endlich aufzubrechen.*
- Die Infinitivgruppe wird durch ein hinweisendes Wort angekündigt: *Karl Moor denkt daran, seine Geliebte noch einmal zu treffen.*

Satzreihen und Satzgefüge

- Bei *Satzreihen*, die aus zwei oder mehreren Hauptsätzen bestehen und durch Konjunktionen wie *und*, *oder*, *beziehungsweise/bzw.*, *entweder – oder*, *nicht – noch* oder durch *weder – noch* verbunden sind, *kann* man ein Komma setzen. Bei längeren Sätzen sollten der besseren Lesbarkeit wegen Kommas gesetzt werden.
- *Satzgefüge*, die mindestens aus einem Hauptsatz und mindestens einem Nebensatz bestehen, werden durch Kommas abgetrennt. Die meisten Fehler werden gemacht, wenn ein Nebensatz in einen Hauptsatz eingeschoben ist, da dieser dann durch zwei Kommas abgetrennt werden muss: *Der Leser, der unmittelbar ins Geschehen einbezogen wird, kann die Gefühle gut nachvollziehen.*

Indirekte Rede

Zur Kennzeichnung der Übernahme dessen, was ein anderer wörtlich gesagt hat, verwendet man die indirekte Rede: *Der Verfasser der Rezension stellt heraus, dass ihm der Film nicht gefalle, weil er von der literarischen Vorlage zu weit entfernt sei.*

Die indirekte Rede wird mit Formen des Konjunktivs I (Präsensstamm) gebildet: *er komme, sie gehe.*

Wenn dabei eine Übereinstimmung mit der Indikativform vorliegt, werden Formen des Konjunktivs II (Präteritalstamm) verwendet: *er käme, sie ginge.*

Sollte es dabei immer noch zu Übereinstimmungen mit den Indikativformen kommen, ist auf die Umschreibung mit der Ersatzform „würde“ auszuweichen: *er würde fragen.*

TIPP

Eine häufige Verwendung der Umschreibung mit *würde* ist zwar grammatikalisch nicht falsch, gilt aber als stilistisch unschön und kann zu gewissen Abwertungen im Bereich der Darstellungsleistung führen.

Rahmenthema 1: Literatur und Sprache um 1800

Das Weimarer Kunstprogramm

grundlegendes Anforderungsniveau

Aufgabenart: Materialgestütztes Verfassen argumentierender Texte

Aufgabenstellung

1. Die Gesamtkonferenz Ihres Gymnasiums streitet heftig um die Ausgestaltung der neuen Vorgaben an Ihrer Schule. Unter anderem ist man sich uneins, ob bestimmte Titel von allen Schülerinnen und Schülern gelesen werden sollen.

   Da man weiß, dass Sie vor Kurzem im Unterricht Goethes Drama „Iphigenie auf Tauris" behandelt haben, bittet man Sie, Stellung zu nehmen zur Frage, ob solche Klassiker vor dem Hintergrund der Fragen einer modernen Gesellschaft eigentlich noch eine Berechtigung für den Unterricht und damit für Sie heute haben.

   Verfassen Sie dazu einen **Kommentar** mit dem Umfang von etwa 1100 Wörtern.

Materialgrundlage

- Anna-Lena Scholz: Goethe, mir graut's. Aus: DIE ZEIT Nr. 42/2019, 10.10.2019. Online unter: https://www.zeit.de/2019/42/deutsch-abitur-faust-johann-wolfgang-von-goethe (zuletzt aufgerufen am 28.03.2020)
- Thomas Vitzthum: Goethe und Schiller lesen selbst Abiturienten kaum. Aus: Die WELT, 27.06.2016 © Axel Springer SE. Online unter: https://www.welt.de/politik/deutschland/article156561037/Goethe-und-Schiller-lesen-selbst-Abiturienten-kaum.html (zuletzt aufgerufen am 28.03.2020)
- Kai Spanke: Zeitenwende auf Tauris. Zum epistemologischen und temporalen Umbruch in Goethes »Iphigenie«, S. 21 – 29 (Auszug). Aus: Goethe-Jahrbuch 2014. Band 131. Hrsg. von Jochen Golz, Albert Meier und Edith Zehm. Göttingen: Wallstein Verlag 2015
- Wolfgang Thierse: Die Kulturnation. „Von Schiller lernen?", 03.04.2005. Aus: Deutschlandfunk Kultur. Online unter: https://www.deutschlandfunk-kultur.de/diekulturnation.982.de.html?dram:article_id=153113 (zuletzt aufgerufen am 28.03.2020)
- Malte Lehming: Eine Million Flüchtlinge in Deutschland – Was bleibt von der Kulturnation? Aus: Der Tagesspiegel, 28.09.2015. Online unter: https://www.tagesspiegel.de/politik/eine-million-fluechtlinge-in-deutschland-was-bleibt-von-der-kultur nation/12373274.html (zuletzt aufgerufen am 28.03.2020)
- Friedrich Schiller: Die Aufgabe der Kunst (1794). Auszug aus 9. Brief: Über die ästhetische Erziehung des Menschen in einer Reihe von Briefen. Aus: Ders.: Sämtliche Werke in zwölf Bänden. Zwölfter Band. Stuttgart: J. G. Cotta'scher Verlag 1860
- Richard Friedenthal: Goethe: Sein Leben und seine Zeit. München: Piper Verlag 1999, 17. Auflage, S. 368

– Splendid Research: Statistik zum Lesekonsum der Deutschen (2017). Online unter: https://www.splendid-research.com/de/statistiken/item/umfrage-krimi-thriller-genre-beliebtheit.html (zuletzt aufgerufen am 28.03.2020)

M1 Goethe, mir graut's *Anna-Lena Scholz*

Muss man heute noch den „ Faust“ gelesen haben, um seine Reifeprüfung zu bestehen?

Kann man ein gebildeter Mensch sein, ohne *Faust* gelesen zu haben? Ja, sagt das Schulministerium von Nordrhein-Westfalen. Ab dem Jahr 2021 gehört Goethes Tragödie nicht mehr zum Prüfungsstoff für das Deutsch-Abitur. Reifeprüfung ohne Meisterdichter. Auch in anderen Bundesländern ist die *Faust*-Lektüre nicht mehr verbindlich. Mal liest man Lessing, mal Schiller, mal Kleist, einen von den Großen halt. Man wolle regelmäßig die „Fokussierung wechseln“, argumentiert das Ministerium. Der Aufruhr folgte sogleich. Der Deutsche Lehrerverband empörte sich: Frevel am Kanon! *Faust* sei zeitlos, *Faust* sei für alle, ohne *Faust* drohe Kulturverlust für die Abiturienten der Zukunft. Die Beschäftigung mit Literatur soll, so steht es im Lehrplan, das „ästhetische und literarhistorische Bewusstsein“ erweitern. Das klingt blechern, meint aber etwas Großes: Literatur kann unseren Horizont aufreißen. Wer liest, wächst über sich hinaus, und der Wortschatz gleich mit. Figuren auf Papier werden zu Freunden im Kopf. Literarische Texte kann man lieben, sie können einen langweilen und ärgern, manche scheinen zeitlos, andere veralten. Im schönsten Fall öffnet sich im Deutschunterricht die Tür zu dieser Welt. Goethes *Faust*, veröffentlicht 1808, war lange ein solcher Türöffner. Doch ist er das auch heute noch?

Für viele ist *Faust* mehr als nur ein gelbes Reclam-Bändchen. Kein Gelehrter war je ratloser als dieser Tor in seiner Stube. Kein Teufel charmanter als jener, der „stets das Böse will und stets das Gute schafft“. Goethes Werk ist ein Exportschlager, man kennt es auf der ganzen Welt. Die Schullektüre ist identitätsstiftend: unser Goethe, unsere Weltliteratur, unsere Kulturnation. Wen es schmerzt, dass dieses Werk vom Regalbrett rutscht, der betrauert aber den Verlust von etwas anderem. *Faust* verbindet Eltern-, Lehrer- und Schülergenerationen – oder tut zumindest so: Nicht hinter jeder kleinen memorierten Sentenz („des Pudels Kern“) verbirgt sich große Goethe-Kenntnis. Macht aber nix, denn dieser Text ist so etwas wie der bildungsbürgerliche Superkleber für eine partikulare, auseinanderstrebende Gesellschaft. Tröstlich die Vorstellung, dass alle irgendwann einmal den gleichen Text gelesen haben. Dass alle ihn kennen: den Zweifel darüber, was die Welt im Innersten zusammenhält. (...) Daran kann man sich klammern. Oder man versetzt sich in eine 17-jährige Schülerin und liest den Text mit ihrem Blick. Die Handlung ist so lala. Älterer promovierter Herr (Dr. Heinrich Faust), so gebildet wie gelangweilt (Mid life-Crisis), schließt einen großen Deal mit dem Teufel. Er tauscht sein Seelenheil gegen jugendliche Manneskraft, schwängert ein junges Mädchen aus bildungsfernem Milieu (#MeToo), das am Ende stirbt. Der Doktor schlägt sich fortan voller Schuldgefühle mit Hexen und Göttern herum (*Faust II*). Zu polemisch? Vielleicht nur ein aktueller Blick auf einen alten Stoff. Monumental und auch ein bisschen fremd steht der Faust heute in der aufgepeitschten Gegenwart herum.

Lessings Aufklärungsdrama *Nathan der Weise* (1779) – der Text, den das Schulministerium stattdessen zur Pflichtlektüre bestimmt hat – besticht dagegen durch Aktualität. Hier treffen ein Jude, ein Christ, ein Muslim aufeinander. Die Handlung ist verwickelt, denn nach und nach stellt sich heraus, dass alle irgendwie miteinander verwandt sind oder einander adoptiert haben. Eine Patchwork-Geschichte mit Happy End, die jeder nationalstaatlichen und religiösen Vorherrschaft den Boden entzieht: „Unter stummer Wiederholung allseitiger Umarmungen fällt der Vorhang." Eine Regieanweisung, wie man sie für die globale Weltgemeinschaft des 21. Jahrhunderts herbeisehnt. Wäre man gezwungen, sich zu entscheiden – Goethe oder Lessing, *Faust* oder *Nathan* – ja, dann ist natürlich Letzterer die wichtige Figur für unsere Zeit.

Doch muss man sich überhaupt entscheiden? Wer Werke gegeneinander ausspielt, der befördert, was er zu vermeiden sucht: dass der Bildungskanon schrumpft. Eng und starr wird er aber vor allem dann, wenn man so tut, als seien diese Texte eine Zumutung, die Schülerinnen und Schülern in kleiner, gezielter Dosis verabreicht werden müsse. Dahinter steht eine allzu verzagte Vorstellung von Literatur. Als sei sie keine Lust, kein Glück. Die Frage lautet nicht, ob Goethe noch gelesen werden muss. Sondern ob die Schule dazu verführt, überhaupt zu lesen, ein Leben lang, vielleicht sogar den *Faust*.

M2 Goethe und Schiller lesen selbst Abiturienten kaum

Thomas Vitzthum (Politikredakteur)

Die Verkaufszahlen von Goethes „Faust" oder Schillers „Wilhelm Tell" sind auf den ersten Blick hervorragend. Tatsächlich werden die Bücher kaum noch gelesen. Das liegt auch an den Eltern.

Zurzeit schippert das „Schiff Esperanza" durch deutsche Klassenzimmer. Weil auf ihm ein paar Flüchtlinge im Laderaum kauern und die Schleuser über die Rechtmäßigkeit ihres Unterfangens diskutieren, hat das Werk des Autors Fred von Hoerschelmann aus dem Jahr 1953 gerade wieder Konjunktur in den Schulen. Inzwischen preist der Reclam-Verlag das Drama gar als „Der Schulklassiker zur aktuellen Migrationsdebatte". Eine kleine Übertreibung. Ob eine Geschichte zum echten Klassiker taugt, erweist sich nicht ad hoc, da vergehen Jahrzehnte, wenn nicht Jahrhunderte, sie bleiben ungeachtet aller Moden und aktuellen Themen beliebt. [...] Bei der Bewahrung dieser Klassiker wird den Schulen, neben den Theatern, die entscheidende Rolle zugeschrieben. Es geht um die deutsche Sprache, Schönheit und Stil, um die großen Menschheitsthemen, aber natürlich auch um kulturelles Erbe, um nationale Selbstvergewisserung. Gerade jetzt – zieht sich doch die Frage, was eigentlich deutsch ist, durch viele Debatten. Gesellschaft und Politik haben es zur obersten Ausländer-Pflicht erklärt, nationale Identität zu erlernen. Schnell landet man da bei Goethe, Schiller, Lessing, Büchner, Böll und Brecht. Doch die, so lautet die Klage, würden von den jungen Deutschen gar nicht mehr gelesen. Die Schulen, eine klassikerfreie Zone? [...] Ob die Antwort darauf „Ja", „Nein" oder „Jein" ist, hängt vom Standpunkt ab. Die Verlage sehen die Sache recht entspannt; die Verkaufszahlen stimmen. Unter den

Lehrern hat sich Frust breitgemacht, unter anderem weil die Deutschstunden weniger geworden sind. Und die Bildungsforschung interessiert sich nicht sonderlich dafür, was die Schüler lesen. Ihr geht es darum, ob und wie sie Texte verstehen. Einen Konsens aber, was und wie viel zu lesen ist, gibt es nicht mehr. Noch sind die Klassiker im Unterricht präsent, doch den Raum, den sie einst einnahmen, bekommen sie längst nicht mehr. [...] Immerhin: „Unter den Schülern ist es einhellige Überzeugung, dass es gut ist, sich mit klassischer Literatur zu beschäftigen", sagt Beate Kennedy. Die Deutschlehrerin ist Vorsitzende des Fachverbands Deutsch im Germanistenverband. Sie hat vor bald 30 Jahren ihre erste Klasse unterrichtet.

Kennedy erlebt, dass die Schüler die Distanz zu den Werken kaum noch überbrücken können. „Die reine Textarbeit geht einfach nicht mehr", sagt sie. „Man holt damit nur die ab, die ohnehin schon ein starkes Interesse an dieser Literatur haben – und das werden immer weniger."

[...] Der Reclam-Verlag ist Hüter der klassischen Schätze. Zu den günstigen gelben Bändchen der Universalbibliothek greifen viele Schüler. „Wir können nicht feststellen, dass Schüler keine klassische Literatur mehr lesen", sagt Peter Csajkas, der die Abteilung Schulmedien leitet. [...] Ähnliches berichtet der Suhrkamp-Verlag, in dem etwa die Werke Bert Brechts und Max Frischs erscheinen. „Wir stellen keine großen Veränderungen fest. Es kommen einige Werke der Gegenwartsliteratur hinzu, aber es fällt unserer Einschätzung nach nichts weg", sagt eine Sprecherin. Von einer Krise dieser Klassiker in der Schule könne nicht die Rede sein. Zahlen will Suhrkamp nicht herausgeben.

Reclam-Mann Csajkas legt eine Liste vor, sozusagen den Kanon der klassischen deutschen Schulliteratur. Es sind die Verkaufszahlen der beliebtesten Bücher der Universalbibliothek seit dem Jahr 1948, als der Verlag seinen Stammsitz Leipzig Richtung Westen verließ. Unter den Top 15 sind viele Bücher, die das Schulleben im Fach Deutsch prägten und es noch immer tun. [...] Anders als erwartet ist nicht Goethes „Faust I" das beliebteste Buch, sondern Schillers „Wilhelm Tell". Mit 5,5 Millionen verkauften Exemplaren übertrifft es den Faust um 300.000. Nummer drei und vier können mit dieser Beliebtheit nicht mithalten. Lessings „Nathan der Weise" kommt ebenso wie Kellers „Kleider machen Leute" auf 4,5 Millionen Verkäufe. Es folgen die „Judenbuche" von Droste-Hülshoff und Hauptmanns „Bahnwärter Thiel". Auf den folgenden Plätzen müssen sich Goethe, Schiller und Lessing lediglich durch Theodor Storm und seinen „Schimmelreiter" auf Position neun gestört fühlen. Das erste Werk Shakespeares, des Schöpfers von „Was ihr wollt", landet übrigens mit „Macbeth" auf Platz 30. „Die Verkaufszahlen bleiben über die Jahre relativ konstant. Das wäre ohne einen beträchtlichen Anteil an Schullektüren nicht vorstellbar", sagt Csajkas. Es hat den Anschein, als läsen die Schüler – noch. „Natürlich gibt es Rückgänge", gibt Csajkas zu. Etwa zehn Prozent seien normal. „Das führen wir unter anderem auf die demografische Entwicklung zurück." [...] Ob es sich der Verlag da nicht etwas leicht macht. Das Gros der genannten Bücher gehört zweifellos zum Kanon der Schulen, an denen man Abitur machen kann. Doch diese Schulformen, die Gymnasien vor allem, haben mitnichten Schülerrückgänge zu verzeichnen.

1992 machten im Westen Deutschlands etwa 33 Prozent eines Jahrgangs Abitur, im Osten waren es nur 22 Prozent. Heute sind es in manchen Bundesländern um die 50 Prozent. Und die Klassen sind nicht kleiner geworden. 1992 gab es zwei Millionen Gymnasiasten, 2014 mehr als 2,3 Millionen. […] Die These, dass die Schüler weniger lesen, können die Verkaufszahlen deshalb nicht entkräften. […]

M3 Zeitenwende auf Tauris. Zum epistemologischen und temporalen Umbruch in Goethes „Iphigenie" (Auszug) *Kai Spanke*

[…] *I. Präsenz vs. Sinn / Zyklizität vs. Linearität: Tauris im Umbruch*

Dreh- und Angelpunkt von Goethes Iphigenie ist die Änderung des menschlichen Selbstbezugs von einer Präsenz- zu einer Sinnkultur. […] Während sich der Mensch im Mittelalter als Teil einer ihn umgebenden göttlichen Kosmologie begriffen hatte, begann er in der Frühen Neuzeit eine bis dato ungekannte Selbstreferenz zu entwickeln. Als rein geistig konstituiertes Wesen stand er nun der materiellen Welt gegenüber und machte es sich zur Aufgabe, sie zu interpretieren und also Wissen zu produzieren. Im Mittelalter glaubte man, Wissen sei stets göttlich offenbart. Da das frühneuzeitliche Subjekt immer neues Wissen über die Welt anhäufte und damit für einen sich ständig aktualisierenden Erkenntnisstand sorgte, kam es zur Weltveränderung. Zeit konnte fortan als lineares Phänomen wahrgenommen, Geschichte geschrieben werden. Während des Mittelalters ging es lediglich darum, die Elemente des schon offenbarten Wissens nicht zu verlieren. Die fundamentalste Größe jeder Sinnkultur ist der sich in der Zeit entfaltende Geist, in der Präsenzkultur ist es der Raum fordernde Körper. Am deutlichsten wird das, wenn man die katholische Eucharistie des Mittelalters mit dem protestantischen Abendmahl der Neuzeit vergleicht. Bei Ersterer waren Brot und Wein der substantiell tatsächlich anwesende Leib Christi, bei Letzterem repräsentierten sie diesen – eine Diskrepanz, die sich bis heute erhalten hat. Ästhetisch gewendet lässt sich mit der Differenz zwischen Präsenz- und Sinnkultur eine wesentliche Bedeutungsebene der goetheschen Iphigenie erschließen. So erscheint die Tochter des tatkräftigen Agamemnon und der nicht weniger energischen Klytämnestra überraschenderweise als geistig definiertes Subjekt par excellence. Schon der Eingangsmonolog demonstriert, wie sehr sich Iphigenie vom Bewusstsein her definiert. […] Darüber hinaus entzieht sie sich Thoas' Avancen mit Verweis auf das Jungfräulichkeitsgebot der Diana: „So ruf' ich alle Götter und vor allen / Dianen die entschloßne Göttin an, / Die ihren Schutz der Priesterin gewiß, / Und Jungfrau einer Jungfrau, gern gewährt" (V. 197 – 200). Liebe sei nach göttlichem Vorbild allein als geschwisterliche Zuneigung legitim […]. Auch der Körperlichkeit des Kampfes kann Iphigenie nichts abgewinnen. Während sich Pylades auf Informationen aus zweiter Hand stützt und verbreitet, sie gehöre zum „Stamm der Amazonen" (V. 777), ist von ihr selbst Gegenteiliges zu vernehmen. Iphigenie möchte gerade nicht das „Recht des Schwerts" (V. 1911) durchsetzen und „[w]ild gegen Wilde sein, wie Amazonen" (V. 1910). Die Aversion gegen alles Physische findet ihren schlüssigen Höhepunkt in der Zurückweisung des Menschenopfers. Vor Iphigenies Ankunft betrat niemand Thoas' Reich, der „an Dianens heil'gen Stufen nicht / Nach altem Brauch, ein blut'ges Opfer, fiel" (V. 104 f.). Das hat temporale Implikationen: Die Erfahrung von Zeit glich in diesem mythischen, am göttlichen Willen ausgerichteten System der Erfahrung von Unveränderlichkeit. Erst Iphigenie hat den „alten grausamen Gebrauch, / Daß am Altar Dianens *jeder* Fremde / Sein Leben blutend läßt, von Jahr zu Jahr / Mit sanfter Überredung aufgehalten“ (V. 122 – 126; Hervorhebung K. S.). Als „reine Seele“ (V. 1874) ist Iphigenie „das Medium jener Vernunft, die Humanität gegen Tötungsrituale, Verständigung gegen Schweigen und Sühne gegen Gewalt setzt“.

M4 Die Kulturnation „Von Schiller lernen?“ (4) *Wolfgang Thierse*

Die deutsche Kulturnation – das war einmal ein schönes großes Wort, das die Herzen höher schlagen ließ. Und da ich die Einwände schon ahne, möchte ich hinzufügen: es war auch ein unschuldiges Wort. Was man später die „deutsche Kulturnation“ genannt hat, das ist mit Friedrich Schiller verbunden, wenn auch ohne sein aktives Zutun, und viel mehr noch mit seinem Zeitgenossen und Weimarer Mitbürger Johann Gottfried Herder.

Die deutsche *Nation* entstand, als der deutsche *Nationalstaat* historisch noch in weiter Ferne lag. Die *Deutschen* konnten *nicht* auf feste Grenzen zurückgreifen, wenn sie einen Begriff von sich als Nation entwickeln wollten. Was sie gemeinsam hatten, waren Sprache, Traditionen und Symbole, die Erinnerung an einige große Köpfe wie Luther oder Gutenberg oder – schon nicht mehr ganz so unproblematisch – die Erinnerung an das versunkene Alte Reich.

Die Lebenszeit von Friedrich Schiller fällt in das Goldene Zeitalter der Deutschen. Die Literatur hatte sich vom französischen Vorbild emanzipiert, zeitweise englischen Vorbildern zugewandt und dann etwas ganz Eigenes hervorgebracht: die Empfindsamkeit, den Sturm und Drang, die Bewegung der Schillerschen Jugendjahre also, und schließlich die deutsche Klassik, die das stolze Wort von den Deutschen als Volk der Dichter und Denker gestiftet hat. Immanuel Kant in Königsberg war wohl der größte Philosoph seiner Zeit, gelesen, zitiert und bewundert von Gelehrten in ganz Europa.

Diese Blüte der deutschen Kultur entfaltete sich in einer Zeit, als Deutschland maximal zersplittert war. Im Deutschen war „Nation“ einfach kein politischer Begriff; man dachte dabei nicht an Schlachten, Eroberungen, Kolonien – ein durchaus sympathischer Zug, auch im Nachhinein betrachtet, wie ich meine. In der Staatsferne, auch in der *Grenzenlosigkeit* der deutschen Kultur lag gerade ihr Reiz. Kein einzelner Fürstenhof konnte der deutschen Geisteswelt vorschreiben, wie sie sich zu entwickeln hatte – selbst in den schlimmsten Tagen des Absolutismus fand sich irgendwo in Thüringen ein Duodezfürst, der den größten deutschen Dichtern Unterschlupf bot.

Deutsch denken war damals das Gegenteil von Borniertheit: Es bedeute Offenheit über die engen Landesgrenzen hinweg, die Freiheit, Eindrücke von überallher aufzunehmen. Deutschland hat damals seine Lage in der Mitte des Kontinents zu einem Vorteil gemacht. Hier kam alles zusammen, was Europa zu bieten hatte: der asketische Protestantismus des Nordens und der sinnliche Formenreichtum des katholischen Südens, französische Klarheit und slawische Empfindungstiefe, die Kaufmannskulturen der Ost- und Nordsee, die prächtigen Bischofsresidenzen von Mainz, Köln oder

Salzburg. Goethes Faszination für den Süden wie für den Osten zum Beispiel hat große Zeugnisse dieser verbindenden Kraft hervorgebracht.

Aber gerade die Lage Deutschlands in der Mitte des Kontinents, die so viele Chancen bot, hat auch an den großen Katastrophen des 20. Jahrhunderts ihren Anteil gehabt. Die Nation blieb, anders als in weiten Teilen des europäischen Ostens, in Deutschland keine rein kulturelle Veranstaltung; die Deutschen blickten nach Westen, maßen sich mit Briten und Franzosen und wollten schon bald nach Schillers Tod auch „ihren" Staat. Wenige, aber große Köpfe, wie Wilhelm von Humboldt, warnten davor.

Als die Deutschen dann ihren Staat bekamen, wurde der so schön offene, kulturelle Begriff von der Nation plötzlich zu einem Mittel der Ausgrenzung. Wer Deutscher sein wollte, musste bestimmte Merkmale aufweisen, kulturelle zunächst, später so genannte „rassische". Opfer dieser unglücklichen Kreuzung wurden schon im Kaiserreich die Juden. Sie waren bereit, sich in die deutsche Staatsnation einzufügen, wurden aber zurückgestoßen, ausgegrenzt und später schließlich verfolgt und vernichtet. Der Holocaust war kein Verbrechen im Namen der Kulturnation, sondern eines im Namen der „nordischen Rasse". Aber der kulturelle Nationsbegriff war nun nicht mehr unschuldig. [...]

M5 Eine Million Flüchtlinge in Deutschland – Was bleibt von der Kulturnation? *Malte Lehming*

Niemand verlangt von asylberechtigten Syrern, beim Christopher Street Day mitzulaufen oder den Müll perfekt zu trennen. Doch Integration ist mehr als die Vermittlung von Sprach- und Gesetzeskenntnissen. Ein Kommentar

[...] „Wir sind ein Volk", skandierten die Menschen in der DDR vor 25 Jahren. Und in Artikel 35, Absatz 1 des Einigungsvertrages steht: „In den Jahren der Teilung waren Kunst und Kultur – trotz unterschiedlicher Entwicklung der beiden Staaten in Deutschland – eine Grundlage der fortbestehenden Einheit der deutschen Nation. Sie leisten im Prozess der staatlichen Einheit der Deutschen auf dem Weg zur europäischen Einigung einen eigenständigen und unverzichtbaren Beitrag." Willy Brandt prägte damals den Satz: „Jetzt wächst zusammen, was zusammengehört." Denn schon während seiner Zeit als Bundeskanzler vertrat er die Ansicht, dass es eine „System übergreifende fortbestehende deutsche Kulturnation" gebe, die als „einigendes Band" zwischen der Bundesrepublik und der DDR wirken könne.

Die Schutzsuchenden haben noch nichts gehört von Trümmerfrauen. [...]

Kulturnation, was ist das? Der Begriff schwingt meist unausgesprochen mit in der neuen deutschen Diskussion über die Identität und den Charakter dieses Landes angesichts von rund einer Million Zuflucht suchender in diesem Jahr. Viele von ihnen sind jung, männlich, muslimisch. Andere wurden als Christen im Irak oder in Eritrea verfolgt. Kaum einer der Neuankömmlinge wird aber je von den deutschen Trümmerfrauen, dem 20. Juli 1944, der Kontroverse um das Holocaust-Mahnmal, dem Historikerstreit, dem 17. Juni 1953, der Stasi-Unterlagenbehörde oder der Friedensbewegung gehört haben. [...]

Nähe entsteht durch gemeinsame Erfahrungen

Der Historiker Friedrich Meinecke unterschied 1908 zwei Typen der Begründung einer Nation – Staatsnation und Kulturnation. Frankreich stand für die Staatsnation, Deutschland für die Kulturnation. Schon kurze Zeit später allerdings wurde der Begriff „Kulturnation“ völkisch aufgeladen und rassistisch konnotiert. Das entwertete ihn. Kulturnation sei „Blutsgemeinschaft soft“, meint der Philosoph Wolfgang Welsch. Doch ganz banal verstanden als eine Gemeinschaft, die sich durch einen bestimmten Erfahrungsschatz miteinander verbunden fühlt, hat er seine Berechtigung. Juristisch wiederum findet er Niederschlag im Bundesvertriebenengesetz. Deutscher sei, heißt es dort, „wer sich in seiner Heimat zum deutschen Volkstum bekannt hat, sofern dieses Bekenntnis durch bestimmte Merkmale wie Abstammung, Sprache, Erziehung, Kultur bestätigt wird“.

Niemand verlangt von den Neuankömmlingen, dass sie beim Christopher Street Day mitlaufen

Eine Mehrheit der Deutschen will den Flüchtlingen helfen. Es gibt sie, die Willkommenskultur. Und es ist perfide, sich über das Engagement der vielen Freiwilligen lustig zu machen. Ebenso perfide ist es aber auch, denen, die sich Sorgen machen um das Gelingen der Integration so vieler Menschen in so kurzer Zeit, Herzlosigkeit zu unterstellen. Wahrscheinlich schlagen derzeit in vielen deutschen Brustkörben zwei Herzen, das der Hilfsbereitschaft und das der Angst vor Überforderung. Denn es gibt auch sie, die Mühen der Ebene: Nicht einmal jeder zehnte Flüchtling bringt die Voraussetzung mit, um direkt in eine Arbeit oder Ausbildung vermittelt zu werden; ihr Verhältnis zu Israel, Frauen, Homosexuellen ist oft radikal anders [...].

[...] Um Deutscher zu werden, reicht es, sich an unsere Gesetze zu halten, sagen die Minimalisten. Doch selbst traditionelle Einwanderungsländer wie Neuseeland, Kanada und die USA vermitteln bei der Integration weit mehr als Sprach- und Gesetzeskenntnisse. Die „deutsche Leitkultur“ braucht keine Wiederbelebung. Niemand verlangt von asylberechtigten Syrern, beim Christopher Street Day mitzulaufen, den Müll perfekt zu trennen oder das Schuhplattlern zu lernen. Doch eine Ahnung von den Traditionen jener Welt, in die sie aufgenommen werden wollen, sollten sie bekommen. Zum Wohle aller.

M6 Über die ästhetische Erziehung des Menschen *Friedrich Schiller (1759–1805)*

Alle Verbesserung im Politischen soll von Veredlung des Charakters ausgehen – aber wie kann sich unter den Einflüssen einer barbarischen Staatsverfassung der Charakter veredeln? Man müsste also zu diesem Zwecke ein Werkzeug aufsuchen, welches der Staat nicht hergibt, und Quellen dazu eröffnen, die sich bei aller politischen Verderbnis rein und lauter erhalten. Jetzt bin ich an dem Punkt angelangt, zu welchem alle meine bisherigen Betrachtungen hingestrebt haben. Dieses Werkzeug ist die schöne Kunst, diese Quellen öffnen sich in ihren unsterblichen Mustern. [...]

Der Künstler ist zwar der Sohn seiner Zeit, aber schlimm für ihn, wenn er zugleich ihr Zögling oder gar noch ihr Günstling ist. Eine wohltätige Gottheit reiße den Säugling beizeiten von seiner Mutter Brust, nähre ihn mit der Milch eines bessern Alters und lasse ihn unter fernem griechischen Himmel zur Mündigkeit reifen. Wenn er dann Mann geworden ist, so kehre er, eine fremde Gestalt, in sein Jahrhundert zurück; aber nicht, um es mit seiner Erscheinung zu erfreuen, sondern furchtbar wie Agamemnons Sohn, um es zu reinigen. Den Stoff zwar wird er von der Gegenwart nehmen, aber die Form von einer edleren Zeit, ja jenseits aller Zeit, von der absoluten unwandelbaren Einheit seines Wesens entlehnen. [...] So wie die edle Kunst die edle Natur überlebte, so schreitet sie derselben auch in der Begeisterung, bildend und erweckend, voran. Ehe noch die Wahrheit ihr siegendes Licht in die Tiefen der Herzen sendet, fängt die Dichtungskraft ihre Strahlen auf, und die Gipfel der Menschheit werden glänzen, wenn noch feuchte Nacht in den Tälern liegt.

Wie verwahrt sich aber der Künstler vor den Verderbnissen seiner Zeit, die ihn von allen Seiten umfangen? Wenn er ihr Urteil verachtet. Er blicke aufwärts nach seiner Würde und dem Gesetz, nicht niederwärts nach dem Glück und nach dem Bedürfnis. Gleich frei von der eitlen Geschäftigkeit, die in den flüchtigen Augenblick gern ihre Spur drücken möchte, und von dem ungeduldigen Schwärmergeist, der auf die dürftige Geburt der Zeit den Maßstab des Unbedingten anwendet, überlasse er dem Verstande, der hier einheimisch ist, die Sphäre des Wirklichen; er aber strebe, aus dem Bunde des Möglichen mit dem Notwendigen das Ideal zu erzeugen. [...]

M7 Goethe: Sein Leben und seine Zeit *Richard Friedenthal*

Vorbemerkung

Bereiste Goethe viele Ziele auch in Europa, so ändert sich dies im letzten Jahrzehnt des 18. Jahrhunderts. Über die Zeit seit 1793, die Goethe, mittlerweile 44 Jahre alt, im engsten Kreis in Weimar zubringt, schreibt Richard Friedenthal:

[...] Er nimmt vom Zeitgeschehen nur die allernotwendigste Notiz. In seinem Briefwechsel mit Schiller, der nun sein großer Freund und Partner im Gespräch wird, kommt in zwölf Jahren der Name Bonaparte kaum vor, der sonst alle Welt erfüllt. Wer aus dieser Korrespondenz entnehmen wollte, wie es damals in der Welt aussah, in Europa, in Deutschland, der würde wenig darüber finden. Es geht da um ganz andere Dinge. Die Grundprobleme der Poetik werden diskutiert. Gesetze und Regeln sollen aufgestellt, epische und dramatische Dichtung sorgfältig getrennt werden. Eine neue Klassik ist zu schaffen, dem Vorbild der Antike ebenbürtig. Man analysiert vor allem auf das eingehendste sich selber, denn im Grunde ist es ein Dialog auf einer einsamen Hochebene, die weder Baum noch Strauch hat. Wenn von Mitarbeitern die Rede ist, so sind es meist Handlanger oder Mittelmäßigkeiten; wenn das Publikum erwähnt wird, so nur mit grenzenloser Verachtung.

Als eine „aristokratische Anarchie“ bezeichnet Goethe im Rückblick den Zustand des deutschen Geisteslebens um diese Zeit. Er vergleicht ihn mit dem Mittelalter, das „einer höheren Kultur entgegenging“. Er und Schiller haben sie nun zu schaffen, und das ist geschehen. [...]

M8 Statistik zum Lesekonsum der Deutschen (2017) *Splendid Research GmbH*

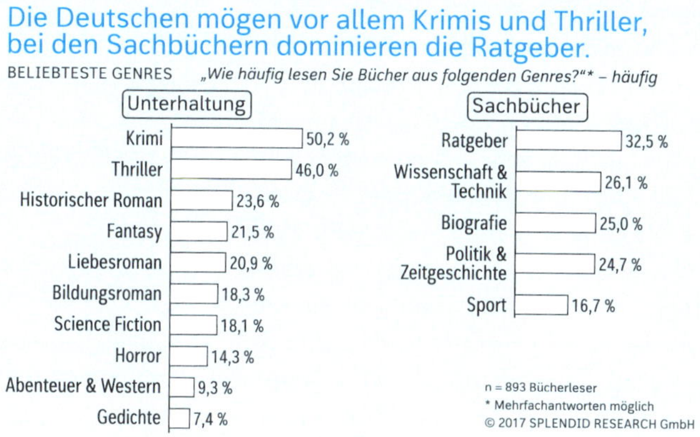

Anzahl der Befragten: 893; Ort: Deutschland; Altersgruppe: 18–69 Jahre; Onlinebefragung vom 05.10.2017

Beispiellösung

Alles nur Schnee von gestern und entbehrlicher Ballast?

Im Folgenden werde ich mich der Frage nach der Bedeutung von Literatur wie Goethes „Iphigenie auf Tauris" für die Schülerinnen und Schüler von heute widmen.

Kultur und Bildung benötigen Ankerpunkte, daher bin ich in jedem Fall für die Behandlung der sogenannten Klassiker im Unterricht. Dabei entspricht meine Meinung vielleicht nicht dem aktuellen Zeitgeist oder gar dem Geschmack der Masse. Das lässt sich schon am derzeitigen allgemeinen Leseverhalten in Form der Kaufentscheidung für diese Lektüren ablesen. Auch wenn einzelne Titel gut verkauft werden, heißt das keinesfalls, dass sie auch wirklich gelesen werden (vgl. M2).

Betrachtet man die Auswahl der Literatur, dann fällt auf, dass die Klassiker gemessen an den gelesenen Büchern insgesamt deutlich abfallen (vgl. M8). Mehr unterhaltende Texte liegen in der Lesergunst klar vorne. Die Ursachen für die derzeitige Situation sind divers. Zum einen gereichen die Eltern immer weniger zum Vorbild, wenn sie selbst nicht (mehr) zu den Klassikern greifen. Zum anderen machen es elektronische Medien den traditionellen schwer. Die erweiterten Möglichkeiten durch Streamingdienste sind heutzutage nicht zu unterschätzen. Anbieter von Serien, wie Amazon Prime oder Netflix, beeinflussen nachhaltig das Freizeitverhalten der jungen Menschen, bieten sie doch leicht verdauliche, zum entspannten, möglichst wenig anstrengenden Konsum aufbereitete Kost. Wenn dann ganze Serien staffelweise geschaut werden, bleibt wenig Zeit zum Lesen.

Hinweise

ansprechende, passende Überschrift

Steuerung hin auf die zentrale Frage

Verbindung mit dem Aspekt der Lesergunst und Auswahl hergestellt

Konkretisierung: verändertes Leserverhalten

Wortwahl mit Wertungsabsicht: „nur Verzehr, kein Mehrwert"

Aber kann es nur oder hauptsächlich um seichte Unterhaltung im Leben gehen? Gibt es keine latenten Fragen, die über Generationen hinweg bestehen und mitunter komplexere und damit anstrengendere Antworten verlangen? Lassen sich diese nicht quasi als Angebote in den sogenannten großen Texten finden?	rhetorische Fragen
Ein wenig seltsam finde ich es schon, wenn ich höre, dass bestimmte Titel nicht mehr zum Kanon gehören, wenn, wie jüngst in Nordrhein-Westfalen, ab 2021 Goethes „Faust" nicht mehr zum verbindlichen Stoff gehört (vgl. M1).	Wortwahl: Befremdung wird deutlich
Auch wenn die Verfasserin Anna-Lena Scholz betont, dass andere Bundesländer ebenso verfahren würden, beruhigt mich weder diese Entwicklung noch überzeugt mich die Begründung. Denn als Forderung an einen gelungenen Literaturunterricht gibt sie sich mit dem Minimalziel zufrieden, dass Schule zum Lesen verführe (vgl. ebd.).	zweigliedrige Konjunktion zur Verstärkung der Zurückweisung
Sicherlich ist es eine Aufgabe von Schule, an den Unterrichtsstoff heranzuführen, Neugier zu wecken und Wissbegierde wach zu halten. Dies gilt umso mehr, wenn Eltern diese Aufgabe nicht genügend oder teilweise gar nicht erfüllen. Gerade dann ist das die Kompensationsfunktion von Schule, ja ihre zentrale Aufgabe an dieser Stelle. Aber dabei kann man es nicht belassen, wenn es um die Frage von Bildung und damit die Vorbereitung eines Menschen auf sein gesamtes weiteres Leben geht. Es kann nicht nur als ein aktuell anstehendes Problem, das im Fokus der öffentlichen Diskussion steht, betrachtet werden.	Appell
Bildung und Kultur bieten vielfältige Chancen, offen für viele neue Gedanken und Ansätze zu sein und Lösungen auf Zukunftsfragen abzubilden und anzuregen. Damit knüpfe ich an die Gedanken Wolfgang Thierses an. Er erkennt in den Freiheiten der Vergangenheit, die er für die einstige Kulturnation Deutschlands behauptet, das „Goldene Zeitalter der Deutschen" (M4), verortet ihre Entstehung in der Zeit am Weimarer Hof und verbindet sie mit den Namen Schiller, Goethe und Herder. Er betont u. a. den Kulturkontakt, der für Goethe in dieser Epoche so viele Möglichkeiten der Schaffung von Kunstwerken geboten habe – eine Kraft, die heute auch für die Rolle Deutschlands im modernen Europa zu nutzen wäre.	Verstärkung durch direkten Bezug als Autoritätsargument
Führt man sich die Themen, die philosophischen Debatten und die Werke der Literatur vor Augen, die die Weimarer Klassik hervorgebracht hat, so mag der eine oder andere einwenden, dass die Künstler und allen voran Goethe sich mit der Rückbesinnung auf die Antike in ein Wolkenkuckucksheim zurückgezogen hätten, um – vordringlich sich selbst? – von den eigentlichen Problemen der Zeit, den gesellschaftlich notwendigen Veränderungen und Aufbrüchen, der Erschütterung Europas in	Wortwahl zur Umschreibung der landläufigen Kritik

den napoleonischen Kriegen abzulenken (vgl. M7). Allerdings ergeben sich in der Situation der Isolation vom profanen Weltgeschehen und der Konzentration auf das wahrhaft Schöne erst die Möglichkeiten zum Erschaffen einer höheren Kultur (vgl. ebd.), wie auch Goethe selbst im Vergleich seiner Zeit mit dem Mittelalter feststellt. Das allein rechtfertigt meines Erachtens eine Festschreibung bestimmter Titel zur verbindlichen Lektüre, geht es doch darum, die Kenntnis von den höheren Werten zu erlangen, die die Zeiten überdauern sowie Menschen in ihren Bann ziehen und verbinden können.

Elemente, die diesen Anforderungen genügen, findet man auch in Goethes Drama „Iphigenie auf Tauris“ zuhauf. Schon die gewählte Form des Textes, streng und kunstvoll als Versdrama gestaltet, zeugt bis heute von seiner Mühe, Güte und enormen Kunstfertigkeit. Schiller sieht in der Kunst deshalb auch die Möglichkeit, mit ihr den Charakter des Menschen so zu verändern und zu Höherem zu führen, dass sich dadurch auch die Verhältnisse ändern, in denen die Menschen leben (vgl. M6). Nimmt man den Hintergrund, vor dem sich die Handlung vollzieht, so orientiert sich das Drama an den antiken Vorbildern der griechischen Mythologie. Damit knüpft der Text ein Band, das unsere moderne westliche Kultur entscheidend prägt – von den antiken Wurzeln von Theater, Kunst, Politik und Gesellschaft ausgehend über die Römer und das Mittelalter bis in die Gegenwart hinein. Dabei bleibt das Drama überraschend präsent.

In Zeiten der „me too“-Bewegung kann „Iphigenie“ selbst nach 200 Jahren noch problemlos aktuelle Fragen aufwerfen. So ist Iphigenie eine Protagonistin, die zu Anfang des Werks dem Klischee des unterworfenen, hörigen Geschlechts in Form der selbstlos dienenden Frau entspricht. Mit der Erkenntnis über den Wandel der Figur zu einem agierenden Subjekt, das von einem Geist beseelt seinem Tun – und damit dem ganzen Stück – einen Sinn gibt (vgl. M3), wandelt sich dieses Bild fundamental. Dass dieser Sinn auch in Botschaften wie der Forderung nach Gewaltlosigkeit, Nächstenliebe und Ehrlichkeit gefunden werden kann, steigert den Wert des Dramas und macht es für die Gegenwart meiner Ansicht nach noch bedeutender. Vor dem Hintergrund der Herausforderungen unserer Tage, z. B. mit vielen zu integrierenden Flüchtlingen, stellt dieses Drama zudem ein gewichtiges Stück Kultur dar, dessen Kenntnis nicht nur aufklärend, sondern auch identitätsstiftend sein kann, da es einen Teil aus dem Fundus der prägenden Traditionen unserer Gesellschaft darstellt (vgl. M5).

Daher befürworte ich ein Festhalten an den sogenannten Klassikern in einem verbindlichen Kanon.

Dreierfigur

Wortwahl: Gewöhnliches/Alltag als Gegensatz zur hohen Kunst

Herausstellung des eigentlichen Zwecks der Kunst

Rückbezug zur gelesenen Literatur

Dreierfigur unterstreicht Wertigkeit des Werks

Autoritätsargument aus der Epoche

Verbindung/Brücke von Antike zur Moderne

Ausweitung der Bedeutung des Werkes über Thema und Figur auf aktuelle Fragen

Abschluss mit klarer Botschaft/Aussage zur Frage

Rahmenthema 1: Literatur und Sprache um 1800

Johann Wolfgang Goethe: Iphigenie auf Tauris

erhöhtes Anforderungsniveau

Aufgabenarten: Interpretation literarischer Texte (Drama) & Bewertung

Aufgabenstellung

1. Interpretieren Sie den Auszug Vers 1159 bis Vers 1201 aus der Szene III, 1 des Dramas „Iphigenie auf Tauris“ von Johann Wolfgang Goethe. Gehen Sie dabei besonders auf die emotionale Verfassung der Figuren Iphigenie und Orest und ihren Umgang mit der Wahrheit ein. *(70 %)*

2. Bewerten Sie die Gestaltung des vorliegenden Auszugs unter Berücksichtigung des ästhetischen Programms der Weimarer Klassik. *(30 %)*

Materialgrundlage

Johann Wolfgang Goethe: Iphigenie auf Tauris. Schroedel Lektüren. Braunschweig: Schroedel 2016, S. 42 f.

Iphigenie auf Tauris (1786) *Johann Wolfgang Goethe*

Text in alter Rechtschreibung

IPHIGENIE: [...] Orest, mein Teurer, kannst du nicht vernehmen?
Hat das Geleit der Schreckensgötter[1] so
Das Blut in deinen Adern aufgetrocknet?
Schleicht, wie vom Haupt der gräßlichen Gorgone[2],
Versteinernd dir ein Zauber durch die Glieder?
O wenn vergoßnen Mutterblutes Stimme
Zur Höll hinab mit dumpfen Tönen ruft,
Soll nicht der reinen Schwester Segenswort
Hülfreiche Götter vom Olympus[3] rufen?
OREST: Es ruft! es ruft! So willst du mein Verderben?
Verbirgt in dir sich eine Rachegöttin?
Wer bist du, deren Stimme mir entsetzlich
Das Innerste in seinen Tiefen wendet?
IPHIGENIE: Es zeigt sich dir im tiefsten Herzen an:
Orest, ich bin's! Sieh Iphigenien!
Ich lebe!
OREST: Du!
IPHIGENIE: Mein Bruder!
OREST: Laß! Hinweg!
Ich rate dir, berühre nicht die Locken!
Wie von Kreusas Brautkleid[4] zündet sich

Ein unauslöschlich Feuer von mir fort.
Laß mich! Wie Herkules[5] will ich Unwürd'ger
Den Tod voll Schmach, in mich verschlossen, sterben.
IPHIGENIE: Du wirst nicht untergehn! O daß ich nur
Ein ruhig Wort von dir vernehmen könnte!
O löse meine Zweifel, laß des Glückes,
Des lang erflehten, mich auch sicher werden.
Es wälzet sich ein Rad von Freud und Schmerz
Durch meine Seele. Von dem fremden Manne
Entfernet mich ein Schauer; doch es reißt
Mein Innerstes gewaltig mich zum Bruder.
OREST: Ist hier Lyäens Tempel[6]? und ergreift
Unbändig-heil'ge Wut die Priesterin?
IPHIGENIE: O höre mich! O sieh mich an, wie mir
Nach einer langen Zeit das Herz sich öffnet,
Der Seligkeit, dem Liebsten, was die Welt
Noch für mich tragen kann, das Haupt zu küssen,
Mit meinen Armen, die den leeren Winden
Nur ausgebreitet waren, dich zu fassen!
O laß mich! Laß mich! Denn es quillet heller
Nicht vom Parnaß[7] die ew'ge Quelle[7] sprudelnd
Von Fels zu Fels ins goldne Tal hinab,
Wie Freude mir vom Herzen wallend fließt
Und wie ein selig Meer mich rings umfängt.
Orest! Orest! Mein Bruder!

Anmerkungen

1 Geleit der Schreckensgötter: Verfolgung durch die Erinnyen (Rachegöttinnen)
2 gräßlichen Gorgone: eine von drei weiblichen, geflügelten Schreckensgestalten (Stheno, Euryale und Medusa) aus der griechischen Mythologie, die jeden vor Entsetzen zu Stein erstarren lässt, der sie anblickt
3 Olymp(us): Sitz der Götter in der griechischen Mythologie
4 Kreusas Brautkleid: Medea schenkte Kreusa, der Tochter des korinthischen Königs Kreon, ein Brautkleid, das beim Anziehen in Flammen aufging und Kreusa damit tötete.
5 Herkules: griechischer Sagenheld und Halbgott, Zeus' Sohn, der Prototyp männlicher Kraft und Vorbild des griechischen Heldentums
6 Lyäens Tempel: der Tempel von Dionysos (auch Lyaios, also Löser, genannt), dem Gott des Weines und Rausches
7 Parnaß / ew'ge Quelle: Gebirge, in dem Apollons Orakelstätte Delphi liegt und aus dem die Kastalische Quelle entspringt, die als Lieblingsort der neuen Musen galt; der Parnaß wurde daher auch als „Musenberg" berühmt.

Beispiellösung

Beispiellösung Teilaufgabe 1

Hinweise

Einleitung mit Nennung von Titel, Autor, Erscheinungsjahr

Der vorliegende Textauszug (V. 1159 – V. 1201) aus Szene III, 1 aus Johann Wolfgang Goethes Versdrama „Iphigenie auf Tauris", geschrieben 1786, stellt den Höhepunkt der Handlung dar, in dem die zwei zentralen Handlungsstränge um die Protagonisten Iphigenie und Orest zusammengeführt werden. Im Mittelpunkt steht weiterhin Iphigenies innerer Zwiespalt zwischen ihrer Sehnsucht nach Griechenland und der gleichzeitigen Dankbarkeit gegenüber Thoas und Diana, ihren Rettern auf Tauris. Der durch die Wiedereinführung der Menschenopfer entstandene dramatische Konflikt steigert sich mit der bevorstehenden Opferung des eigenen Bruders zum tragischen Konflikt. Die Szene thematisiert sowohl die Offenbarung der wahren Identitäten der beiden Figuren als auch ihre unterschiedlichen Reaktionen darauf. Während Iphigenie freudig und hoffnungsvoll auf das Geständnis ihres Bruders reagiert, zeigt sich Orest vor allem pessimistisch und nahezu unfähig, Iphigenie als seine Schwester zu erkennen.

Interpretationshypothese

Die Szene zeigt das erste Aufeinandertreffen der Geschwister, bei dem zunächst Orest und dann Iphigenie ihre wahre Identität gestehen. Orest fühlt die Aufrichtigkeit und Güte Iphigenies und möchte die Wahrheit nicht länger vor ihr verbergen. Folglich gesteht er, wer er ist und was er getan hat: Nach der Ermordung seiner Mutter flüchtete Orest, verfolgt von den Rachegöttinnen, mit seinem Vetter Pylades nach Tauris, um dort von dem Tantalidenfluch befreit zu werden, soll aber nun selbst geopfert werden. Orest weiß nicht, dass Iphigenie von der Göttin Diana gerettet wurde und dieser nun auf Tauris als Priesterin dient. Bei ihrer Begegnung sieht er also nur die Priesterin, nicht die Schwester. Deutlich wird aber schon zu Beginn der Szene III, 1, dass die Konfrontation mit der Wahrheit für Orest auch ein Eingeständnis seiner eigenen Schuld ist und ihn in eine tiefe Verzweiflung stürzt, die in ihm die Sehnsucht nach dem Tod weckt. Die vorliegende Szene zeigt den Versuch Iphigenies, mit der Wahrheit zu ihm durchzudringen.

Inhaltsangabe und Einordnung in den Kontext

Beschreibung der Dialogsituation

„Orest, mein Teurer, kannst du nicht vernehmen?" (V. 1159): Mit dieser verzweifelten Frage Iphigenies beginnt der vorliegende Auszug und zeigt sogleich das zentrale Problem: Iphigenies Wunsch nach einer Familienzusammenführung und Orests Unfähigkeit, ihrer Wahrheit Gehör zu schenken. Mit einer Reihung von Fragen beginnt der Dialog, in dem Iphigenie durchgängig

Hauptteil: Analyse und Interpretation mit Bezug zur These

die dominantere Gesprächspartnerin ist. Dies zeigt sich nicht nur in der Länge ihrer Redebeiträge, auf die Orest zumeist nur reagiert, sondern auch in ihrem Willen und ihrer Gewissheit, das Richtige zu tun.

Intentionen der Gesprächspartner

In einem intensiven Wortwechsel versucht Iphigenie, Orest davon zu überzeugen, dass sein Tod nicht schicksalhaft ist und dass durch ihre Zusammenführung neue Hoffnung entsteht. Dabei wird deutlich, dass Iphigenie hin- und hergerissen ist zwischen der Liebe zu ihrem Bruder, welche sie freudig und hoffnungsvoll stimmt, und der gleichzeitigen Angst vor der bevorstehenden Opferung, die durch Orests pessimistische Reaktion und seine Todessehnsucht weiter verstärkt wird. Während Iphigenie an eine mögliche Rettung glaubt, hat Orest bereits mit seinem Schicksal abgeschlossen und will nun vor allem Iphigenie davor bewahren, mit ihm unterzugehen.

chronologische Analyse und Deutung einzelner Aussagen unter besonderer Berücksichtigung der inneren Verfassung der Gesprächspartner

So reagiert er skeptisch und angstvoll auf Iphigenies Versuch, neue Hoffnung entstehen zu lassen (vgl. V. 1166 f.). Die Frage Orests „Wer bist du, deren Stimme mir entsetzlich / Das Innerste in seinen Tiefen wendet?" (V. 1170 f.) zeigt metaphorisch, wie schmerzvoll die Wahrheit für ihn ist und wie verzweifelt er versucht, sich davon abzuwenden. In einer Antilabe (vgl. V. 1174), also einem dialogischen Rednerwechsel innerhalb eines Verses, wird die Aufdeckung der Wahrheit als vielschichtiger Prozess auch metrisch abgebildet und dem Zuhörer so besonders eindringlich vermittelt. Iphigenie betont, dass Orest ihre Identität schon fühle, bevor sie diese schließlich preisgibt (vgl. V. 1172 f.) und mit einem abschließenden Ausruf noch einmal emphatisch ihre Familienzusammengehörigkeit betont: „Mein Bruder!" (V. 1173) Es zeigt sich, wie wichtig ihr die Familienzusammenführung ist und wie sehr sie sich nach ihrer Heimat gesehnt hat. Orests kurze Antwort besteht zunächst aus zwei affektgeladenen Ausrufen: „Lass! Hinweg!" (V. 1174), denen eine knappe Erklärung folgt. Ein Vergleich mit dem antiken Mythos von einem sich selbst entzündenden Kleid, das seine Trägerin verbrannte (vgl. V. 1177), zeigt anschaulich, was Orest befürchtet: den Tod Iphigenies durch seine Schuld. Daraus lässt sich schließen, dass Orests Schuldgefühle so stark sind, dass er nur noch im Tod eine Rettung sieht. So wiederholt er dann auch seinen Ausruf „Lass mich!" (V. 1178) und bestätigt erneut, dass er sich für unwürdig hält und sich daher reuevoll auf den Tod vorbereitet. Iphigenies innerer Zwiespalt erreicht dadurch seinen Höhepunkt: Die Metapher „Es wälzet sich ein Rad von Freud und Schmerz / Durch meine Seele" (V. 1184 f.) veranschaulicht ihre Verzweiflung. Die Liebe zu ihrem Bruder lässt sie nicht aufgeben, aber gleich-

integrative Betrachtung sprachlicher Mittel und ihrer Funktion für den Inhalt

zeitig hat sie Angst vor dem „fremden Manne“ (V. 1185), den sie nicht wiedererkennt. Schon zuvor hatte sie vermutet, dass Orest sich durch seine Tat und die Folgen des Tantalidenfluches stark verändert hat: „Hat das Geleit der Schreckensgötter so / Das Blut in deinen Adern aufgetrocknet?“ (V. 1160 f.) Diese Aussage zeigt, dass Iphigenie Zweifel an der Fähigkeit ihres Bruders hat, sie als seine Schwester zu erkennen. Aber sie gibt nicht auf und appelliert hochemotional an ihn: „O höre mich! O sieh mich an, wie mir / Nach einer langen Zeit das Herz sich öffnet.“ (V. 1190 f.) Die Metapher bestätigt erneut ihre tiefe Zuneigung und ihre große Freude über das Wiedersehen. Die Interjektion „O“ wiederholt sich in den Redebeiträgen Iphigenies mehrfach (vgl. V. 1164, 1180, 1182) und charakterisiert sie als emotionale Person, die ihrem Herzen folgt und – auf das Gute im Menschen hoffend – nicht aufgibt. Orests Reaktion auf Iphigenies Überzeugungsarbeit ist im zweiten Teil des Dialoges nur kurz und rhetorisch, zeigt aber gleichzeitig, dass sie nicht ganz zu ihm durchgedrungen ist. Seine Reaktion ist geprägt von Zweifel und Misstrauen und in den kürzer werdenden Beiträgen deutet sich bereits der bevorstehende Wahnsinn an. Orest ist mit der Situation überfordert und weigert sich, die durch Iphigenie entstehende Hoffnung anzuerkennen.

Iphigenie protestiert indirekt und vertraut ihm weiter ihre Gefühle an. Sie betont noch einmal ihre Freude über das Wiedersehen und versucht, Orest zu ermutigen, indem sie ihre Glückseligkeit mit der Quelle der Hoffnung gleichsetzt (vgl. V. 1198). Geschickt wählt sie positiv konnotierte Wörter wie „hell“ (V. 1196) und „golden“ (V. 1198), die einen starken Kontrast zu der dunklen Todessehnsucht ihres Bruders bilden. Der Auszug endet mit Iphigenies wiederholtem Ausruf seines Namens und der Betonung der Familienzugehörigkeit: „Orest! Orest! Mein Bruder!“ (V. 1201) So wird abschließend noch einmal gezeigt, was für Iphigenie das Wichtigste ist und ihr in dieser konfliktgeladenen Situation Trost spendet. Die Liebe zu ihrem Bruder bleibt das stärkste Gefühl und lässt – trotz all der gefühlten Verzweiflung – bereits den glücklichen Ausgang der Handlung erahnen.

Fazit und persönliche Stellungnahme

Die Szene zeigt die innere Stärke und vorbildliche Tugendhaftigkeit der weiblichen Hauptfigur Iphigenie, die ohne eigene Schuld in diesen Konflikt gerät. Während Orest durch die erkannte Schuld und Akzeptanz des Tantalidenfluches jede Hoffnung aufgibt und sich freiwillig dem Tod hingeben will, erkennt Iphigenie, dass die Verstrickung nicht schicksalhaft für sie sein

muss, wenn sie sich dagegen auflehnt. Im Verlauf der Handlung agiert Iphigenie zunehmend selbstbewusst und autonom trotz der äußeren Abhängigkeit von ihren Rettern Thoas und Diana. Dabei bleibt sie immer menschlich und folgt ihrer inneren Überzeugung, die sie dazu veranlasst, nicht nur in der vorliegenden Szene, sondern schließlich auch am Ende des Dramas den Weg der Wahrheit zu gehen. Fest überzeugt davon, dass das Gute im Menschen überwiegt, gibt Iphigenie ihren Bruder keinesfalls auf, sondern appelliert weiter an seine Gefühle, an sein Innerstes, denn in diesem – so glaubt Iphigenie – hat er sie längst erkannt.
Der tragische Konflikt, der sich in dieser Szene für Iphigenie zuspitzt, weil sie versteht, dass sie nun nicht nur ihre Landsleute, sondern sogar den eigenen Bruder opfern soll, wird durch die authentische Emotionalität der Heldin besonders eindrucksvoll dargestellt. Die szenische Darbietung des Konflikts zeichnet sich weiterhin durch seine Komplexität aus, die typisch für das klassische Drama ist und hohe Ansprüche an den Zuschauer stellt, da dieser die Zusammenhänge erkennen und verstehen muss. Damit wird weiter verdeutlicht, dass der Weg zur Wahrheit nicht einfach, sondern schwierig und verflochten ist. Gleichzeitig wird durch die Standhaftigkeit Iphigenies auch betont, dass es der richtige Weg ist.

Beispiellösung Teilaufgabe 2

Hinweise

„Edel sei der Mensch, hilfreich und gut" – so formulierte Johann Wolfgang Goethe 1783 seinen Wunsch nach dem idealen Menschen in einem Gedicht. Die Erziehung zum guten Menschen wurde zur Leitidee der Weimarer Klassik, der literarischen Epoche, die von Goethe selbst und seinem Freund Friedrich Schiller 1786 begründet wurde. Für die Erarbeitung seiner Kunstkonzeption, die – gemeinsam mit dem ästhetischen Programm Friedrich Schillers – die Grundlage der Weimarer Klassik darstellt, war Goethes Aufenthalt in Italien von wesentlicher Bedeutung. Im September 1786 brach er nachts anonym nach Italien auf, ohne sich von Freunden und Familie zu verabschieden, und kehrte seiner deutschen Heimat fast zwei Jahre den Rücken. In Italien entwickelten sich Goethes ästhetische Ansprüche, er löste sich von dem rebellischen Ton der Epoche des „Sturm und Drang" und orientierte sich an den Vorbildern der griechischen Antike. In Goethes Kreisen galt Italien schon lange als Zentrum für Kunst und Kultur und war für Goethe bereits in seiner Jugend ein Ort der Sehnsucht, weil er dort die antiken Vorbilder würde sehen und erleben können. Da er sich im Jahr 1786 in

Einleitung mit selbst gesetztem Schwerpunkt: Goethes Italienreise als Beginn der Weimarer Klassik

Weimar in einer privaten und künstlerischen Krise befand, verließ er Deutschland und reiste ohne längere Zwischenstopps nach Rom. Seine Reiseerfahrungen hielt er in Tagebüchern fest, die er später in Form leicht überarbeiteter Reiseberichte unter dem Titel „Italienische Reise“ veröffentlichte.

Auch in den „Römischen Elegien“ verarbeitete er nach seiner Rückkehr seine Reiseerfahrungen und beschrieb in kunstvoller Sprache die Wirkung, die die Stadt Rom auf ihn hatte. So vergleicht er die Stadt in der 5. Elegie mit einer Liebeserfahrung, die ihn sogar nachts wachhält und zu dichterischer Produktivität inspiriert. In der 7. Elegie stellt er die emotionale Verbundenheit, die er mit der Stadt Rom fühlt, dem „grauen Norden“ gegenüber, den er so fluchtartig verließ. Seine schriftstellerischen Arbeiten waren dort – auch durch die biedermeierliche Lebensführung in den höheren Kreisen Deutschlands – zu einem Großteil verhindert worden. Rom dagegen nimmt er als Ort der Glückseligkeit, der Erkenntnis und der Erleuchtung wahr und kann nun das Kunstprogramm der Weimarer Klassik entfalten und den Grundstein dieser Epoche legen. In Rom wird die Antike für ihn erfahrbar, wenn er Paläste, Ruinen und Gärten besucht und genau studiert, wie verschiedene Epochen Rom beeinflusst und verändert haben. Was er bis dahin nur theoretisch kannte, wird nun für ihn lebendig, sodass er diese intensive Erfahrung in einem seiner ersten Reiseberichte gar mit dem Pygmalion-Mythos in Verbindung bringt. Ähnlich wie die von Pygmalion erschaffene Elfenbeinstatue Elise durch die Liebe ihres Erschaffers lebendig wird, erscheinen Goethe nun die Kunst- und Bauwerke Roms wie echte Lebewesen, denen er sich tief verbunden fühlt. Gleichzeitig betont er, dass er nicht nur genießen, sondern lernen und sich ausbilden will. Folglich entwickelt er nach antikem Vorbild das „Ideal von Ganzheitlichkeit und Einheit“ als Basis für die harmonische Entfaltung der Persönlichkeit und prägt die Idee der Vervollkommnung des Charakters durch die Vereinigung aller Gegensätze. In einem seiner Reiseberichte beschreibt Goethe den Aufenthalt in Italien als „Wiedergeburt“, der es ihm ermöglicht, bisher Gelerntes neu zu denken. Dabei stellt er auch die moralischen Folgen der Reise in den Vordergrund und präsentiert sich als sittlich geläuterter Künstler, der – sich an den Idealen der Antike orientierend – die Vereinbarung von sittlicher und geistiger Bildung anstrebt. So entstehen die Leitideen der Weimarer Klassik: Harmonie, Menschlichkeit, Selbstbestimmung und Wahrheit.

Verwendung im Unterricht erworbener Kenntnisse als Grundlage für die subjektiv zu gestaltende Bewertung: „Italienische Reise“, „Römische Elegien“

Erläuterung des Weimarer Kunstprogramms: Antike als Leitbild

Leitideen der Weimarer Klassik

Das Humanitätsideal der Weimarer Klassik zeigt sich in Goethes Drama „Iphigenie auf Tauris" vor allem in der Protagonistin selbst. In der vorliegenden Szene ist erkennbar, dass sie nicht nur als Vorbild dient, weil sie eine Figur aus der griechischen Mythologie ist. Die Szene III, 1 zeigt, wie sich Iphigenie zum Idealtypus eines ganzheitlichen Menschen entwickelt. Das Ziel der Weimarer Klassik ist die aufrichtige Menschlichkeit, der es trotz aller seelischen Konflikte gelingt, eine humane Lösung zu finden. Iphigenie entscheidet sich auf dem Höhepunkt ihres inneren Konflikts für die Wahrheit. Dabei löst sie sich von äußeren Abhängigkeiten und vertraut ganz auf ihr Innerstes, auf ihre Seele. Demzufolge verkörpert sie auch den von Friedrich Schiller geprägten Begriff der „schönen Seele", denn es gelingt ihr, die Leitung ihres Willens dem Affekt zu überlassen, weil sie aus sich heraus richtig und gut handelt. Das bedeutet, dass sich ihr keine Handlungsalternativen darstellen, weil es ihr gelungen ist, Gefühl und Vernunft sowie Pflicht und Neigung in ein harmonisches Gleichgewicht zu bringen. In seinem Drama zeigt Goethe Iphigenie als tugendhaften Menschen, der alle Konflikte überwindet und somit zum Ideal wahrer Humanität wird. Damit ist sie zwar eine Kunstfigur, aber für den Zuschauer auch ein Vorbild, an dem er sich orientieren kann. Im Sinne des klassischen Kunstprogramms wird so die Veredlung des Charakters durch die Kunst ermöglicht.

Anknüpfung an die Interpretation aus Aufgabe 1: Bewertung der Figurengestaltung

Iphigenie als Verkörperung des Humanitätsideals der Weimarer Klassik

Die Orientierung an der Antike zeigt sich aber nicht nur in der Figurengestaltung, sondern auch in der verwendeten Sprache. Sorgfältig schrieb Goethe 1786 die ursprüngliche Prosafassung der „Iphigenie auf Tauris" in ein Versdrama um, bestehend aus Blankversen, d. h. reimlosen Versen in durchgängig fünfhebigen Jamben. Sogar in der Antilabe in der vorliegenden Szene wird das Metrum beibehalten. Daran lässt sich erkennen, dass das Geschehen nicht als reales, sondern als künstlerisch gestaltetes gezeigt wird. Dem Vorbild des aristotelischen Theaters folgend, wird dem Zuschauer nicht gezeigt, was war, sondern was hätte sein können. Weiterhin fällt die häufige Verwendung von Bildsprache ins Auge, mit der die Gefühle der Protagonistin anschaulich und eindringlich vermittelt werden. Die insgesamt anspruchsvolle poetische Sprache, der stilistisch gehobene Wortschatz sowie die Hebung der Bedeutung durch mythologische Bezüge sind typisch für die Weimarer Klassik und entsprechen der ästhetischen Grundidee des Klassischen.

differenzierte Betrachtung: Bewertung der sprachlichen Gestaltung

Abschließend lässt sich daher sagen, dass die vorliegende Szene beispielhaft vor Augen führt, wie die Autoren der Weimarer Klassik die Literatur nach antiken Maßstäben als Werkzeug zur Veredlung des Charakters nutzten. Sowohl in der Form als auch in der Figurengestaltung orientierten sie sich an griechischen Vorbildern.

Ich denke, dass dem Zuschauer mit Iphigenie ein vorbildhafter Charakter präsentiert wird, der sich auch in einem Moment äußerster Verzweiflung, in dem nicht nur das Leben des Bruders, sondern auch das eigene in Gefahr ist, moralisch richtig verhält. Damit wird das Humanitätsideal der Weimarer Klassik von der Figur Iphigenie verkörpert und es wird deutlich, warum „Iphigenie auf Tauris" in der Literaturgeschichtsschreibung als das erste deutsche klassische Drama angesehen wird.

Fazit und subjektiv formulierte Bewertung

Rahmenthema 2: Drama und Kommunikation

Samuel Beckett: Endspiel (1956)

grundlegendes Anforderungsniveau

Aufgabenarten: Interpretation & Erörterung literarischer Texte (Drama)

Aufgabenstellung

1. Analysieren und interpretieren Sie den vorliegenden Auszug aus Samuel Becketts Theaterstück Endspiel (1956).

2. Überprüfen Sie, insbesondere hinsichtlich der Kommunikationsstruktur, inwiefern Becketts Stück einer der beiden von Volker Klotz aufgestellten Kategorien der „geschlossenen" bzw. der „offenen" Dramenform zuzuordnen ist. Ziehen Sie dafür als Vergleichspunkte auch andere Ihnen bekannte Dramenexte mit hinzu.

Materialgrundlage

Samuel Beckett: Endspiel / Fin de partie / Endgame (Übersetzer: Elmar Tophoven). Frankfurt a. M.: Suhrkamp 1974, S. 7 – 18

Endspiel. *Samuel Beckett*

Innenraum ohne Möbel.

Trübes Licht.

An der rechten und linken Wand im Hintergrund je ein hoch angebrachtes Fensterchen mit geschlossenen Vorhängen.

Vorne rechts Tür. In der Nähe der Tür hängt ein umgedrehtes Gemälde an der Wand.

Vorne links stehen zwei mit einem alten Bettuch verhüllte Mülleimer nebeneinander.

[...] CLOV *mit starrem Blick und tonloser Stimme:* ... Ende, es ist zu Ende, es geht zu Ende, es geht vielleicht zu Ende. *Pause.* Ein Körnchen kommt zum anderen, eins nach dem anderen, und eines Tages, plötzlich, ist es ein Haufen, ein kleiner Haufen, der unmögliche Haufen. *Pause.* Man kann mich nicht mehr strafen. *Pause.* Ich gehe in meine Küche, drei Meter mal drei Meter mal drei Meter, warten, bis er mir pfeift. *Pause.* Es sind hübsche Dimensionen, ich werde mich an den Tisch lehnen, ich werde die Wand betrachten und warten, bis er mir pfeift.

Er verharrt einen Augenblick regungslos. Dann geht er hinaus, kommt alsbald wieder, holt die Leiter und trägt sie hinaus. Pause. [...]

HAMM: ... Ah! ... *Er gähnt* ... Ich bin dran. *Pause.* Jetzt spiele ich! *Er hält das Taschentuch mit ausgestreckten Armen ausgebreitet vor sich.* Altes Linnen! *Er nimmt seine Brille ab, wischt seine Augen, das Gesicht, putzt die Brille, setzt sie wieder auf, faltet sorgsam das Taschentuch und steckt es bedächtig in die obere Tasche seines Morgenrocks. Er hustet sich frei und legt die Fingerspitzen aneinander.* Kann es überhaupt ... *er gähnt* ... ein Elend geben, das ... erhabener ist als meines? Wahrscheinlich. Früher. Aber heute? *Pause.* Mein Vater? *Pause.*

Meine Mutter? *Pause.* Mein ... Hund? *Pause.* Oh, ich kann mir wohl denken, daß sie soviel leiden, wie solche Wesen leiden können. Soll das aber heißen, daß unsere Leiden gleichwertig sind? Wahrscheinlich. *Pause.* Nein, alles ist ... *er gähnt* ... absolut, stolz je größer man ist, um so voller ist man. *Pause.* Trübsinnig. Und um so leerer! *Er schnauft.* Clov! *Pause.* Nein, ich bin allein. *Pause.* Welche Träume! ... Diese Wälder! *Pause.* Schluß damit, es wird Zeit, daß es endet, auch in dem Unterschlupf. *Pause.* Und doch zögere ich, ich zögere noch zu ... zu enden. Ja, das ist es, es wird Zeit, daß es endet, und doch zögere ich noch zu ... *er gähnt* ... enden. *Er gähnt.* Oh je, oh je, was hab ich bloß, ich sollte mich lieber schlafen legen. *Er pfeift einmal kurz. Clov kommt sofort herein. Er bleibt neben dem Sessel stehen.* Du verpestest die Luft! *Pause.* Mach mich fertig, ich will mich schlafen legen.

CLOV: Ich habe dich gerade aufstehen lassen.

HAMM: Na und?

CLOV: Ich kann dich nicht alle fünf Minuten aufstehen lassen und wieder schlafen legen, ich habe zu tun.

Pause

HAMM: Hast du je meine Augen gesehen?

CLOV: Nein.

HAMM: Hat dich niemals verlangt, während ich schlief, meine Brille abzunehmen und meine Augen zu betrachten?

CLOV: Indem ich die Lider hochzöge? *Pause.* Nein.

HAMM: Eines Tages werde ich sie dir zeigen. *Pause.* Sie sollen ganz weiß geworden sein. *Pause.* Wieviel Uhr ist es?

CLOV: Soviel wie gewöhnlich.

HAMM: Hast du nachgeschaut?

CLOV: Ja.

HAMM: Und?

CLOV: Nichts.

HAMM: Es müßte regnen.

CLOV: Es wird nicht regnen.

Pause

HAMM: Und sonst, wie geht's?

CLOV: Ich beklage mich nicht.

HAMM: Fühlst du dich in deinem normalen Zustand?

CLOV *gereizt:* Ich sagte doch, daß ich mich nicht beklage.

HAMM: Ich fühle mich etwas komisch. *Pause.* Clov.

CLOV: Ja.

HAMM: Hast du es nicht satt?

CLOV: Doch *Pause.* Was denn?

HAMM: Dieses ... alles.

CLOV: Seit jeher schon. *Pause.* Du nicht?

HAMM *trübsinnig:* Es gibt also keinen Grund dafür, daß sich etwas ändert.

CLOV: Es kann zu Ende gehen. *Pause.* Das ganze Leben dieselben Fragen, dieselben Antworten.

HAMM: Mach mich fertig. *Clov rührt sich nicht. Pause.* Hol das Tuch. *Pause.* Clov!

CLOV: Ja.

HAMM: Ich werde dir nichts mehr zu essen geben.

CLOV: Dann werden wir sterben.

HAMM: Ich werde dir gerade soviel geben, daß du nicht sterben kannst. Du wirst die ganze Zeit Hunger haben.

CLOV: Dann werden wir nicht sterben. *Pause.* Ich hole das Tuch. *Er geht zur Tür.*

HAMM: Nicht der Mühe wert. *Clov bleibt stehen.* Ich werde dir einen Zwieback pro Tag geben. *Pause.* Anderthalb Zwieback. *Pause.* Warum bleibst du bei mir?

CLOV: Warum behältst du mich?

HAMM: Es gibt sonst niemand.

CLOV: Es gibt sonst keine Stelle.

Pause [...]

Beispiellösung

Beispiellösung Teilaufgabe 1

In dem Auszug aus Samuel Becketts Theaterstück „Endspiel“ aus dem Jahr 1956 werden die Figuren Clov und Hamm eingeführt und ihre Beziehung zueinander dargestellt.
In einem befremdlich anmutenden Zimmer, in dem sich zwar keine Möbel befinden, dafür aber ein umgekehrtes Bild an der Wand hängt und zwei mit Betttüchern bedeckte Mülleimer stehen, tritt zunächst Clov in Erscheinung und spricht davon, dass etwas zu Ende gehe, womit möglicherweise bereits auf den Titel des Dramas angespielt wird. Doch schon seine erste Aussage relativiert er beim Sprechen dahingehend, dass er zunächst sagt, etwas sei bereits zu Ende, dann feststellt, etwas gehe zu Ende und abschließend einschränkt, dass etwas „vielleicht“ (Z. 13 f.) zu Ende gehe. Dadurch wird sprachlich ein Gefühl der Verunsicherung erzeugt, das zuvor auch durch die Unbestimmtheit des ungewöhnlichen Bühnenbilds hervorgerufen wurde.
Clov weist darauf hin, dass er nun in die Küche gehe und darauf warte, dass „er [ihm] pfeift“ (Z. 22). Er ist also offenbar bei jemandem angestellt, auf dessen Anweisungen er nun wartet. Während Clov eine Leiter hinausträgt, erwacht Hamm und kommentiert sein Erwachen mit den Worten, dass nun er dran sei und jetzt spiele. Diese Worte verweisen zum einen erneut auf den Titel des Dramas, können zum anderen aber auch als direkter Kommentar des Schauspielers verstanden werden, der nun beginnt zu spielen. So würden die Worte die Illusion einer realistischen Dramenhandlung durchbrechen.
Hamm spricht von seinem Elend und Leiden und fragt sich, ob sein Leid größer sei als das anderer, wobei unklar bleibt, worin sein Leid eigentlich besteht. Auch Hamm spricht nun davon, dass etwas enden solle, er jedoch noch zögere, es auch enden zu lassen. Worin der eigentliche Inhalt des Stücks besteht, lässt sich zu diesem Zeitpunkt noch nicht bestimmen, da die Figuren zwar durchaus über sich sprechen, es für den Rezipienten aber kaum möglich sein dürfte, ihren Worten auch tatsächlich Sinn zuzuschreiben. Schließlich pfeift Hamm nach Clov, wodurch nun zumindest deren Verhältnis zueinander klar wird – offenbar ist Clov bei Hamm als Bediensteter angestellt. Doch kaum ist Clov erschienen, beschimpft ihn Hamm und fordert ihn auf, wieder zu gehen, damit er sich schlafen legen könne. Insbesondere in Anbetracht der Tatsache, dass er gerade erst aufgewacht ist, erscheint dieser Wunsch absurd. Nicht weniger absurd ist Clovs Aussage, dass er Hamm gerade erst habe aufwachen lassen und er ihn

Hinweise

Einleitungssatz: Angabe des Autors, der Textsorte, des Veröffentlichungsjahres sowie Angabe des zentralen Inhalts

Wiedergabe des Inhalts in textchronologischer Abfolge

Wiedergabe des Inhalts im Präsens

Wiedergabe wörtlicher Rede im Konjunktiv I

nicht ständig einschlafen und aufwachen lasse könne – dadurch erscheint Hamm wie eine Marionette Clovs.

Das nun zwischen den beiden sich entwickelnde Gespräch lässt den Schluss zu, dass Hamm blind sein könnte, da seine Augen „ganz weiß geworden" sein sollen (Z. 84), weshalb er auf Clovs Hilfe angewiesen ist. Doch während hier ein relevantes Detail der Beziehung der beiden deutlich wird, zeichnet sich das folgende Gespräch bald wieder durch seine Zusammenhangslosigkeit aus: Erst sprechen die beiden über die Uhrzeit, ohne dass diese genannt wird, dann über das Wetter und das Befinden der beiden, erneut jedoch ohne dass es nennenswerte Informationen gäbe. Dies resultiert zum einen aus der relativen Belanglosigkeit der Kommunikationsthemen, zum anderen aber auch aus der Tatsache, dass Clov und Hamm kaum auf die Redebeiträge des anderen eingehen. Relevanz scheint ihr Gespräch in der Frage Hamms „Hast Du es nicht satt?" (Z. 103) zu gewinnen, die Clov sofort bejaht, um anschließend nachzufragen, wovon er überhaupt spreche. Obgleich es zu einer Klärung dieser Frage kommt („Dieses ... alles", Z. 105), bleibt die Kommunikation zwischen den beiden Figuren jedoch oft befremdlich und nur wenig konkret.

Interpretation relevanter Textpassagen unter Angabe von ZItaten

Clovs und Hamms eigentliches Verhältnis zueinander wird in den folgenden Gesprächsbeiträgen deutlicher, bleibt aber nach wie vor absurd. Hamm droht Clov damit, ihm nichts mehr zu essen zu geben; offenbar hat also nur Hamm Zugang zu Nahrung. Clovs Replik, dass dann beide sterben müssten, zeigt wiederum die Abhängigkeit Hamms von Clov und stützt die Annahme, dass Hamm ohne Clov völlig hilflos ist. Dass beide anscheinend dazu verdammt sind, miteinander zu leben, obwohl sie sich nicht verstehen, wird in den letzten Sätzen des Ausschnitts deutlich. Clov kann Hamm nicht verlassen, weil es sonst keine weiteren Stellen für ihn gibt. Hamm kann Clov nicht gehen lassen, weil es sonst niemanden gibt, der sich um ihn kümmern könnte. Fast scheint es, als seien die beiden die einzigen Menschen in der ansonsten menschenleeren, kargen und trostlosen Umgebung. Das Verhältnis der beiden lässt sich als eine Mischung aus Verachtung und gegenseitiger Abhängigkeit beschreiben – ein Verhältnis, das auch in der Kommunikationsstruktur deutlich wird.

zusammenfassendes Fazit

Beispiellösung Teilaufgabe 2

Hinweise

kurze Darstellung der zu überprüfenden Kategorien

Anhand der von Volker Klotz aufgestellten Unterscheidung zwischen der geschlossenen und der offenen Form des Dramas lassen sich Dramentexte hinsichtlich ihres allgemeinen Aufbaus, der Kommunikationsstruktur innerhalb der Dialoge und der

Figurengestaltung kategorisieren. Im Ausschnitt aus Becketts „Endspiel" stellt sich nun die Frage, inwiefern es sich dabei um ein offenes oder geschlossenes Drama handelt.

Ein zentrales Merkmal des Dramas der geschlossenen Form ist nach Klotz das Einhalten der „drei Aristotelischen Einheiten", d. h. der Einheit von Zeit, Ort und Handlung. Soweit sich dies aus dem Ausschnitt ablesen lässt, scheint Becketts Stück zumindest den ersten beiden Einheiten zu folgen: Das Geschehen findet an einem Ort und in einer klaren chronologischen Abfolge statt. Ob die Einheit der Handlung eingehalten wird, ist schwieriger festzustellen, da sich bislang kaum gesicherte Aussagen über den eigentlichen Gegenstand derselben machen lassen.

Überprüfung der ersten Kategorie

Vergleicht man den Ausschnitt aus Becketts Theaterstück jedoch mit einem Drama der geschlossenen Form, wie etwa Schillers „Maria Stuart", so werden mehr Unterschiede als Gemeinsamkeiten deutlich. Insbesondere die Gestaltung des Dialogs ist dabei von zentraler Bedeutung – so sprechen die Figuren in Schillers Drama nicht nur in Blankversen, sondern sie gehen auch direkt auf die Redebeiträge der anderen Figuren ein, wodurch der Dialog jeweils auf ein klares Ziel hin zuläuft. Dabei ist das Rededuell, die „Stichomythie", ein Merkmal des Dramas der geschlossenen Form. In Becketts Stück hingegen scheint der Dialog nicht auf ein bestimmtes Ziel hin zuzulaufen, sondern zwischen Themen und Inhalten zu springen, ohne dass Clov und Hamm intensiv auf die Redebeiträge des jeweils anderen eingehen, um dadurch das Gespräch zu entwickeln. Darin ähnelt Becketts Stück viel eher Büchners „Woyzeck", in dem die Unfähigkeit der Figuren, miteinander zu kommunizieren, Ausdruck einer Gesellschaft ist, die dem Individuum – insbesondere der geschundenen Einzelnen, repräsentiert durch die Titelfigur Woyzeck – feindlich gegenübersteht. Dies scheint auch auf Becketts Stück zuzutreffen: Die absurd-leere Umgebung, in der das Stück spielt, ebenso wie die durch klare Abneigung bei gleichzeitiger gegenseitiger Abhängigkeit geprägte Beziehung von Clov und Hamm schafft eine unwirkliche und feindliche Atmosphäre, die durch die Unmöglichkeit der erfolgreichen Kommunikation zwischen den Protagonisten noch verstärkt wird.

Überprüfung der zweiten Kategorie anhand Verweisen auf den zu überprüfenden Text sowie auf Vergleichstexte

Herausstellen der zentralen zu untersuchenden Kategorie

Somit lässt sich – vor allem anhand der Kommunikationsstrukturen – feststellen, dass Becketts Stück im Sinne Volker Klotz' ein Drama der offenen Form ist, da eine geordnete, erfolgreiche Kommunikation zwischen den Figuren kaum stattfindet – darin ist die Sprache jedoch ein Symptom einer deutlich gestörten Beziehung zwischen den Akteuren.

abwägendes Fazit und Einordnung des vorliegenden Textauszugs in eine der beiden Kategorien

Rahmenthema 3: Literatur und Sprache um 1900 – neue Ausdrucksformen der Epik

Robert Walser: Acht Uhr

grundlegendes Anforderungsniveau

Aufgabenart: Interpretation literarischer Texte (Epik)

Aufgabenstellung

1. Interpretieren Sie die vorliegende Kurzgeschichte „Acht Uhr" von Robert Walser.

2. Vergleichen Sie ausgehend von Ihren Ergebnissen, wie die Themen der Kurzgeschichte in anderen Ihnen bekannten Texten aus dem Unterricht gestaltet werden.

Materialgrundlage

Robert Walser: Acht Uhr. Aus: Ders., Im Bureau. Aus dem Leben der Angestellten. Berlin: Insel Verlag 2011, S. 101 ff.

Acht Uhr (1926) *Robert Walser*

Text in alter Rechtschreibung

Früh auf den Beinen, warte ich die Achtuhrstunde ab. Berühmt ist sie; jedem ist ihre Bedeutung bekannt. Alle kennen ihre stille Unerbittlichkeit. Wie viele horchen nicht auf ihren Schlag; fangen an zu eilen, wenn er ertönt. In Restaurants wird aufgeräumt, Stühle werden auf Tische gestellt. Jetzt ist sie da, diejenige, die uns ernst stimmt, die uns erinnert, daß wir Pflichten zu erfüllen, Obliegenheiten zu erledigen, Arbeit zu bewältigen haben. Sie ruft auf Straßen und Plätzen eine Bewegung hervor, die höchstens der übersieht, der gewöhnt ist, an ihr teilzunehmen. Der Beobachter gerät ob ihr in Staunen. Ja, das ist sie, die Treibende, Zwingende, auf deren Ruf das Heer der täglich Arbeitenden aufmarschiert, Angestellte, Beamte, Schüler, Studenten, jung und alt, männlich und weiblich. Um diese Stunde öffnen Banken, Warenhäuser, Geschäfte aller Art, Schulen usw. ihre Büros, Stuben und Hallen. Industrie und Wirtschaft sind tätig, Fabriken fangen zu hämmern an. Jeder Weg ist belebt, jede Passage wird benutzt. Eisenbahnen und Elektrische befördern Leute dorthin, wo mancher von ihnen lieber nicht säße oder stände, aber was fragt Acht Uhr nach persönlichem Gefühl, Geschmack oder Belieben? Hier ist einer, der auf dem Weg zur Arbeit an das Gespräch denkt, das er vergangenen Abend mit seiner Frau, seiner Freundin, einem von seinen Bekannten führte. Die Einfälle, die er vorbrachte, fallen ihm flüchtig wieder ein; er freut sich ihrer oder ist unzufrieden damit.

Ein anderer hatte Unannehmlichkeiten, die ihn nun belästigen, er bemüht sich, die Erinnerung daran sanft oder unsanft abzuschütteln. Hoffentlich gelingt es ihm. Unbehagen zu verdauen ist gesundheitswidrig. Ein dritter lächelt und legt damit den Beweis seelischen Gleichgewichts ab. Ein vierter denkt an Geldausgaben; der, der neben ihm geht, ans willkommene Entgegengesetzte. Kaum beachtet einer den andern, alle sehen sich schon mit ihren Aufgaben beschäftigt. Die Schuhe der meisten glänzen hübsch, die Mäntel sind gebürstet, die Gesichter gewaschen. Einige tragen Mappen. Andere werden sich, bevor sie von zu Hause fortgingen, gefragt haben, ob sie den Schirm mitzunehmen hätten. Dieser oder jener kam vielleicht nicht mal zum Frühstück.

Einige Minuten nach acht ist das Bild verändert. Die, die eilten, sind an Ort und Stelle; eine gewisse Stille macht sich in der Stadt bemerkbar. Das ist acht Uhr früh; eine andere Sorte von acht Uhr ist die Stunde des Beginnens von Konzert und Theater. Die zweite Art ist weniger unhöflich als die erste; sie ladet mehr ein, als daß sie befiehlt. Sie glitzert, während jene scheinbar ohne jeden Schimmer ist. Aber das Prächtige täuscht oft, indes uns die Befolgung dessen, was uns anfänglich hart vorkommt, zu Fröhlichkeiten führt, die wir nicht erwarteten. Acht Uhr abends wird auch geeilt, aber auf andere Art und in anderem Gewande. Man sieht feine Anzüge, verführerische Toiletten, erwartungsvolle Gesichter, die auf das, was Kunst und Gesellschaft bieten mögen, gespannt sind. Schön ist's, wenn jemand zu beiderlei Stunden gut aufgelegt und gesinnt ist, sie gleicherweise gutzuheißen als Verschiedenheiten, die sich ergänzen; bereit ist, zu leisten, wie zu vergessen, daß er sich anstrengte, beglückt zu sein vermöchte durch beides, von der Berufung wie vom Zerstreuenden, an dem einen gesundend und in einem ruhend wie im andern, indem er das Schwere nicht zu schwer und das Leichte nicht zu leicht nähme, das Nötige sich so angenehm zu machen wüßte wie das Schöne, bei Bemühungen heiter und im Genuß bedächtig bliebe.

Beispiellösung

Beispiellösung Teilaufgabe 1

In der vorliegenden Kurzgeschichte „Acht Uhr" von 1926 stellt Robert Walser den monotonen Ablauf des Alltags der Arbeiterschaft in der Stadt dar.

Allmorgendlich um acht Uhr begeben sich alle Angestellten pflichtbewusst zu ihrem Arbeitsplatz. Die Stadt gerät in Bewegung: Geschäfte öffnen, aus den Fabriken ertönt Lärm, Transportmittel befördern die Menschen. Die Arbeiterschaft beachtet sich gegenseitig nicht, ist aber bei aller äußerlichen Gleichförmigkeit mit ihren ganz eigenen privaten Gedanken beschäftigt. Die Hektik innerhalb der Stadt verändert sich mit Beginn der Arbeitszeit; es kehrt eine gewisse Ruhe ein.

Der Zeit am Morgen steht acht Uhr am Abend gegenüber: Die Stadt ist erneut belebt, jedoch lädt sie nun zur Unterhaltung ein. Die Menschen erwarten freudig spannende Stunden, die einen Ausgleich zum Arbeitsleben schaffen können.

Hinweise

Einleitungssatz: Textsorte, Titel, Autor, Zeit und Thema

knappe Inhaltsangabe

Der inhaltliche Schwerpunkt der Kurzgeschichte liegt auf der anonymen Arbeiterschaft und ihrem Lebensverhältnis zum Zeitpunkt der Weimarer Republik. Sie sind dem gesellschaftlich-sozialen Zwang unterworfen, täglich demselben monotonen Ablauf zu folgen, und können diesem nur flüchtig am Abend entkommen.

Interpretationshypothese

Der auktoriale Erzähler berichtet im ersten Sinnabschnitt (Z. 1 – 30) zunächst aus der Ich-Perspektive, wie er früh am Morgen auf die Achtuhrstunde wartet, die apodiktisch über jeden herrscht (vgl. Z. 2 f.) und an die Verpflichtungen der Arbeitswelt erinnert (vgl. Z. 9 ff). Der parataktische Satzbau unterstützt die Hektik, die am Morgen jeden betrifft (vgl. Z. 1 ff.). Die Macht der Achtuhrstunde wird im Folgenden durch ihre Personifikation (vgl. z. B. Z. 9 f.) verstärkt. Die Menschen wirken wie ein „Heer der täglich Arbeitenden" (Z. 17), das aufmarschiert. Diese militärischen Begriffe heben den Drill durch die Achtuhrstunde und die Übermacht der Arbeit als bestimmende Faktoren im Alltag hervor. Die Menschen werden täglich zum Spielball in der Stadt. Wie umfangreich die Masse der davon Betroffenen ist, unterstreicht die Aufzählung der diversen Berufsgruppen (vgl. Z. 18 f.). Die Ich-Perspektive wird in der Folge aufgegeben, was auf den Verlust der Individualität angesichts des Ertönens der Achtuhrstunde verweist. Es sind dann auch nicht die Angestellten, die arbeiten, sondern die personifizierten Fabriken, die hämmern (vgl. Z. 24). Die Menschen werden zum Objekt, während die Stadt und ihre Institutionen das handelnde Subjekt darstellen.

Aufbau des Textes über Sinnabschnitte/ Berücksichtigung von Erzählform und -verhalten

Analyse der Sprache in Anbindung an den Inhalt

Gesellschaftskritik

Monotonie des Ablaufs

Wechsel der Erzählform

Verdinglichung der Menschen

Für die Angestellten ist ein Entkommen aus dieser lebendigen Maschinerie kaum möglich. So verweist die rhetorische Frage „[...] was fragt Acht Uhr nach persönlichem Gefühl, Geschmack oder Belieben?" (Z. 28 f.) auf die Machtlosigkeit der Menschen: Sie können nicht anders, als sich der Achtuhrstunde unterzuordnen. Vor dem Hintergrund der Weimarer Republik ist zu vermuten, dass die Arbeit als bestimmender Faktor im Leben gilt, um nicht den sozialen Abstieg in unsicheren Zeiten der Beschäftigung erleben zu müssen.

gesellschaftlicher Zwang

zeitliche Kontextualisierung

Im zweiten Sinnabschnitt (Z. 30 – 55) berichtet der Erzähler von den individuellen Gedanken und Gefühlen der durch die Stadt Eilenden, welche im Kontrast zu der äußeren Wahrnehmung einer Masse steht. Dies verdeutlicht erneut, dass das subjektive Empfinden im Arbeitsleben der Großstadt ausgeblendet werden muss. Anders als die Menschen untereinander, die sich in der Anonymität der Großstadt kaum beachten (vgl. Z. 46), drückt der Erzähler Mitgefühl mit ihnen aus. So hofft er

Anonymität der Großstadt/Massengesellschaft

beispielsweise, dass ein Arbeiter seine negativen Gedanken ablegen kann (vgl. Z. 40). Diese Teilnahme des Erzählers kann dem Leser einerseits ein Gefühl der Hoffnung für das Miteinander der Menschen geben, andererseits ein noch größeres Bedauern über die fremdgesteuerte Masse hervorrufen.

Wirkung auf den Leser

Den individuellen Gemütsbewegungen folgend, fokussiert sich der Blick des Erzählers wieder auf die äußere, für den Beruf tadellos hergerichtete Erscheinung. Sogleich ist es erneut der unbestimmte „[d]ieser oder jener" (Z. 53 f.), der in der Eile am Morgen vielleicht nicht einmal mit einem Frühstück für das eigene Wohlbefinden sorgen kann (vgl. Z. 54 f.).

Im dritten Sinnabschnitt (Z. 56 – 88) verändert sich um wenige Minuten nach acht schlagartig das Stadtbild. Die Menschen befinden sich an ihrem Arbeitsplatz und in der Stadt kehrt „eine gewisse Stille" (Z. 58) ein. Dem vom Erzähler geschaffenen Bild von der Achtuhrstunde am Morgen setzt er im letzten Abschnitt das Geschehen am Abend um acht Uhr entgegen. Dem Befehl steht die Einladung sowie die Glanzlosigkeit dem Glitzer gegenüber (Z. 63 f. und Z. 64 f.). Diese zunächst eindeutig positive Beschreibung des Abends wird unmittelbar eingeschränkt: So sei das Treiben am Abend oftmals lediglich Schein und die Arbeit berge auch „Fröhlichkeiten" (Z. 68). Letzteres könnte auch so zu verstehen sein, dass die Arbeit dem Menschen die Vergnügungen am Abend erst ermöglicht.

Kontrast acht Uhr morgens und abends

Schein des Abends

Den Ausgleich zwischen den Verpflichtungen der Achtuhrstunde am Morgen und den Vergnügungen zur gleichen Stunde am Abend sieht der Erzähler als das wünschenswerte Ziel (vgl. Z. 75 ff.). Das höchste Bestreben und Erleben sei es, durch beides „beglückt zu sein" (Z. 80). Dies schließt ein, dass auch der Arbeit – im Gegensatz zu vorherigen Eindrücken von der Morgenstunde – etwas Erfüllendes im Gleichgewicht zur Zerstreuung innewohnen kann.

Ziel: Ausgleich Beruf und Vergnügen

Die Kurzgeschichte ist in die Neue Sachlichkeit einzuordnen: Walser kommt in seinem Text ihrer Forderung nach einer genauen Wiedergabe der Realität nach. Des Weiteren sind u. a. die Gefühle der Figuren kaum sichtbar und die typische Thematik der Angestellten in der modernen Gesellschaft kommt zum Tragen. Die vorherigen Ausführungen haben gezeigt, dass „Acht Uhr" durch die Beschreibung der Geschehnisse am Morgen auf den gesellschaftlich-sozialen Zwang der Angestellten in der Weimarer Republik verweist. Wie Walser, der den Ausgleich von Arbeit und Vergnügen am Ende seines Textes betont, wollten die Autoren der Neuen Sachlichkeit den Menschen Leitbilder geben, um in der modernen Massengesellschaft zu bestehen.

Fazit und Einordnung in die Strömung der Neuen Sachlichkeit

Beispiellösung Teilaufgabe 2

In der Literatur der Weimarer Republik sind die Erfahrungen, welche die Menschen in der Kurzgeschichte „Acht Uhr“ mit der Moderne in der Stadt machen, unterschiedlich gestaltet anzutreffen. Besonders die Themen gesellschaftlich-sozialer Zwänge der Angestellten, Anonymität sowie Vergnügen spielen in Erich Kästners „Fabian. Die Geschichte eines Moralisten“, aber auch in Hans Falladas „Kleiner Mann – was nun?“ eine Rolle.

Die Arbeit als bestimmender und machtvoller Faktor im Leben der Menschen findet sich in der Kurzgeschichte und in beiden Romanen wieder. Der Protagonist Fabian übt seine Arbeit als Werbetexter aus Gründen des reinen Broterwerbs aus, seine persönlichen Empfindungen spielen keine Rolle (vgl. „Acht Uhr“, Z. 28 ff.). Seine spätere Arbeitslosigkeit stürzt ihn schließlich in eine Krise, die außerdem zum Ende seiner Beziehung mit Cornelia Battenberg beiträgt. Trotz Fabians beruflicher Flexibilität und seiner Bildung kann er in der wirtschaftlich schwierigen Zeit Ende der Weimarer Republik nicht bestehen. Ähnliches gilt für Johannes Pinneberg. Er fühlt sich stets bedroht von Arbeitslosigkeit und seinen damit verbundenen Gefühlen der Machtlosigkeit. Eigene Anstrengungen für eine Anstellung erscheinen ihm irrelevant und das Leben, das ihm ein Gefühl der Fremdbestimmtheit vermittelt, stellt sich ihm unberechenbar dar. Folglich wünscht Pinneberg, sich auf einer einsamen Insel von der (Arbeits-)Welt zurückziehen zu können.

Im Unterschied zur Kurzgeschichte „Acht Uhr“, in der Arbeit auch etwas Erfüllendes sein kann (vgl. Z. 66 ff.), bleiben Kästners Figuren Fabian, seinem Freund Labude sowie Falladas Protagonisten Johannes Pinneberg die berufliche Erfüllung verwehrt. Es lassen sich allerdings auch bei Fabian vor seiner Arbeitslosigkeit keinerlei Bestrebungen nach einer besseren Anstellung erkennen, die seiner Qualifikation entsprechen würde. Deutlich wird insgesamt, dass Arbeit Macht über die Menschen hat; ein Entkommen scheint wie in „Acht Uhr“ kaum möglich und wenn, dann ausschließlich verbunden mit dem sozialen Abstieg.

Die anonyme Arbeiterschaft, wie sie in der Kurzgeschichte vorzufinden ist, zeigt sich auch in Kästners Roman. Fabian, der das Arbeitsamt aufsucht und dort deutlicher als zuvor mit der Ohnmacht und Verzweiflung der Menschen in Anbetracht der desolaten gesellschaftlichen Situation konfrontiert wird, muss feststellen, dass er nur einer von vielen ist, die in der Anonymität untergehen. Denn keiner im Arbeitsamt fühlt sich für ihn zuständig. Aber nicht nur in Verbindung mit einem Anstellungsverhältnis trifft man in „Fabian“ auf die Anonymität: Fabian

Hinweise

Einleitung unter Berücksichtigung der Aufgabe: Benennung der Themen der Kurzgeschichte sowie Bezug zu im Unterricht gelesenen Texten

zentrales Thema: Arbeit als bestimmender Faktor der Menschen

Darstellung von Parallelen zwischen Kurzgeschichte und im Unterricht gelesenen Romanen

Belege/Beispiele aus E. Kästners „Fabian“ und H. Falladas „Kleiner Mann – was nun?“

differenzierte Darstellung; Aufzeigen von Unterschieden

Zwischenfazit

zweites Thema: Anonymität der Arbeiter/Massengesellschaft – Parallelen zwischen Kurzgeschichte und Romanen

selbst kann als Individuum in der Berliner Massengesellschaft nicht bestehen und eine Vielzahl an Figuren bleibt namenlos oder wird lediglich als vereinheitlichte Gruppe wahrgenommen. Umso plausibler ist es, dass wie in der Kurzgeschichte die Menschen verdinglicht und die Institutionen und Gegenstände der Stadt personifiziert werden. Beispielsweise wird in „Fabian" geschildert, wie der Protagonist auf „jemanden" stößt, der sich dann als die Straßenbahn herausstellt.

Erläuterung am Beispiel von „Fabian"

Auf die anonyme Arbeiterschaft bzw. die allgemeine Anonymität verweisen auch die Auszüge von „Kleiner Mann – was nun?". Beispielsweise werden die Arbeitslosen im Tiergarten von Pinneberg als graue und fahle Massen beschrieben, die keinerlei Individualität erkennen lassen, und er selbst betrachtet sich als eine von Millionen wertloser „Mikroben" innerhalb der modernen Gesellschaft.

Erläuterung am Beispiel von „Kleiner Mann – was nun?"

Die Regelmäßigkeit der Abläufe von der Eile bis zur Stille in der Achtuhrstunde (vgl. „Acht Uhr", Z. 58) findet sich in der Form nicht in den Romanen wieder, vielmehr herrschen Unübersichtlichkeit und Chaos vor. Die Hektik und die Ruhelosigkeit spielen in „Fabian" und „Kleiner Mann – was nun?" eine gewichtige Rolle. Dies wird nicht nur in dem rastlosen Flanieren des Protagonisten Fabian deutlich, sondern auch z. B. über die filmischen Erzähltechniken: Die Handlungsorte und Personen variieren in schneller Abfolge. Darüber hinaus werden in Kästners sowie in Falladas Roman die Umgebung und ihre Details häufig ohne Selektion und ohne Bewertung dargeboten. Das führt zu einer Beschleunigung des Erzähltempos, zu dem auch der parataktische Satzbau beiträgt, was als eine zusätzliche Gemeinsamkeit mit der Kurzgeschichte zu nennen ist.

Darstellung von Unterschieden zwischen Kurzgeschichte und Romanen

Erläuterung der Unterschiede

Berücksichtigung der Erzähltechnik in den Romanen

Einen weiteren Aspekt in „Acht Uhr" stellt das Vergnügen am Abend dar, welches als Ausgleich für den beruflichen Alltag gelten kann (vgl. „Acht Uhr", Z. 75 – 78). Diesen Versuch unternimmt auch Fabian. Er besucht u. a. regelmäßig anrüchige erotische Etablissements, jedoch gelingt es ihm nicht, die damit verbundenen Vergnügungen als Bereicherung zu empfinden. Der Schein der Achtuhrstunde am Abend (vgl. Z. 66) präsentiert sich an dieser Stelle, auch wenn das in der Kurzgeschichte nicht näher ausgeführt wird. Fabian sieht sich permanent mit unmoralischem Verhalten konfrontiert (was in Kästners Roman allerdings ebenso für den Tag gilt) und begegnet seinen dabei entstehenden Emotionen rein sachlich. Infolgedessen kann ein Ausgleich von Arbeit und Vergnügen nicht gelingen.

Vergnügungen am Abend als weiterer thematischer Aspekt: Vergleich „Acht Uhr" und „Fabian"

differenzierte Betrachtung: Darstellung von Gemeinsamkeiten und Unterschieden

Das Nachtleben in „Fabian“ ist generell negativ konnotiert, beispielsweise durch Prostitution oder Kriminalität. Das nächtliche Treiben wird mit einem Rummelplatz verglichen, an dem Unübersichtlichkeit, Reizüberflutung und Vergnügungssucht herrschen. Dem Glitzer am Abend (vgl. „Acht Uhr“, Z. 64) stehen hier die bunten Farben der Lichter gegenüber, welche die Stadt beschmieren.
Die Auszüge aus „Kleiner Mann – was nun?“ verweisen zwar auf Herrenabende, die bei Pinnebergs Mutter Mia stattfinden und von ihm negativ bewertet werden, Pinneberg selbst sucht aber nicht in der Regelmäßigkeit wie Fabian oder die Menschen in „Acht Uhr“ das Vergnügen.

Fazit: Ergebnis des Vergleichs

Es lässt sich festhalten, dass die Themen der Texte im Vergleich vorwiegend Gemeinsamkeiten in ihrer Ausgestaltung aufweisen und damit die moderne Gesellschaft in ähnlicher Weise abbilden. Jedoch kann die Kurzgeschichte „Acht Uhr“ aufgrund ihrer Knappheit und des fehlenden exemplarischen Protagonisten auf einige Themen nicht vertiefend eingehen. Deutlich wird der Unterschied, dass Walser am Ende seines Textes auf den möglichen Ausgleich von Arbeit und Vergnügen abhebt, welcher den Protagonisten in „Fabian“ und in „Kleiner Mann – was nun?“ gänzlich verwehrt bleibt.

Rahmenthema 4: Vielfalt lyrischen Sprechens

Hilde Domin: Fremder / Franz Kafka: Der Fahrgast

grundlegendes Anforderungsniveau

Aufgabenart: Gedichtinterpretation & Motivvergleich mit einem Kurzprosatext

Aufgabenstellung

1. Erschließen und interpretieren Sie das Gedicht „Fremder“ von Hilde Domin! Gehen Sie dabei insbesondere darauf ein, welche Erfahrungen das lyrische Ich in der Fremde macht!

2. Zeigen Sie ausgehend von Ihren Ergebnissen vergleichend auf, wie das Motiv der „Fremdheit“ in Franz Kafkas Erzählung „Der Fahrgast“ gestaltet wird!

Der Schwerpunkt der Aufgabenstellung liegt auf Teilaufgabe 1.

Materialgrundlage

- Hilde Domin: Fremder. Aus: Dies.: Sämtliche Gedichte. Hrsg. v. Nikola Herweg und Melanie Reinhold. Frankfurt a. M.: S. Fischer Verlag [6]2013, S. 102 ff.
- Franz Kafka: Der Fahrgast. Aus: Ders.: Gesammelte Werke. Band 5, Frankfurt a. M.: S. Fischer Verlag 1950 ff., S. 31 – 32

M1 **Fremder (1960)** *Hilde Domin (1909 – 2006)*

Vorbemerkung

Hilde Domin wurde als Kind jüdischer Eltern in Köln geboren. 1932 begann sie in Italien ein Auslandsstudium, konnte aber nach Hitlers Machtübernahme nicht mehr nach Deutschland zurück. Nach weiteren Exilstationen kam sie 1954 erstmals wieder nach Deutschland, wo sie sich nach Zwischenaufenthalten in Spanien erst 1961 endgültig in Heidelberg niederließ. Die Bedeutung von Heimat und die Erfahrung in der Fremde hat Hilde Domin in ihrem Werk häufig thematisiert. Ihr Pseudonym „Domin“ wählte sie aufgrund ihres Aufenthalts in der Dominikanischen Republik, wo ihre ersten literarischen Werke entstanden.

1

Ich falle durch jedes Netz,
wie ein Toter

falle ich durch die Netze hindurch.
Samenkorn ohne Erde
schwerelos
treibt mich der Wind
aus allen Netzen empor.

Wohin ich komme, Gespinst von Wegen,
eng geknüpft.

In jeder Stadt liegt bereit
was sie brauchen,
Spielzeug und Hochzeitslaken
und der Platz
bei dem Sarg der Mutter.

Ich brauche nichts, ich komme und gehe
mit offenen Händen.

»Unsere Sprache sprichst du«,
sagen sie überall
mit Verwundern.
Ich bin der Fremde,
der ihre Sprache spricht.

2
Vor mir wird aufgebaut,
hinter mir abgeräumt,
die Bühne aus sehr dauerhaften
Häusern, Straßen, Bäumen.

Minuten ehe ich komme,
ein Platz, Stühle, ein Tisch.
Man bringt mir Kaffee,
ich spreche die Sprache des Kellners.
Stunden entfernt
baut man ein Schlafzimmer auf
in einem lauten Hotel.
Niemand wartet am Zug.

Ich ziehe um mich
das kleine schon dünne Tuch
deiner Liebe,
mein einziges Kleid.
Ich gehe im Licht
eines fernen
längst erloschenen
Lächelns.

M2 **Der Fahrgast (1913)** *Franz Kafka (1883–1924)*

Text in alter Rechtschreibung

Ich stehe auf der Plattform des elektrischen Wagens und bin vollständig unsicher in Rücksicht meiner Stellung in dieser Welt, in dieser Stadt, in meiner Familie. Auch nicht beiläufig könnte ich angeben, welche Ansprüche ich in irgendeiner Richtung mit Recht vorbringen könnte. Ich kann es gar nicht verteidigen, daß ich auf dieser Plattform stehe, mich an dieser Schlinge halte, von diesem Wagen mich tragen lasse, daß Leute dem Wagen ausweichen oder still gehn, oder vor den Schaufenstern ruhn. – Niemand verlangt es ja von mir, aber das ist gleichgültig.

Der Wagen nähert sich einer Haltestelle, ein Mädchen stellt sich nahe den Stufen, zum Aussteigen bereit. Sie erscheint mir so deutlich, als ob ich sie betastet hätte. Sie ist schwarz gekleidet, die Rockfalten bewegen sich fast nicht, die Bluse ist knapp und hat einen Kragen aus weißer klemmaschiger Spitze, die linke Hand hält sie flach an die Wand, der Schirm in ihrer Rechten steht auf der zweitobersten Stufe. Ihr Gesicht ist braun, die Nase, an den Seiten schwach gepreßt, schließt rund und breit ab. Sie hat viel braunes Haar und verwehte Härchen an der rechten Schläfe. Ihr kleines Ohr liegt eng an, doch sehe ich, da ich nahe stehe, den ganzen Rücken der rechten Ohrmuschel und den Schatten an der Wurzel.

Ich fragte mich damals: Wieso kommt es, daß sie nicht über sich verwundert ist, daß sie den Mund geschlossen hält und nichts dergleichen sagt?

Beispiellösung

Beispiellösung Teilaufgabe 1

Heimatverlust als zentrale Lebenserfahrung im Jahrhundert der Flüchtlinge

[1] Laut UNO befanden sich im Jahr 2015 rund 60 Millionen Menschen auf der Flucht. Das übersteigt die Zahl der Flüchtlinge im Zuge des Zweiten Weltkrieges. Ob innerhalb des eigenen Landes oder außerhalb: Die Anzahl der Flüchtlinge steigt stetig und ist eine der globalen Herausforderungen im 21. Jahrhundert. Wie sehr der Verlust der Heimat zu einer existenziellen Verunsicherung führen kann, zeigt das Gedicht „Fremder", das die jüdischstämmige Autorin Hilde Domin – selbst Flüchtling vor dem Nazi-Regime – 1960 in Spanien verfasst hat. Der Text belegt, dass es mit der Beherrschung der Landessprache des jeweiligen Gastlandes noch lange nicht getan ist. Wichtiger als die Sprache selbst wäre für Domin ein angeborenes Mitspracherecht.

Hinweise: Einleitung: Hinführung zum Thema des Gedichts; Angaben zu Text und Autorin

Erschließung und Interpretation des Gedichts „Fremder" von Hilde Domin

[2] Domins reimloses Gedicht ist in neun unterschiedlich lange Strophen unterteilt, die in zwei Abschnitte gruppiert sind. Durch die Verwendung freier Rhythmen in Verbindung mit zahlreichen, teilweise sogar strophenübergreifenden (vgl. V. 2 f.) Enjambements wird ein fließender Rhythmus geschaffen, der das Gefühl des „schwerelos[en]" Getriebenwerdens (vgl. V. 5 f.) passend unterstreicht. Dafür, dass dieses Lebensgefühl nicht positiv verstanden wird, sorgt die wiederholte Verwendung des bedrohlichen Verbs „falle[n]" (V. 1 und 3) gleich am Anfang des Gedichts. Sie ist der Ausdruck einer existenziellen Verunsicherung, die in fünf Sinnabschnitten thematisiert wird.

Hinweise: Formanalyse: Strophenanzahl, Reimlosigkeit, freie Rhythmen, Enjambements; erster Deutungsansatz

Das lyrische Ich ist haltlos. Selbst ein „Netz" (V. 1) bzw. „Netze[...]" (V. 3 und 7) können es nicht auffangen. Die Wiederholung wird dadurch verstärkt, dass sich das lyrische Ich mit einem „Tote[n]" (V. 2) vergleicht. Die Metapher „Samenkorn ohne Erde" (V. 4) macht deutlich, dass dem lyrischen Ich die Grundlage zur Entfaltung seines Lebens genommen ist: die Heimat. Ohne Mutterboden kann der Samen schließlich nicht aufgehen. Es scheint fremdbestimmt, ein Spielball des „Wind[es]" (vgl. V. 6) zu sein.

Hinweise: Aufbau- und Inhaltsanalyse: formale Zweiteilung in fünf Sinnabschnitten; 1. Sinnabschnitt: Haltlosigkeit

Das Gefühl, nicht dazuzugehören und fremd zu sein, wird im nächsten Sinnabschnitt durch die antithetische Gegenüberstellung von „sie" (V. 11) und „Ich" (V. 15) erzeugt. Die Einwohner

Hinweise: 2. Sinnabschnitt: Orientierungspunkte für Einheimische

einer nicht näher benannten Stadt besitzen im Gegensatz zum lyrischen Ich biografische Orientierungspunkte, die für ein erfülltes Leben benötigt werden: Die Begriffe im Polysyndeton von „Spielzeug und Hochzeitslaken und der Platz bei dem Sarg der Mutter" (V. 12 ff.) assoziieren Erinnerungsimpulse an Kindheit, Partnerschaft, Liebe und Trauer, die dem lyrischen Ich aufgrund seines Heimatverlusts nicht mehr zur Verfügung stehen.

3. Sinnabschnitt: Bedürfnislosigkeit als Reaktion auf fehlende Zugehörigkeit

Die Antithese „sie brauchen" (V. 11) und „Ich brauche nichts" (V. 15) wirkt wie eine trotzige Gegenreaktion, aber gerade deshalb wie ein Hilferuf des lyrischen Ichs, das von sich selbst behauptet, „mit offenen Händen" (V. 16) zu kommen, aber auch zu gehen. Diese Synthese der gebräuchlichen Redewendungen „mit offenen Armen" und „mit leeren Händen" drückt einerseits die Bereitschaft aus, den Menschen in der Fremde wohlgesonnen zu begegnen, andererseits aber auch das ernüchternde Fazit, in den Begegnungen nichts dazugewonnen zu haben. Und dies, obwohl die Fremden durchaus bemerken, dass das lyrische Ich ihre Sprache spricht (vgl. V. 17 ff.). Das „Verwundern" (V. 19), mit dem dieser Umstand zur Kenntnis genommen wird, scheint zu verletzen. Die Distanz zwischen lyrischem Ich, das sich selbst als „der Fremde" (V. 20) bezeichnet, und den Einheimischen wird durch den antithetischen Einsatz der Possessivpronomen „[u]nsere" und „ihre" (V. 17 und 21) bzw. der Personalpronomen „du" und „Ich" (V. 17 und V. 20) wie in einem Chiasmus unterstrichen: Während „du" in der wörtlichen Rede durch eine Inversion an exponierter Stelle am Versende steht, folgt das „Ich" drei Zeilen später am Versanfang.

Integration der Sprachuntersuchung in Inhaltsanalyse

4. Sinnabschnitt: Inszenierter Lebensraum in der Fremde

Das lyrische Ich erlebt die Realität in der Fremde als Welt des Scheins, als „Bühne aus [...] Häusern, Straßen, Bäumen" (V. 24 f.). Dieses Asyndeton der Bühnenbestandteile wird mit dem Superlativismus „sehr dauerhaften" (V. 24) verknüpft, was mit der Empfindung, dass vor dem lyrischen Ich alles errichtet und nach ihm alles wieder entfernt werde (vgl. V. 22 f.), als Paradoxon erscheint. Die Lebenswelt des fremden Gastlandes wird aus der Perspektive des Flüchtlings zu einer austauschbaren Kulisse. Diese surreal anmutende Empfindung konkretisiert das lyrische Ich mittels Beispielen, die Schauplätze beinhalten, die mustertypisch für das fehlende Zuhause und die damit verbundene Rastlosigkeit stehen: einem Café, einem Hotel und einem Zug. Trotz der Fähigkeit zu Verständigung – lyrisches Ich und Kellner sprechen dieselbe Sprache (vgl. V. 29) – bleibt das Gefühl der Einsamkeit, denn „[n]iemand wartet" (V. 33) auf das lyrische Ich.

Geborgenheit und Wärme vermittelt in der Abschlussstrophe allerdings die Liebe zu einem nicht näher beschriebenen Menschen. Aber auch die hier eingesetzte Metapher gibt Grund zur Sorge, denn das „Tuch [der] Liebe" ist „klein[...]" und bereits „dünn[...]" (V. 35 f.) geworden – und es ist das „einzige[...] Kleid" (V. 37), das das lyrische Ich besitzt. Noch depressiver wird die Stimmung am Ende des Gedichts, wenn deutlich wird, dass es sich bei dem Liebeserleben um die Erinnerung an einen geliebten Menschen handelt, was durch ein Paradoxon ausgeführt wird: Das lyrische Ich geht „im Licht eines fernen längst erloschenen Lächelns" (V. 38 ff.). Die auf den ersten Blick wieder Distanz ausdrückende Ferne wird durch die Präzisierung ins Zeitliche gerückt. Aufgrund seiner unglücklichen Lebenssituation in der Gegenwart bleibt dem lyrischen Ich als minimaler Halt also nur die emotionale Strahlkraft der Liebe aus früherer Zeit.

5. Sinnabschnitt: Halt in der Fremde durch Erinnerung an Liebeserlebnis

Das Gedicht wird gerade durch diese letzte Strophe zum Zeugnis einer geografischen und emotionalen Heimatlosigkeit, die zu einer existenziellen Verunsicherung führt.
Die Fremde wird dabei zu einer Art Katalysator für die Empfindung der Perspektivlosigkeit des Fremden in einer aufgezwungenen Lebenswelt. Die mannigfaltigen Möglichkeiten werden als „eng geknüpft[es] Gespinst von Wegen" (V. 8 f.) wahrgenommen, die nicht zum fremden Individuum passen. Das lyrische Ich hat das Gefühl, durch die Netze hindurchzufallen bzw. emporgehoben zu werden (vgl. V. 3 ff.), es kommt und geht (vgl. V. 15), ohne sich irgendwo zu Hause zu fühlen. Dementsprechend einsam fühlt sich das lyrische Ich, weil niemand auf es wartet (vgl. V. 33). Die Personen, die sich um sein Wohlergehen kümmern, werden bis auf einen Kellner (vgl. V. 29) mittels Passivkonstruktionen gar nicht erwähnt (vgl. V. 22 ff.) oder bleiben durch das Indefinitpronomen „man" (V. 28 und 31) völlig identitätslos. Der Fremde in Domins Gedicht hat also Schwierigkeiten, sich in die Gesellschaft seines Gastlandes zu integrieren, weil er beständig das Gefühl hat, ausgegrenzt zu sein – und das, obwohl er der Landessprache mächtig ist (vgl. V. 17 und 29).
Wie viele andere Schriftsteller auch hat Hilde Domin ihr Exil als ein Nichtdazugehören empfunden. Die Erfahrungen des lyrischen Ichs stehen also vermutlich für die Erfahrungswelt der Autorin bzw. der Exilliteraten an sich, die nach der Flucht aus ihrem Heimatland die Lebenssituation nach dem Verlust ihres Zuhauses im wörtlichen Sinn als un-heimlich empfanden
Folglich wird die Umgebung in der Fremde sehr negativ und pessimistisch wahrgenommen. Erst am Ende schöpft das lyrische

Haupterfahrung in der Fremde: Heimatverlust

Fremde als Katalysator von Perspektivlosigkeit

neben vielen direkten Zitaten hier vor allem Einbau von indirekten Zitaten

das lyrische Ich zwischen pessimistischer Wahrnehmung und hoffnungsvoller Erinnerung

Ich aus Domins Gedicht Hoffnung aus seiner Erinnerung. Das lyrische Ich erkennt seinen Zustand nur stückweise. Im Gedicht wird dies durch die zahlreichen, polysyndetischen und asyndetischen, Aneinanderreihungen von Einzelaspekten (V. 12 f., 25 und 27) gespiegelt.

Am deutlichsten wird die kritische Sichtweise auf das Gastland durch die Interpretation der Fremde als austauschbare Kulisse. In „Fremder" werden dem lyrischen Ich „Bühne[n]" (V. 24) errichtet, die darauf hindeuten, dass es seine Lebenswelt nicht authentisch, sondern wie ein Schauspiel erlebt und damit zum Zuschauen degradiert ist. Auch dies passt zu biografischen Äußerungen der jüdischstämmigen Autorin, die während des Dritten Reiches wie viele andere Schriftsteller ihre Heimat verlassen musste. Das lyrische Ich in Domins Gedicht kommt wegen dieses Fremdseins auch niemals an. Es ist rast-, ruhe- und haltlos, was bereits durch die Unruhe der syntaktischen Struktur des Gedichts und seine formale Ungebundenheit – Reime und einheitliches Metrum fehlen – gespiegelt wird. Das lyrische Ich scheint permanent auf Reisen zu sein: Es ist getrieben (vgl. V. 6), kennt jede Stadt (vgl. V. 10), kommt und geht (vgl. V. 15), wird „überall" auf die guten Sprachkenntnisse angesprochen (vgl. V. 17 ff.). Die Schauplätze, an denen Kaffee getrunken und ein Schlafzimmer hergerichtet wird, sind „Stunden [voneinander] entfernt" (V. 30), Transportmittel ist der „Zug" (V. 33). Selbst Ruhephasen lassen keine wirkliche Entspannung zu: Durch eine Inversion und Personifikation betont, wird das Schlafzimmer „in einem lauten Hotel" (V. 32) für das lyrische Ich hergerichtet.

Selbst die Erinnerung an ein Liebeserlebnis bewirkt kein völliges Innehalten: Das lyrische Ich „geh[t] im Licht eines fernen [...] Lächelns" (V. 38 ff.). Die Lichtmetaphorik wertet die Wirkung des Gedenkens an einen geliebten Menschen auf. Waren die Bewohner des Gastlandes mit unpersönlichen Pronomen bedacht worden, wird Domin am Ende ihres Gedichtes durch das Possessivpronomen doch ganz persönlich und zeigt die identitätsstiftende, aber auch zerbrechliche Kraft der Liebe auf, wenn sie die Metapher des „schon dünnen Tuch[es] deiner Liebe" (V. 35 f.) den Erfahrungen in der Fremde entgegensetzt.

Herstellung von Bezügen zwischen Gedicht und Autorbiografie aus Vorbemerkung

Aufzeigen von Kohärenzen zwischen Inhalt und Sprache bzw. Form

durch eckige Klammern markierter grammatikalisch angepasster Einbau von Zitaten ins Textkontinuum

Beispiellösung: Teilaufgabe 2

Vergleich zwischen der Gestaltung des Motivs der „Fremdheit“ in Domins „Fremder“ und „Der Fahrgast“ von Franz Kafka

[3] Domins Gefühl der Fremdheit wird deutlich vom Aufenthaltsort weit weg von ihrem Zuhause ausgelöst. Wie gesehen deutet Domins Gedicht die Wichtigkeit familiärer Bezüge als Elemente gegen Vereinsamung und Entfremdung an: Menschen brauchen „Spielzeug und Hochzeitslaken / und de[n] Platz / bei dem Sarg der Mutter“ (V. 12 – 14). Von diesen Bezügen ist man in einem anderen Land aber geografisch abgeschnitten. Dieses Gefühl der Fremdheit wird durch das der Liebe wie ebenfalls angesprochen abgemildert.

Insofern erfährt der Ich-Erzähler in Kafkas Kurzerzählung „Der Fahrgast“ eine noch drastischere Form der Fremdheit, die gleich im ersten Satz des Prosatextes in Form einer Antiklimax dargelegt wird. Er ist „vollständig unsicher in Rücksicht [s]einer Stellung in dieser Welt, in dieser Stadt, in [s]einer Familie“ (Z. 1 ff.). Hier können selbst Heimatstadt und Familie keinen Halt mehr bieten. Damit wird der Ich-Erzähler als selbstentfremdet präsentiert. Während einer simplen innerstädtischen Straßenbahnfahrt, keiner Zugreise in einem fremden Land, wie sie in Domins Gedicht Erwähnung findet (vgl. V. 33), wird ihm plötzlich ohne ersichtlichen Grund bewusst, dass es für seine Existenz, seine durchaus symbolisch zu verstehende Fahrt in der Straßenbahn (vgl. Z. 10 ff.), keine Begründung und, viel schlimmer, keine Legitimation gibt: „Auch nicht beiläufig könnte ich angeben, welche Ansprüche ich in irgendeiner Richtung mit Recht vorbringen könnte.“ (Z. 4 ff.) Sein Leben geschieht, ohne dass es jemand verlange (vgl. Z. 13 f.). Wie das lyrische Ich in Domins Gedicht hat damit auch der Ich-Erzähler der Kafka-Erzählung seine Heimat verloren – doch hat er sein Vaterland und seine Muttersprache gar nicht verlassen. Ihn verlässt das Gefühl, zu Hause zu sein und dazuzugehören, die Fahrt mit der Tram wirft ihn gleichsam aus der Bahn.

Bei Domin gehen die Mitspracherechte dadurch verloren, dass man das Leben als Exilantin wegen Repression, Gewalt und Mord im Heimatland wählen musste. Als „Fremder“ wird man von den anderen ausgegrenzt, die sich sogar wundern, dass man ihre Sprache spricht (vgl. V. 17 ff.). Die Betonung durch die wörtliche Rede, die Alliteration und die Verwendung des Possessivpronomens „[u]nsere“ (V. 17) am Strophenanfang suggeriert eine

Hinweise

Nennung des Vergleichstextes

Betonung der Unterschiede: Fremdheit in der Ferne vs. Selbstentfremdung innerhalb der Familie

Hinweis auf unterschiedliche Textgattungen

Einsatz des Konjunktivs bei der indirekten Redewiedergabe

Fremdheit wegen Heimatverlusts vs. Unbestimmtheit der Ursachen

fast feindselige Haltung der Einheimischen und die Verwendung „ihre[r] Sprache" (V. 21) als eine Anmaßung.
Der Ich-Erzähler bei Kafka hingegen wird nicht ausgegrenzt. Sein Gefühl der Fremdheit basiert eher auf Selbstreflexion und einem Gefühl der „[G]leichgültig[keit]" (Z. 14). Ungeklärt bleibt, wer sie wem entgegenbringt: der Ich-Erzähler der Welt oder die Welt dem Ich-Erzähler. Es ist also völlig offen, was die Ursache für des Fremdheitsgefühl sich selbst gegenüber ist. Fest steht, dass Kafka dieses Thema immer wieder bearbeitet hat, bekanntestes Beispiel ist wohl die Erzählung „Die Verwandlung", in der die Hauptfigur Gregor Samsa über Nacht zum Käfer und damit Ungeziefer mutiert.

Einbau von Wissen zu Autor und dessen Literatur

Ebenso wie Samsa ist der Ich-Erzähler in „Der Fahrgast" im Grunde seiner Existenz zutiefst verunsichert. Aus diesem fundamentalen Gefühl der Fremdheit gegen sich selbst sieht er die umgebenden Menschen und Dinge mit ganz anderen Augen. Ihm fällt ein Mädchen auf, dessen Erscheinung er in allen Einzelheiten wahrnimmt (vgl. Z. 16–31). Die Betrachtung ist so intensiv, dass er räsoniert, ihm komme es vor, als habe er sie „betastet" (Z. 18), weil auch sie in seiner Wahrnehmung zu einem fremden Geschöpf wird, das er neugierig erforscht. Wie Domins lyrisches Ich sieht, fühlt und reflektiert der Ich-Erzähler viel, weiß jedoch nicht, wie er angemessen auf seine mannigfaltigen Eindrücke reagieren soll. „[V]erwehte Härchen an der rechten Schläfe " (Z. 27 f.) sowie der „Rücken" (Z. 30) der rechten, eng anliegenden „Ohrmuschel und [deren] Schatten an der Wurzel" (Z. 30 f.) werden zu faszinierenden und enttarnten Geheimnissen. Quasi als Fazit wundert es den Erzähler in einer Art Rückschau, dass die Beobachtete nicht „über sich verwundert ist" (Z. 33). Einen direkten Austausch über Kommunikation scheint der Beobachter gar nicht erwogen zu haben, ist trotzdem erstaunt über die Kommunikationslosigkeit seiner Mitfahrerin (vgl. Z. 33 f.).
Auch Domins lyrisches Ich nimmt seine Umwelt aufgrund seiner Exilerfahrung wie oben ausgeführt in besonders kritischer Weise wahr. Auch hier wird Kommunikation thematisiert. Sie findet allerdings noch statt, wenngleich auf eine oberflächlichere Art und Weise, als das lyrische Ich es sich wünscht. Das als stereotyp empfundene Wundern über die Beherrschung der Sprache des Gastlands (vgl. V. 17 ff.) ist hier ebenso erwähnenswert wie die Andeutung, sich immer wieder mit „Kellner[n]" (V. 29) unterhalten zu müssen. Die vielen Passivkonstruktionen bei der Beschreibung des Alltagslebens deuten eine gewisse

Gemeinsamkeit: Von jeweiliger Lebenssituation beeinflusster Blick auf die Umwelt

Spezifizierung des allgemeinen Gedankens am Beispiel der Kommunikationslosigkeit

wieder Aufdeckung des Zusammenhangs zwischen Sprache und Inhalt

Beziehungslosigkeit zu den das lyrische Ich umgebenden Menschen an.

Schreibvorgang als Therapie gegen Entwurzelung und zur Warnung

Abrundung: Frage nach Verarbeitung autobiografischer Elemente in Literatur

[4] Es stellt sich die Frage, wozu das Verfassen der beiden unterschiedlichen Texte gedient haben könnte, zumal beide autobiografische Elemente beinhalten. Kafka schrieb sich in seinen Texten wohl Probleme mit einer dominanten Vaterfigur und mit dem anderen Geschlecht von seiner gepeinigten Seele. Domins Text ist dagegen eher als Versuch zu werten, den Heimatverlust und den Neuanfang in der Fremde durch den Schreibvorgang gleichsam therapeutisch aufzuarbeiten. Bezogen auf die aktuelle Flüchtlingssituation bleibt festzuhalten, dass man aus Domins Gedicht lernen kann, dass es für die der Heimat beraubten Menschen neben Unterkunft und Sprachkurs etwas ebenso Wichtiges gibt, das ihnen oft vorenthalten wird: die Möglichkeit, selbstbestimmt leben zu dürfen.

Rahmenthema 4: Vielfalt lyrischen Sprechens (länderübergreifende Aufgabe)

Johann Wolfgang Goethe / Steffen Jacobs

erhöhtes Anforderungsniveau

Aufgabenarten: Gedichtinterpretation & Gedichtvergleich

Aufgabenstellung

1. Interpretieren Sie das Gedicht „Neue Liebe, Neues Leben." von Johann Wolfgang Goethe.

2. Vergleichen Sie die Gestaltung des Liebeserlebnisses in Goethes Gedicht mit der Gestaltung des Liebeserlebnisses in Steffen Jacobs' Gedicht „Begegnung". Berücksichtigen Sie dabei sowohl inhaltliche als auch sprachliche Aspekte.

Materialgrundlage

- Johann Wolfgang Goethe: Neue Liebe, Neues Leben. Aus: J. G. Jacobi & J. J. W. Heinse (Hgg.): Iris. Vierteljahresschrift für Frauenzimmer. Des zweyten Bandes drittes Stück, 3. März 1775. Düsseldorf: Haude & Spener, S. 242 f.
- Steffen Jacobs: Begegnung. Aus: Ders., Der Alltag des Abenteurers. Gedichte. Frankfurt a. M.: S. Fischer 1996, S. 17

Hinweis

Die Aufgabenstellung und die Materialien entsprechen der bei NIBIS veröffentlichten „Musteraufgabe Deutsch", die für 2017 und 2018 identisch ist. Den entsprechenden Link finden Sie im Tippkasten im Anschluss an die Musterklausur.

M1 Neue Liebe, Neues Leben. (1775) *Johann Wolfgang Goethe*

Text in alter Rechtschreibung

Herz, mein Herz, was soll das geben,
Was bedränget dich so sehr?
Welch ein fremdes neues Leben!
Ich erkenne dich nicht mehr.
Weg ist alles, was du liebtest,
Weg, worum du dich betrübtest,
Weg dein Fleis und deine Ruh;
Ach! wie kamst du mir dazu?

Feßelt dich die Jugendblüthe?
Diese liebliche Gestalt,
Dieser Blick voll Treu und Güte,

Mit unendlicher Gewalt?
Will ich rasch mich ihr entziehen,
Mich ermannen[1], ihr entfliehen;
Führet mich im Augenblick
Ach! mein Weg zu ihr zurück.

Und an diesem Zauberfädchen,
Das sich nicht zerreißen läßt,
Hält das liebe lose[2] Mädchen
Mich so wider Willen fest;
Muß in ihrem Zauberkreise
Leben nun auf ihre Weise.
Die Verwandlung, ach! wie groß!
Liebe! Liebe laß mich los!

Anmerkungen

1 ermannen: sich zusammenreißen, sich überwinden
2 lose: munter, scherzhaft, leichtfertig, schalkhaft, mutwillig

M2 Begegnung (1996) *Steffen Jacobs*

Text in alter Rechtschreibung

Zwischen uns ist was. Das bringts:
Zwei Körper aufs schärfste verzahnt.
Gleich als ich dich sah, habe ich es geahnt:
Zwischen uns ist was. Da wird noch was draus.

Zwischen uns war was. Das wars:
Wir haben uns kaum in die Augen geschaut.
Nur unter den Nägeln ein Abrieb von Haut.
Zwischen uns war was. Das war dann wohl nichts.

War da noch etwas? Ach was.
Wer redet mir hier ins Gewissen?
Ich weiß nichts von dir und will auch nichts wissen.
Da wär was gewesen? Das wüßte ich aber.

Beispiellösung

Beispiellösung Teilaufgabe 1

In seinem Gedicht „Neue Liebe, Neues Leben." aus dem Jahr 1775 bringt Johann Wolfgang Goethe die in der gefühlsbetonten Epoche des Sturm und Drang prägenden Bedürfnisse nach lebensveränderndem Liebeserleben, grenzenloser Freiheit und

Hinweise

Einleitung:
Angaben zum Text,
Thema des Gedichts

Selbstbestimmung zum Ausdruck. Eher untypisch für die Epoche ist allerdings die relativ analytische Reflexion über deren Widersprüchlichkeit.

Im Gedicht wird die radikale Veränderung im Leben eines frisch verliebten männlichen lyrischen Ichs thematisiert, das seine durch die Liebe gewandelte Lebenssituation in einer Art Selbstgespräch mit zahlreichen Fragen und Antworten reflektiert und zum Ergebnis kommt, der magischen Anziehungskraft der Geliebten so sehr erlegen zu sein, dass die Bindung an sie als Fremdbestimmung und sogar Selbstverlust empfunden wird.

Gedichtganzes, Redesituation, stilistische Auffälligkeiten, epochentypische Themen (absolute Hingabe, grenzenlose Freiheit) als erster Deutungsansatz

Goethes Jugendgedicht besteht aus drei Strophen mit jeweils acht Versen. Es ist durchgängig in vierhebigen Trochäen verfasst, eine Regelmäßigkeit, die in Kontrast zur augenscheinlichen Gefühlsverwirrung des lyrischen Ichs steht. Die jeweils ersten vier Verse einer Strophe weisen einen Kreuzreim auf und die vier folgenden Verse einen Paarreim, was die oben skizzierte Dichotomie bereits formal widerspiegelt. Die Kadenzen passen sich diesem Reimschema an, denn sie treten in allen drei Strophen nach dem gleichen Schema auf: Die ersten, dritten, fünften und sechsten Verse haben weibliche, die anderen männliche Kadenzen, was durchaus als Anspielung auf die unterschiedliche geschlechtsspezifische Deutung der aus Liebe erwachsenden Konsequenzen begriffen werden kann. Die Dramatik des Gefühlslebens spiegelt sich zudem im dynamischen Rhythmus des Gedichts, der maßgeblich durch die zahlreichen Enjambements und Interjektionen beeinflusst wird.

Bedeutung der Form: Metrum, Reimschema, Kadenzen, Rhythmus

Bereits die Überschrift des Gedichts „Neue Liebe, Neues Leben." kündigt die später vom lyrischen Ich als bedrohlich empfundene Ausweitung des Liebeserlebens auf die gesamte Existenz an. Allerdings konnotiert der Leser diese expansive Kraft zunächst positiv, was in den folgenden drei Strophen revidiert wird.

Untersuchung der Gedankenführung: vorausweisende Überschrift

Das Gedicht lässt sich entsprechend der Strophengliederung in drei Sinnabschnitte unterteilen: Mit der ersten Strophe reflektiert Goethe die Irritation des lyrischen Ichs angesichts der radikalen Wandlung seines bisherigen Lebens durch die Liebe. Die darauf aufbauende Verwunderung angesichts der Anziehungskraft der Geliebten und über seine vergeblichen Loslösungsversuche werden in der Mittelstrophe thematisiert. Als Fazit konstatiert das lyrische Ich die Ausweglosigkeit der aktuellen Lebenssituation angesichts der als magisch vorgestellten Bindungskraft des Mädchens in der Schlussstrophe.

Gliederung
Formulieren der Kerngedanken der Gliederungspunkte, hier identisch mit den Strophen

Bereits die Wiederholung des Adjektivs „neu" und die eingesetzte Alliteration bzw. Anapher in der Überschrift betonen die unausweichliche Zusammengehörigkeit von Liebe und Lebensverände-

Deutung sprachlich-inhaltlicher Besonderheiten: Überschrift

rung. Allerdings deutet die fehlende Verbundenheit im Rahmen des Asyndetons auf eine gewisse Spannung hin.

Diese wird in der ersten Strophe durch im Rahmen einer Selbstanalyse an das eigene „Herz" (V. 1) gestellte Fragen und einen Ausruf verschärft. Die am Gedichtanfang doppelt platzierte Nennung des Organs, beim zweiten Mal mit einem davorgesetzten Possessivpronomen, um eine Verwechslung mit dem Herz der Geliebten auszuschließen, belegt, dass der Muskel ganz traditionell als Pars pro Toto für das menschliche Gefühlserleben betrachtet und als Ansprechpartner für eine Art Selbstgespräch genutzt wird. Neben dem Gefühl der Bedrängnis (vgl. V. 2) dominiert das der Selbstentfremdung: In einer Ellipse wird die veränderte Existenz als „fremdes neues Leben" (V. 3) gesehen, was in dem Zwischenfazit mündet, das lyrische Ich „erkenne [sich selbst] nicht mehr" (V. 4). Die zweite Strophenhälfte unterstreicht das Gesagte mit einem indirekten Vergleich zwischen der gegenwärtigen Situation und der als positiv empfundenen Vergangenheit, die durch die Verwendung des Präteritums Eingang ins Gedicht findet (vgl. V. 5 f. und 8). Durch die Anapher „Weg" (V. 5 ff.) unterstrichen, wird aufgezählt, was das lyrische Ich alles verloren hat. Die antithetische Gegenüberstellung von Geliebtem (vgl. V. 5) und Betrüblichem (vgl. V. 6) untermalt das enorme Ausmaß des Verlusts. Das ganze Wertesystem scheint auf den Kopf gestellt. Das Gefühl des Bedauerns wird durch die Interjektion „Ach!" (V. 8) und die Abschlussfrage nach der noch unbekannten Ursache der Umwälzung (vgl. ebd.) verstärkt.

erste Strophe: allgemeine Einordnung
Details der Textgestaltung benennen und untersuchen: Leserperspektive, Schreibstrategie des Autors, Auffälligkeiten, Schlüsselwörter und -formulierungen

Eine rhetorische Frage am Anfang der zweiten Strophe gibt Antwort, immer noch leichte Zweifel ausdrückend: Den jungen Mann „[f]eßelt [...] die Jugendblüthe" (V. 9), die Vereinnahmung durch die Geliebte wird also metaphorisch gedeutet. Dabei wird den positiven Eigenschaften der jungen Frau, der „liebliche[n] Gestalt" (V. 10), ihrer „Treu und Güte" (V. 11), antithetisch die „unendliche[...] Gewalt" (V. 12) ihrer Anziehungskraft gegenübergestellt, was durch die Hyperbel dramatisiert wird. Angesichts dieser Feststellungen lodert wie ein Strohfeuer Widerstandsgeist beim lyrischen Ich auf. Mit einer Inversion, die den Willen (vgl. V. 13) betont, äußert es in einer Klimax die Absicht, die Beziehung durch Entzug, durch Überwindung, ja sogar durch Flucht zu beenden (vgl. V. 13 f.). Sofort fügt sich der junge Mann aber wieder in den Determinismus, da sein „Weg" ihn wie eine auf Liebessehnsucht basierende Naturgesetzmäßigkeit sofort „zu ihr zurück" führe (beide: V. 16). Die Satzumstellung betont diesmal die Passivität des Geführtwerdens (vgl. V. 15 f.). Zum zweiten Mal wird die Gefühlsbetonung der Reflexion durch die Interjektion

zweite Strophe: in Fortsetzung des Gedankengangs neuen Aspekt aufgreifen; wiederum Einordnung der Strophe, methodisch wie oben

„Ach!" (V. 16) verstärkt, wobei der Ausruf noch auffälliger ist als der erste, da er den Lesefluss des Enjambements zerstört.
Die durch die bisherigen Fragen ausgedrückte Unsicherheit bezüglich der Umstände und Ursachen der ambivalenten Lebenssituation ist in der dritten Strophe überwunden. Hier sind klare Aussagesätze formuliert. Gleichsam als Entschuldigung für den fehlenden Durchsetzungswillen werden der Geliebten übernatürliche Fähigkeiten zugewiesen: durch das bildhafte Instrument des unzerreißbaren „Zauberfädchen[s]" (V. 17 f.), mit dem es das lyrische Ich – durch die Alliteration betont – „wider Willen" festhalte (vgl. V. 19 f.), und die Charakterisierung seines eingeschränkten Bewegungsradius mit der Metapher des „Zauberkreise[s]" (V. 21). Die Magie als Grundlage für die Unmöglichkeit des Widerstands wird zudem durch den zweimaligen Gebrauch des Diminutivs unterstrichen. Wenn ein „Mädchen" (V. 19) mit einem „Zauberfädchen" (V. 17) einen Mann fesseln kann, muss Übernatürliches im Spiel sein. Die Analyse der als ausweglos dargestellten Fremdbestimmung erreicht ihren Höhepunkt, wenn elliptisch unter symbolischer Weglassung des Ichs das Modalverb „Muß" (V. 21) am Versanfang die Verpflichtung suggeriert, sich ganz an die Lebensweise der jungen Frau anzupassen (vgl. V. 22). Das Gedicht endet fast wehklagend mit zwei Ausrufen des lyrischen Ichs, das die Intensität seiner „Verwandlung" (V. 23) kritisiert. Dabei betont die Ellipse zusammen mit dem erneuten Gebrauch der Interjektion „ach!" (V. 23) die emotionale Aufgeladenheit der letzten Worte des lyrischen Ichs. Der letzte Vers des Liebesgedichts endet mit der Dopplung des Begriffs „Liebe" (V. 24), wobei allerdings unklar bleibt, ob es als Abstraktum gebraucht den Gefühlszustand oder als Konkretum die junge Frau meint. Jedenfalls endet Goethes lyrisches Jugendwerk mit dem Imperativ „laß mich los!" (V. 24): einem emotionalen Hilferuf nach Freiheit.

dritte Strophe: Analogie in der sprachlichen Ausformung

beim Zitieren sind Ergänzungen in eckigen Klammern erlaubt; methodisch wie oben

Damit steht fest, dass das lyrische Ich in seiner Bilanz zur aktuellen Lebenssituation die Überwältigung und Bedrohung durch das Liebesverhältnis in den Fokus rückt.
Schlagworte hierfür sind die Bedrängung (vgl. V. 2), Fesselung (vgl. V. 9) und das Festgehaltenwerden (vgl. V. 19 f.) bei gleichzeitigem Drang zur Flucht (vgl. V. 14), die das lyrische Ich empfindet. Die Liebe wird aber nicht nur als alles beherrschende Kraft charakterisiert, die Selbstverlust und Vereinnahmung bis zur Gefangenschaft hervorruft. Denn gleichzeitig zeichnet Goethe sie in seinem Gedicht durch die Beschreibung des geliebten Menschen als schön (vgl. V. 9 ff.), anziehend und zauberhaft (vgl. V. 17 ff.). Im Grunde spiegelt das Gedicht die geschlechtsspezifischen Rollenerwartungen der Goethe-Zeit – allerdings sehr

abschließende Stellungnahme: Rückbezug auf Analyseergebnisse; Einordnung in Epoche, Darstellung der eigenen Leserperspektive, um persönlichen Erkenntnisgewinn einzubringen

einseitig aus der Sicht eines jungen Mannes. Die Rebellion seiner Epoche gegen bestehende gesellschaftliche Verhältnisse wird hier jedoch meines Erachtens zu einem egoistischen Gejammer darüber, durch eine Liebschaft auch Verantwortung übernehmen zu müssen. Da ist es anscheinend einfacher, sich als Marionette in den Händen einer zauberhaft-mächtigen Freundin zu sehen, anstatt die Möglichkeit zu erkennen, durch klärende Worte Freiräume zu realisieren. Doch lieber spricht das lyrische Ich über seine Geliebte statt mit ihr.

Beispiellösung Teilaufgabe 2

Das ist bereits der erste Unterschied zwischen dem Goethe-Gedicht und dem 1996 verfassten lyrischen Text „Begegnung" von Steffen Jacobs, in dem die Erfahrung der Flüchtigkeit einer rein sexuellen Paarbeziehung thematisiert wird. Dabei ist sowohl das Thema der Unverbindlichkeit der Beziehung als auch die verwendete Alltagssprache signifikant für Gegenwartsliteratur.
Trotz der skizzierten Unterschiede zum Goethe-Text fallen auch Gemeinsamkeiten ins Auge: Bereits die Schreibsituation ist identisch. Ein lyrisches Ich bilanziert eine Zweierbeziehung. In beiden Gedichten herrscht zwischen dem jeweiligen Paar große Anziehungskraft, bei Goethe durch ein gleichsam magisches Erleben überhöht, bei Jacobs eher auf körperliche Leidenschaft (vgl. V. 2 und 7) konzentriert. Allerdings ist das Liebeserlebnis in beiden Texten ambivalent dargestellt. Bei Goethe ist das Gefühl der Fremdbestimmung dominierend, bei Jacobs die Erfahrung der Endlichkeit des sexuellen Liebesrausches und eine damit einhergehende Belastung des „Gewissen[s]" (V. 10).
Damit sind aber bereits die Unterschiede zwischen dem Sturm-und-Drang-Text und dem Gegenwartsgedicht angesprochen. Das lyrische Ich erfährt die Liebe in Letzterem als kurzfristige sexuelle Beziehung, deren zeitliche Begrenztheit durch den Wechsel vom Präsens aus der ersten Strophe in das Präteritum des restlichen Gedichts ausgedrückt wird. Das Paar passt in seinem Liebesspiel sexuell anfangs scheinbar perfekt zueinander, was durch die Metapher aus dem Technikbereich und den Superlativ stark unterstrichen wird: Die „Körper [sind] aufs schärfste verzahnt" (V. 2). Nach dem Sex bleibt „unter den Nägeln ein Abrieb von Haut" (V. 7), was auf die Intensität der Vereinigung hindeutet. Goethes eher mit traditionellen Bildern der Liebeslyrik (Herz, Zauber, Betrübnis, Fesselung, Jugendblüte usw.) arbeitende Gedicht dagegen bezieht sich auf die Erfahrung einer allumfassenden Liebe, die auf alle Lebensbereiche Einfluss hat. Während sich das lyrische Ich hier den positiven wie negativen Aspekten

Hinweise

Überleitung

Kontrastierung der Ansätze

Kurzeinführung in neues Gedicht

Gemeinsamkeiten: Argumentation mit Belegstellen und Zitaten von Schlüsselbegriffen

Unterschiede: Liebe als sexuelle Beziehung, verifiziert mit Zitaten von Schlüsselstellen

Gegenüberstellung der allumfassenden Liebe im Goethe-Text

des Liebesgefühls stellt, versucht das lyrische Ich bei Jacobs, seine Gefühle zu verdrängen. Dies wird bereits dadurch deutlich, dass der enttäuschende Beziehungsverlauf recht unsensibel auf der Ebene des Wortspiels abgehandelt wird. In der ersten Strophe ist die Liebesbeziehung noch ausbaufähig. „Zwischen uns ist was", betont das lyrische Ich zweimal (V. 1 und 4), um überzeugt zu urteilen: „Da wird noch was draus" (V. 4), was den gerade zuvor geäußerten Aussagesatz im Grunde einschränkt. In der nächsten Strophe ist die positive Anfangseinschätzung perdu, denn das lyrische Ich sagt ebenfalls zweimal in der Vergangenheitsform aus: „Zwischen uns war was" (V. 5 und 8). Durch die Beendigung der Affäre wird in den folgenden Strophenenden sogar deren Existenz an sich infrage gestellt: „Das war dann wohl nichts" (V. 8), wird zunächst lapidar ausgesagt. Durch die Verwendung des Konjunktivus irrealis ins Unwirkliche gesteigert: „Da wär was gewesen? Das wüßte ich aber" (V. 12), urteilt das lyrische Ich fast trotzig, als hätte sich seine verflossene Sexualpartnerin beschwert. Für diese Sichtweise spricht auch, dass sich das lyrische Ich die Frage stellt, wer ihm „hier ins Gewissen" (V. 10) rede. Es selbst ist aber sicher, dass es von seiner Affäre nichts Persönliches „weiß [...] und [...] auch nichts wissen" wolle (V. 11), wodurch die Beziehung sehr ichbezogen banalisiert wird. Mit dieser einfachen Sicht auf zwischenmenschliche Beziehungen korrespondiert auch der simple, teilweise umgangssprachliche Stil des modernen Textes. Beleg hierfür sind kontrastiv gegenüberstehende Wortverschmelzungen in „Das bringts" (V. 1) und „Das wars" (V. 5). Interessant bei dem Vergleich von Goethes und Jacobs' Gedichten ist, dass zwei männliche Sichtweisen auf das Thema Liebe vorzufinden sind, die das Phänomen auf Fremdbestimmung und Sex fokussieren. Schade, dass Männer als derart bindungsunfähig dargestellt werden.

Kontrastierung der Bewältigungsstrategien: Reflexion vs. Verdrängung

Analyse des Wortspiels als Beleg für Leichtfertigkeit in der Beziehung

Einarbeitung eigener Sichtweisen unter argumentativer Einbeziehung des Textes

Verquickung von Inhalts- und Sprachanalyse mit passenden Zitaten

Fazit: weiterführender Vergleichsaspekt mit persönlichem Resümee

TIPP

Unter https://www.nibis.de/uploads/1gohrgs/20150713MusteraufgabeDE2017.pdf wird die Aufgabenart genau erläutert. Dort finden Sie auch Angaben zum Erwartungshorizont und Schreibhinweise für Schüler.

Rahmenthema 5: Literatur und Sprache von 1945 bis zur Gegenwart

Jenny Erpenbeck: Gehen, ging, gegangen

erhöhtes Anforderungsniveau

Aufgabenarten: Interpretation & Erörterung literarischer Texte (Epik)

Aufgabenstellung

1. Interpretieren Sie den vorliegenden Romanauszug.

2. Beurteilen Sie – ausgehend von Ihren Interpretationsergebnissen –, ob es der Autorin gelingt, die Flüchtlinge als Individuen darzustellen. Beziehen Sie in Ihre Argumentation Ihnen bekannte Rezensionen des Romans sowie Ihre weitere Textkenntnis mit ein.

Materialgrundlage

Jenny Erpenbeck: Gehen, ging, gegangen. München: Penguin Verlag 2017, S. 301 – 310

Gehen, ging, gegangen (2015) *Jenny Erpenbeck*

Kapitel 51

[...] Der Anwalt des langen Ithemba ist sehr stolz auf sein Römisches Recht. Als er aufsteht, um Ithembas Akte zu holen, sieht Richard, dass er tatsächlich einen Bratenrock[1] trägt, die Schöße des musealen Kleidungsstücks sind schon etwas angegraut, aber wehen frisch im Wind, dessen Ursprung in diesem stickigen, dunklen Büro kaum erklärlich ist. In Deutschland isst man Papier, sagt der Anwalt und fängt an zu kichern, während er sich wieder setzt und seine Ärmelschoner zurechtschiebt. Man isst Papier!, bricht es aus ihm hervor, vor Lachen hat er nun Tränen in den Augen. Er sieht Richard und Ithemba erwartungsvoll an, aber Ithemba lacht nicht zurück, weil er nicht versteht, was der Anwalt da sagt, und Richard fragt sich, ob der Anwalt auf das Bezug nimmt, was Ithemba gerade eben, im Vorzimmer zwischen Vietnamesen und Rumänen und anderen Afrikanern auf einem Klappstuhl sitzend, mit Blick auf die unzähligen Akten im Schrank der Sekretärin zu Richard gesagt hat: Papier kann man nicht essen. Aber wie sollte der Anwalt durch die doppelte Flügeltür, die zu seinem Büro führt, diesen Satz gehört haben? Zweiundsiebzig bin ich schon, sagt er jetzt, und sieht plötzlich irgendwie einem Uhu ähnlich, zweiundsiebzig!, und beginnt abermals zu kichern, als wäre es ein wirklich toller Streich, den er den Behörden hier spielt, längst könnte er schon in Rente sein, aber stattdessen erhebt er Einspruch dagegen, dass das Sozialamt dem oder jenem Asylbewerber nur 280 Euro zahlt statt der regulären 362, dass die Ausländerbehörde die italienischen Papiere der afrikanischen Flüchtlinge einbehält, um sie zur Ausreise zu zwingen, erst nach Vorlegung eines Tickets bekommen die Ausreisewilligen ihr Dokument an der jeweiligen Grenzstation wieder ausgehändigt: Das dürfen die gar nicht! Das ist ein italienisches Dokument! Und übrigens missfällt ihm ebenfalls sehr, dass ausgerechnet das hauptstädtische Bundesland Berlin, im Gegensatz zu anderen deutschen Städten, serbische Roma- und Sintifamilien mit kleinen Kindern bei Minusgraden in die Slums von Belgrad zurückschickt und nicht den anderswo üblichen Winteraufschub gibt. Aber das nur nebenbei. Schicken die Kinder zurück!, muss er trotzdem noch einmal rufen, die Kinder! Trost schenke der ganzen weiten Welt nur der neue Papst, nicht umsonst heiße er ja Franziskus: *Wo Barmherzigkeit und Klugheit sind, da ist nicht Verschwendung noch Täuschung!* Und von Franziskus kommt der Anwalt geradenwegs auf die alten Römer zu sprechen: *Tunc tua res agitur paries cum proximus ardet!*, höchst zufrieden ist er, als Richard zustimmend nickt und prompt die Übersetzung murmelt: Wenn das Haus deines Nachbarn brennt, geht es auch dich etwas an.

Der lange Ithemba sitzt währenddessen sehr still daneben, er versteht kein Wort von dem, was die Männer da reden, er weiß nicht, warum sie lachen, er muss einfach da sitzen und abwarten, ob es in seiner Angelegenheit irgendetwas zu tun oder zu bedenken gibt. Richard kann sehen, wie Ithemba angesichts der unzähligen Akten, die im Regal und auf den Tischen abgelegt sind, von Furcht ergriffen ist und nur deshalb so still sitzt. Hunderte bunter Klebezettel hängen den Akten aus den Mäulern heraus, auf hunderte existenzentscheidende besondere Umstände verweisend. Manchmal schon hat Ithemba gesagt, er habe einen Termin beim *social*, damit war das Sozialamt gemeint, oder bei *Hausländer*, damit war die Ausländerbehörde gemeint, aber es hat eine Weile gedauert, bis Richard begriff, dass allein die Erwähnung solcher Termine Ausdruck größten Entsetzens war. Ithemba, den zu kontrollieren kein Militärstreife an der Grenze zu Libyen sich erlaubt hat, der in der glühenden Hitze drei Tage zu Fuß durch die steinige Wüste gegangen ist, der am ersten Tag nach seiner Ankunft in Lampedusa gefordert hat, sofort zurückgebracht zu werden nach Libyen, nur leider war das den Italienern nicht möglich, Ithemba, der ein Glasauge hat und 1,90 Meter groß ist, wird von ein paar Buchstaben auf Amtspapier – rechts oben das Brandenburger Tor im Berliner Briefkopf, links unten ein Stempel mit Adler – in Schrecken versetzt. Und dabei kann er noch froh sein, dass er nicht versteht, was ihm da jeweils mitgeteilt wird: [...] *Das bedeutet, dass Sie bei Vorliegen der Abschiebefristvoraussetzungen jederzeit – auch vor dem o. g. Vorsprachetermin – abgeschoben werden können.* [...]

Schauen Sie, sagt nun der Uhu: Die geschriebenen Gesetze treten, je höher entwickelt eine Gesellschaft ist, an die Stelle des *common sense*. In Deutschland sind es nach meiner Einschätzung nur noch zwei Drittel aller Gesetze, die im Gefühlsleben des Volkes verankert sind. Ein Drittel sind bereits so hochentwickelte, reine Gesetze, so sauber formuliert, dass die gefühlsmäßige Grundlage überflüssig geworden und praktisch nicht mehr existent ist. Vor 2000 Jahren waren die Germanen das gastfreundlichste Volk, das es gab. Sie kennen doch sicher den schönen Abschnitt in Tacitus'[2] „Germania“ über die Gastfreundschaft unserer Vorfahren?

Ja, sagt Richard und nickt.

Wenn ich Ihnen die Passage kurz noch einmal in Erinnerung rufen darf?

Sie dürfen.

Der Anwalt steht auf, geht zu seinem Bücherregal, die Rockschöße wehen im unerklärlichen Bürowind, zieht den Tacitus aus dem Regal und schlägt das kleine

Buch an einer Stelle, an der ein Zettel eingelegt ist, auf.

Ithemba, der merkt, dass sich das Gespräch mit dem Anwalt dem Ende zuneigt, sammelt vorsichtig seine Papiere zusammen, schiebt sie sorgfältig übereinander und steckt sie zurück in die Mappe, die er extra dafür mitgebracht hat. [...]

Anmerkungen

1 scherzhafte Bezeichnung für einen Gehrock, der im 19. Jahrhundert zu feierlichen Anlässen (mit feinen Diners) gern getragen wurde und zu dem gut ein Zylinder, ein hoher, schwarzer Herrenhut, passt

2 römischer Historiker (55 n. Chr. – 120 n. Chr.)

Beispiellösung

Beispiellösung Teilaufgabe 1

Hinweise

Einleitungssatz: Textsorte, Titel, Autor, Zeit und Thema

knappe Inhaltsangabe; Klärung des Kontextes

Mit „Gehen, ging, gegangen" schrieb Jenny Erpenbeck 2015 einen Roman, der sich literarisch zu einem gesellschaftspolitisch hochaktuellen Thema äußert. Sie schreibt über die Situation afrikanischer Flüchtlinge in Berlin und knüpft ihre Handlung an Ereignisse auf dem Berliner Oranienplatz, zu denen sie gründlich recherchiert hat. Diese Recherchen überträgt sie auf ihren Protagonisten Richard, einen emeritierten Professor der Altphilologie, der kurz nach seiner Pensionierung ein einsames und von Gewohnheiten geprägtes Leben in seinem Haus an einem Brandenburger See führt und nicht weiß, wie er seine Zeit sinnvoll nutzen soll. Er verfolgt im Fernsehen die Geschehnisse am Berliner Oranienplatz, auf dem zahlreiche afrikanische Flüchtlinge campieren und für ihr Bleiben in Deutschland protestieren, und beschließt, die Besetzer des Platzes für ein privates Forschungsprojekt zu nutzen. Er entwirft einen Fragenkatalog für die Gespräche, die er mit den Flüchtlingen führen will. So lernt er diese kennen, stellt ihnen Fragen zu ihrer Geschichte und wird nach und nach vom Beobachter zum Unterstützer, bis er schließlich dem Flüchtling Osarobo Klavierunterricht in seinem Haus erteilt und einem weiteren Flüchtling, Karon, sogar ein Stückchen Acker in Ghana kauft, damit dessen Familie dort leben kann.

Überleitung zur vorliegenden Textstelle

Romankenntnis integrieren

Im 51. Kapitel wird erzählt, wie Richard den Flüchtling Ithemba zu einem Anwalt begleitet, um dessen Aufenthaltsstatus bzw. seine Chancen auf Asyl zu klären. „Der lange Ithemba" – so nennt Richard ihn, weil er 1,90 Meter groß ist und Richard allen Flüchtlingen zunächst Spitznamen gibt, um sich ihre Gesichter besser merken zu können – ist einer der vier Flüchtlinge, die Richard schon bei seinem ersten Besuch im Flüchtlingsheim kennenlernt. Auch Ithemba hat ihm seine Geschichte erzählt und als er zum Anwalt muss, verspricht Richard, ihn zu begleiten.

Im Vordergrund der vorliegenden Textstelle steht dann aber, neben Ithemba, vor allem der Anwalt, der von Richard genau beschrieben wird. Auch dieser erhält sogleich einen Spitznamen, denn als er sich vorstellt, sieht er für Richard „plötzlich irgendwie einem Uhu ähnlich“ (Z. 29 f.). Durch die in diesem Kapitel eingeführte Figur des Anwalts und die Art und Weise, wie sich Ithemba in dessen Büro verhält, legt Jenny Erpenbeck anschaulich dar, wie schwer die Situation der Flüchtlinge ist, deren letzte Hoffnung eine Aufenthaltsgenehmigung in Deutschland ist. Der Anwalt stellt, ähnlich wie Richard, einen Menschen dar, der inmitten all der Gesetze und Paragrafen zu helfen versucht und trotz seines Alters gegen die Hürden der Bürokratie ankämpft. Ithemba dagegen, der theoretisch in der Blüte seines Lebens steht und als stolzer und kämpferischer Mann charakterisiert wird, erscheint im Büro des Anwalts hilflos und ängstlich.

Schwerpunktsetzung für die Interpretation

Interpretations-hypothese

Der Auszug beginnt mit einer Beschreibung der äußeren Erscheinung des 72-jährigen Anwalts, der wie Richard in Rente sein sollte, aber offensichtlich Spaß daran hat, den Behörden gewissermaßen Streiche zu spielen (vgl. Z. 32), indem er sich mit Einsprüchen und Klagen für die Rechte von Asylbewerbern einsetzt. Durch seine wenig moderne Kleidung (er trägt einen Gehrock aus dem 19. Jahrhundert) und sein seltsames Verhalten zu Beginn des Gesprächs macht der Anwalt zunächst keinen besonders guten Eindruck auf den Leser. Als Richard und Ithemba in seinem Büro sind, bezieht er sich scheinbar auf etwas, das Ithemba im Vorzimmer sagte und das ihn stark amüsiert. Er muss kichern und schließlich laut lachen. Dabei wirkt er wie ein kleines Kind, das den Ernst der Lage nicht erkennt. Der Leser entwickelt sogleich Mitgefühl für Ithemba, denn dieser „lacht nicht zurück, weil er nicht versteht, was der Anwalt da sagt“ (Z. 16 ff.). Ithemba wirkt hilflos und es entsteht der Eindruck, als lache der Anwalt ihn aus. Aber der Anschein entspricht nicht dem wirklichen Charakter, denn der Anwalt „beginnt abermals zu kichern“ (Z. 30 f.), als er erzählt, dass er schon in Rente sein müsste, sich aber noch immer für die Rechte der Asylbewerber einsetze. Dies bereitet ihm offensichtlich Freude, zeigt aber zugleich, dass er sehr menschenfreundlich ist und dabei keinen Unterschied innerhalb seiner Mitmenschen macht. Er möchte afrikanischen Flüchtlingen ebenso helfen wie serbischen Familien. Eingebettet in die Wiedergabe seiner Äußerungen ist die Kritik am Prozedere der deutschen Bürokratie,

Textanalyse und Interpretation

Charakterisierung des Anwalts

die z. B. italienische Dokumente einbehält, um Flüchtlinge zur Ausreise zu zwingen. Dieses Vorgehen ist illegal und wenn der Anwalt ausruft: „Das dürfen die gar nicht!“ (Z. 43 f.), wirkt dies durch die Wortwahl und die Emphase zwar erneut wie das trotzige Verhalten eines Kindes, aber der Leser fühlt Empathie angesichts dieser Ungerechtigkeit und beginnt, den Anwalt zu mögen, der sich trotz seines hohen Alters für Gerechtigkeit und Humanität einsetzt. Der Anwalt ist nun tatsächlich der „weise Uhu“, den Richard gleich in ihm sah und der aufgrund seines umfangreichen Wissens die aktuelle Lage am besten einschätzen kann. Insgesamt entsteht das Bild eines Gutmenschen, der einer anderen Zeit entsprungen zu sein scheint und so gar nicht in die raue und gefühllose Umgebung einer Anwaltskanzlei passt. Sein kindlich-trotziges und nur scheinbar naives Aufbegehren bildet einen auffälligen Kontrast zu der reinen Objektivität und Sachlichkeit der Kanzlei, in der, so erklärt der Anwalt später, „hochentwickelte, reine Gesetze“ (Z. 115 f.) an die Stelle des Common Sense getreten seien. Diese Gesetze seien „so sauber formuliert, dass die gefühlsmäßige Grundlage überflüssig geworden und praktisch nicht mehr existent“ sei (Z. 116 f.).

Integration erzähltechnischer Besonderheiten

Auch eine genauere Betrachtung der Kleidung des Anwalts unterstützt diese Interpretation. Sein Gehrock ist schon lange nicht mehr modern und bereits „etwas angegraut“ (Z. 6), weht aber frisch in einem Wind, dessen Ursprung Richard in dem dunklen und stickigen Büro nicht entdecken kann (vgl. Z. 7 ff.). So wird deutlich, dass in dem Büro alle Fenster geschlossen sind und dass die „frische“ Bewegung des Rockes vor allem symbolische Bedeutung hat. Der Anwalt ist zwar alt, bringt aber noch frischen Wind in die Kanzlei. Dies bestätigt sich in seinen Ansichten: Es gefällt ihm z. B. auch nicht, dass Berlin zugewanderte Kinder ohne Bleiberecht auch im Winter in ihre frostige Heimat zurückschickt, obwohl andere Bundesländer einen Winteraufschub gewähren. In seine Sprache kommt bei dieser Thematik ebenso viel Bewegung wie in sein Gemüt: „Schicken die Kinder zurück!, muss er [...] noch einmal rufen, die Kinder!“ (Z. 53 ff.).

Symbolik

Die Erzählungen des Anwalts werden in die Darstellung des personalen Erzählers Richard integriert, der diese in indirekter Rede wiedergibt. Gemeinsam mit Ithemba sitzt er im Büro des Anwalts und hört diesem zu. Der Leser erlebt das Geschehen aus Richards Sicht, sodass er nahezu das Gefühl hat, selbst im Büro des Anwalts zu sitzen und unmittelbar an den Vorgängen teilzuhaben. Auch Richard scheint den Anwalt zu mögen, wenn er „zustimmend nickt“ (Z. 63), als dieser die alten Römer zitiert.

Erzähltechnik; Rolle des Erzählers

Es wird deutlich, dass sich der Anwalt und Richard auf einer Wellenlänge befinden. Beide Männer sind nicht nur im Rentenalter und verfügen über einen sehr hohen Bildungsgrad, sondern ähneln sich auch in ihren Ansichten zur aktuellen Flüchtlingsproblematik und haben sich im Alter entschlossen, sich für die Rechte der Flüchtlinge einzusetzen.

Figurenkonstellation

„Der lange Ithemba sitzt währenddessen sehr still daneben, er versteht kein Wort von dem, was die Männer da reden, er weiß nicht, warum sie lachen, er muss einfach da sitzen und abwarten" (Z. 67 ff.): Ithemba übernimmt in dieser Textstelle eher eine Nebenrolle, da er nur sitzen und zuhören kann. Dass er nicht versteht, worüber die Männer reden, macht die Situation nicht leichter. Der Besuch beim Anwalt ist ihm deutlich unangenehm und schon beim Warten im Vorzimmer zeigt sich, dass er sich inmitten all dieser Bildung und Bürokratie unwohl fühlt. „Papier kann man nicht essen" (Z. 24 f.), sagt er zu Richard, als er einen Schrank voll Akten sieht, und macht damit mehr als deutlich, wie unnötig die deutsche Bürokratie im Kampf um Leben und Tod ist. Stolz erinnert Richard daran, wie Ithemba auf seiner Flucht „in der glühenden Hitze drei Tage zu Fuß durch die steinige Wüste" (Z. 90 ff.) ging und sich an der Grenze zu Libyen auch von Soldaten nicht aufhalten ließ.

Charakterisierung Ithembas

Interpretation des Verhaltens

Die affirmative Haltung des Erzählers erzeugt Mitgefühl beim Leser, welches durch die Tatsache, dass dieser Mann, der so viel durchlitten hat, nun Angst vor der deutschen Bürokratie hat, weiter verstärkt wird. Schon vorher hatte Ithemba Termine beim Sozialamt oder bei der Ausländerbehörde und Richard betont, „dass allein die Erwähnung solcher Termine Ausdruck größten Entsetzens war" (Z. 86 ff.) und der Anblick der Akten ihn „in Schrecken versetzt[e]" (Z. 101). Auch sprachlich wird dies verstärkt, indem der Erzähler die Akten personifiziert, aus deren „Mäulern" (Z. 78) viele bunte Klebezettel heraushängen, die „auf hunderte existenzentscheidende besondere Umstände" verweisen (Z. 78 ff.). Gleichzeitig ironisiert die Personifikation die Aufgabe der Akten und damit die deutsche Bürokratie durch den Hinweis darauf, dass bunte Klebezettel eventuell über Leben und Tod entscheiden.

Haltung des Erzählers

Berücksichtigung sprachlicher Besonderheiten

Erkennbar ist hier auch die Tragik, die dem gesamten Anwaltsbesuch innewohnt. Richard hilft einem Menschen, der sich in einer Situation befindet, in der er sich nicht selbst helfen kann. Zumindest versucht Richard, ebenso wie der Anwalt, zu helfen.

Wirkung

Die weise Voraussicht des Uhus/Anwalts lässt aber bereits erahnen, dass der Versuch nicht von Erfolg gekrönt sein wird. So erscheint neben der Bewunderung für die Courage des Flüchtlings eine Form von Mitleid, die auch Richard fühlt, wenn er äußert, dass Ithemba eigentlich froh sein könne, dass er dem Gespräch der beiden Männer nicht folgen kann (vgl. Z. 102). Ithembas enorme Angst vor den Aktenbergen mag zunächst zwar übertrieben erscheinen, ist aber schließlich nicht unbegründet. Am Ende des Romans ist es die Bürokratie, die den Flüchtlingen eine Zukunft in Deutschland verwehrt. Ithemba schneidet sich bei der Nachricht von der Abschiebung die Pulsadern auf, da die Bürokratie nun doch über ihn gesiegt hat.

Funktion der Textstelle im Roman

Zusammenfassend lässt sich festhalten, dass die vorliegende Textstelle mit der Figur des Anwalts eine weitere Person einführt, die sich wie Richard für die Rechte der Flüchtlinge einsetzt und damit als ein Mensch dargestellt wird, dessen Handeln vom Glauben an Humanität und Toleranz geprägt ist. Durch Ithemba wird die Hilflosigkeit der Flüchtlinge in einem Land wie Deutschland gezeigt, in dem sie durch Bürokratie und Gesetze kaum mehr als Individuen, sondern vielmehr als namenlose Existenzen gesehen werden, an die nur durch Papier erinnert wird.

Zusammenfassung der Ergebnisse; Bezug zur eingangs aufgestellten Interpretationshypothese

Beispiellösung Teilaufgabe 2

Hinweise

Die Frage, ob es Jenny Erpenbeck in ihrem Roman gelingt, den Flüchtlingen Individualiät zu verleihen und sie somit aus der Masse der namenlosen Existenzen herauszuheben, lässt sich nicht ohne Weiteres beantworten. Zwar werden dem Leser in Erpenbecks Roman die verschiedenen Schicksale einzelner Flüchtlinge, z. B. das Ithembas, geschildert und er entwickelt Mitgefühl, aber im Großen und Ganzen steht eine andere Figur im Mittelpunkt des Romans: Richard. Während Richard als Protagonist eine Entwicklung durchläuft und damit deutlich als Individuum behandelt wird, bleiben die Geschichten der Flüchtlinge Beispiele für die Schicksale und Probleme afrikanischer Flüchtlinge in Berlin.

Anknüpfung an die Ergebnisse aus Aufgabe 1

These/Positionierung

Mithilfe der Montagetechnik verbindet Jenny Erpenbeck die fiktionale Erzählung über Richard mit den Berichten der Flüchtlinge. So kreiert sie einerseits einen Tatsachenroman, der einen Blick auf die reale Situation in Berlin im Jahr 2014 wirft, und gleichzeitig einen Bildungsroman, der in einem fiktionalen Rahmen das Leben Richards und dessen Entwicklung nach seiner Rente erzählt. Durch die Erzähltechnik bleibt Richard daher der einzige

Argumentation: Gegenüberstellung von Pro- und Kontraargumenten

durchgängige Bezugspunkt für den Leser. Die Geschichten der Flüchtlinge werden durch ihn vermittelt wiedergegeben.

Richard besucht die Flüchtlinge in dem Heim, in dem sie untergebracht werden, nachdem sie den Oranienplatz verlassen mussten. Er stellt ihnen Fragen zu ihrer Herkunft, lässt sich ihre Erlebnisse erzählen, lernt sie so näher kennen und schließt Freundschaften. Er begleitet Ithemba zum Anwalt und Rufu zum Arzt; er kauft Karon ein Grundstück in Ghana und unterrichtet Osarobo im Klavierspielen. Blitzlichtartig werden die Schicksale der Flüchtlinge in die Rahmenhandlung eingeflochten. Von dem entsetzlichen Schicksal des Schlossers Raschid aus Nigeria erfährt der Leser erst spät, lange nachdem er und Richard Freunde geworden sind. Für einen kurzen Augenblick taucht der Leser ein in die schreckliche Geschichte des in Nigeria ermordeten Vaters und der auf See ertrunkenen Kinder. Aber die Erlebnisse der Flüchtlinge stehen nicht im Vordergrund des Romans und trotz oder vielleicht gerade wegen der grausamen Erzählung Raschids fällt es dem Leser schwer, der Figur Individualität zuzuschreiben.

Integration der Romankenntnis

konkreter Bezug zum Romaninhalt

Eine Ausnahme stellt Kapitel 27 dar, in dem ein Perspektivwechsel plötzlich Awad bzw. Tristan zum personalen Erzähler macht. Dies schafft eine größere Nähe zu dieser Figur und erhöht das Identifikationspotenzial. Auch wird hier aus Tristan – diesen Namen hatte Richard ihm zuvor gegeben, weil seine Geschichte ihn an Gottfried von Straßburgs „Tristan" erinnerte – wieder Awad und der Leser erlebt ein einziges Mal eine Fremdwahrnehmung von Richard, den Awad als höflichen alten Herrn beschreibt. Aber dieses Kapitel bleibt ein Einzelfall und die Tatsache, dass Awad bei Richard Tristan heißt, nimmt ihm einen Teil seiner Individualität.

differenzierte Darstellung zweier Beispiele

Integration im Unterricht erworbener Kenntnisse

Gleiches gilt für Raschid, den Richard „Olympier" und „Blitzeschleuderer" nennt, oder für Apoll, dessen richtiger Name gar nicht bekannt ist. So ist Raschid ein Beispiel für einen Flüchtling, der schnell in Rage gerät und sich für seine Freunde einsetzt. Aber es fällt schwer, sich seine schrecklichen Erlebnisse wieder in Erinnerung zu rufen. Die Flüchtlinge erzählen Richard, warum sie fliehen mussten und was sie auf der Flucht erlitten, aber die große Menge an Schicksalen erschwert es dem Leser, den Einzelnen als Individuum wahrzunehmen.

So schreibt auch Jörg Magenau in seiner Rezension des Romans, dass zwar „ein großes Schreckenspanorama" entsteht, der Leser aber den Überblick verliert und vergisst, wer was erlebt hat. Er erkennt Erpenbecks didaktische Absicht: Sie wolle der anonymen Masse der Flüchtlinge persönliche Geschichten und Gesichter

Bezug zu im Unterricht gelesenen Rezensionen; Stütze für die eigene Position

verleihen, damit der Leser Empathie entwickelt. Dies sei gelungen, aber es komme zu keiner tieferen Individualität, da sich die Geschichten vermischten und der politische Hintergrund in den Heimatländern zu diffus bleibe.

Stattdessen überhöht Erpenbeck die Flüchtlinge zu mythischen Figuren, indem sie ihnen neue Namen mit intertextuellen Bezügen gibt, und unterstreicht dadurch den Antirealismus des Romans, denn die Art und Weise, wie Richard schließlich alle Flüchtlinge „rettet", indem er sie in seinem Haus aufnimmt, wirkt märchenhaft und utopisch. Das Schlussbild, in dem Richard all seine alten und neuen Freunde bei seinem Geburtstag um sich versammelt, erinnert an das unerreichte Ideal einer Menschheitsfamilie, das schon G. E. Lessing in seinem 1783 veröffentlichten Drama „Nathan der Weise" als Utopie von Humanität und Toleranz darstellt. Im Vordergrund dieser Utopie steht erneut die fiktionale Hauptfigur, die sich von einem einsamen und wenig flexiblen Gewohnheitsmenschen zu einem kontaktfreudigen und aufnahmebereiten Weltverbesserer entwickelt. Während Richard zu Beginn der Erzählung seinem routinierten Alltag folgt, eine immer gleiche Einkaufsliste schreibt und täglich das Gleiche isst, erkennt er durch die Begegnungen mit den Flüchtlingen nach und nach, was im Leben wichtig ist, schreibt schließlich alte Vorträge um und schöpft sogar Suppe mit den Händen aus einem Teller.

ergänzende Erläuterung; Stärkung der eigenen Position

Bezug zu weiteren im Unterricht gelesenen Texten

Diese Entwicklung und Charakterbildung Richards prägt sich ein, aber die Erinnerung an die einzelnen Flüchtlinge verschwimmt. Insgesamt gelingt es Jenny Erpenbeck nicht, ihnen Individualität zu verleihen, zu ungenau bleibt dafür ihre Kontur, zu groß ist die Anzahl der Beispiele. Und sie verändern oder entwickeln sich nicht – im Gegensatz zur Hauptfigur des Romans.

Fazit und abschließendes Urteil

Rahmenthema 6: Reflexion über Sprache und Sprachgebrauch

Gregor Gysi: Wir müssen die Ursachen der Flucht bekämpfen

erhöhtes Anforderungsniveau

Aufgabenarten: Analyse & Erörterung pragmatischer Texte

Aufgabenstellung

1. Analysieren Sie die Rede „Wir müssen die Ursachen der Flucht bekämpfen" von Gregor Gysi unter dem Gesichtspunkt der Verantwortung der politisch Handelnden.

2. Beurteilen Sie auch unter Rückgriff auf andere Ihnen bekannte Texte, inwiefern die politische Rede heute noch ein geeignetes Mittel zur Meinungsbildung darstellt. Beziehen Sie dabei die Sprachverwendung und die Rolle der Medien mit in Ihre Betrachtungen ein.

Materialgrundlage

Gregor Gysi: Wir müssen die Ursachen der Flucht bekämpfen. Rede vom 1. Oktober 2015 im Deutschen Bundestag. Online unter: https://www.linksfraktion.de/nc/parlament/reden/detail/wir-muessen-die-ursachen-der-flucht-bekaempfen/ (zuletzt aufgerufen am 15.05.2020)

Wir müssen die Ursachen der Flucht bekämpfen (2015) *Gregor Gysi (*1948)*

Vorbemerkung

Die Rede ist ein Beitrag während einer Sitzung des Deutschen Bundestages. Die Parlamentssitzung findet nach dem vorläufigen Höhepunkt der sogenannten Flüchtlingskrise Ende August/Anfang September des Jahres 2015 statt, als der rapide zunehmende Flüchtlingsstrom aus Richtung Süd- und Südosteuropa, forciert durch die angedrohte Grenzschließung mithilfe von Zäunen vonseiten Ungarns zu einer humanitären Krise führte, die gleichfalls den Zusammenhalt und die Solidarität der Europäischen Union strapazierte. Österreich und Deutschland sahen sich sowohl durch die reine Zahl der Migranten als auch durch eine Reihe von Todesfällen auf den Fluchtrouten zum Handeln gezwungen. Bis zum Ende des Jahres wurden knapp 1,3 Millionen Flüchtlinge aufgenommen. Die Modalitäten und Verfahren zur Aufnahme der Asylsuchenden wurden kontrovers und engagiert diskutiert. Gleichzeitig zeigte sich aber auch eine zunehmend nationalistisch gefärbte Abwehrhaltung verbunden mit dem Erstarken rechter Kräfte in verschiedenen Ländern der EU.

Gregor Gysi, Rechtsanwalt und Politiker, war von 1989 bis 1993 letzter Vorsitzender der SED-PDS sowie deren Nachfolgepartei PDS, deren Bundestagsfraktion er als Vorsitzender bis 1998 anführte. 2005 kehrte er für die inzwischen unter dem Namen „Die Linke" neu gegründete

Partei in den Bundestag zurück. Er wurde erneut Fraktionsvorsitzender und Oppositionsführer, bis er am 12. Oktober 2015 beide Funktionen aufgab. Bei der Bundestagswahl 2017 gewann er wieder ein Direktmandat.

Dr. Gregor Gysi (DIE LINKE):
Herr Präsident! Meine Damen und Herren! Es stellt sich wieder einmal heraus: Erst wenn Probleme gravierend werden, sucht eine Regierung auch nach Lösungen und geht Schritte, die zu einem großen Teil richtig und wichtig sind, zumindest was die Richtung der Schritte betrifft. Aber wir haben das schon seit Jahren beantragt – ohne jede Reaktion. […]

Wollen Sie ein Beispiel hören? Herr Kahrs, da Sie ja nie etwas zur Kenntnis nehmen, nenne ich es Ihnen einmal: Wir haben seit Jahren gefordert, 0,7 Prozent des Bruttoinlandprodukts, wie es die UNO vor 45 Jahren beschlossen hat, endlich für Entwicklungshilfe zur Verfügung zu stellen. Sie haben das immer abgelehnt. Wir sind bei 0,4 Prozent. Jetzt sagt die Bundeskanzlerin vor der UNO: Wir gehen auf 0,7 Prozent. – Das hätten wir schon seit Jahren machen können, Herr Kahrs, auch als Sie führend regiert haben. […]

Woher kommen die Flüchtlinge? Sie kommen aus nordafrikanischen Ländern und aus Ländern neben Nordafrika, vor allem Syrien, dem Irak und Afghanistan. Was den Krieg in Afghanistan angeht, haben wir Ihnen gleich gesagt, dass er falsch ist. Sie sind mit dieser Politik vollständig gescheitert. […]

Nichts in Afghanistan ist besser. […] Das heißt, es hat sich auch an den Herrschaftsstrukturen so gut wie nichts geändert. […] Auch unsere Soldaten haben da Zivilisten getötet: Kinder und Frauen.

(Zuruf von der CDU/CSU: Bitte? Unverschämt, Herr Gysi!)

Und auch unsere Soldaten wurden getötet, verletzt und sind traumatisiert. Das ist das Ergebnis des Afghanistan-Krieges. Genau das hätte man verhindern müssen – dringend verhindern müssen. […]

In Syrien herrscht seit 2011 Krieg. Es gibt einen Konflikt zwischen den USA und Russland. Obama will Assad stürzen, Putin will es nicht. Aber wer führt den Kampf gegen den „Islamischen Staat", die weltweit schlimmste Terrororganisation, eigentlich am Boden? Es sind die Truppen von Assad und die Kurdinnen und Kurden. […]

Wahr ist: Assad ist ein Tyrann. Trotzdem kann und muss man mit ihm reden, wenn man Frieden in Syrien will. Johannes Kahrs hat mich, […] als ich vorschlug, mit Assad zu reden, wie verrückt beschimpft – lautstark. Nun schlägt genau dies aber auch ein Mitglied seiner Fraktion, Herr Steinmeier, vor. Nun schlägt es auch die Bundeskanzlerin Merkel vor. Da meckern Sie nicht, Herr Kahrs. Das heißt, Ihnen geht es nicht um Inhalt, sondern um Personen; das ist damit belegt. […]

Auch mit dem König von Saudi-Arabien wird geredet. Was ist das für ein Mann? Er lässt auspeitschen. Dort gibt es nicht nur die Todesstrafe an sich, was schon schlimm genug ist, sondern sogar die Todesstrafe für Jugendliche. Ein 17-Jähriger ist gerade zum Tode verurteilt worden. Außerdem steht Homosexualität unter Todesstrafe. Saudi-Arabien führt Krieg gegen den Jemen […]. Was aber machen wir? Wir liefern Waffen an Saudi-Arabien. Wann stellen Sie diese Verträge eigentlich endlich einmal ein?

(Beifall bei der LINKEN)

Ich sage Ihnen in Bezug auf die Flüchtlinge noch etwas: Vor dem Krieg gegen Afghanistan hatten wir relativ wenige Flüchtlinge aus Afghanistan. Jetzt haben wir sehr viele. Im Augenblick haben wir noch wenige Flüchtlinge aus dem Jemen. Aber wenn Saudi-Arabien weiter Krieg gegen den Jemen führt, werden wir viele, Tausende, Abertausende Flüchtlinge aus dem Jemen bekommen. Daran wird doch eines deutlich: Man muss die Ursachen der Flucht bekämpfen. Das ist das Entscheidende. [...]

Das heißt, dass wenigstens die Waffenexporte [...] unterbunden werden müssen.

Wir müssen aber auch etwas gegen Hunger, Not und Armut tun. Ich will Ihnen sagen, wovon wir in Europa gelebt haben, auch wenn das viele nicht wahrhaben wollen: Wir haben in Europa davon gelebt, dass man in Afrika nicht wusste, wie wir leben. Wir haben alle die Bedeutung der technischen Revolution durch die Digitalisierung des Lebens unterschätzt. Jetzt weiß man auch in Afrika, wie wir leben. Da entstehen Fragen, und zwar Fragen, die auch zur Flucht führen. Wenn wir Hunger, Not und Armut also nicht wirksam bekämpfen, kann uns das Ganze überfordern.

Ich nenne Ihnen ein Beispiel: Wir subventionieren Lebensmittel. Das kann für uns hier in Deutschland und Europa richtig sein. Aber subventionierte Lebensmittel nach Afrika zu exportieren, ist eine Frechheit, weil wir das Entstehen einer eigenen Landwirtschaft in Afrika damit verhindern. Das kann nicht unsere Aufgabe sein. [...]

Jetzt kommen viele Flüchtlinge aus den Lagern in den verschiedenen Ländern. Vor einem Jahr habe ich die Lager in Nordirak und in Syrien besucht. Ich verstehe, warum sie kommen. Ich habe mir die Situation dort angesehen. Es ist eine große Zahl. Wissen Sie, dass die Mittel für diese Lager reduziert wurden? Pro Flüchtling gibt es pro Tag 50 Cent. Auch Deutschland hat seine Hilfe reduziert. Auch die Europäische Union hat die Mittel reduziert. Jetzt haben sie sie aufgestockt. Das ist ein Schritt in die richtige Richtung. [...]

Das muss verstetigt werden, sonst dürfen wir uns nicht wundern, dass die Flüchtlinge auch von dort fliehen und zu uns kommen. [...] In diesem Jahr sind es über 800 000. Ich danke allen Bürgerinnen und Bürgern, die dort eine sehr fleißige ehrenamtliche Arbeit leisten. [...]

Ich sage Ihnen auch: Wir dürfen das nicht überziehen. Der Bund muss schnell Hilfe leisten, damit die Stimmung nicht kippt. Die Bundeswehr – das fällt mir auf – hat doch so viele Kasernen. Ich finde, sie könnten doch beim Bettenaufstellen, beim Aufstellen der Zelte, helfen. [...] Da können sie mehr helfen. Das ist viel nützlicher, als in Afghanistan Krieg zu führen, wenn ich das einmal sagen darf, auch wenn Sie sich aufregen. [...]

Die Kehrseite: Es gibt tatsächlich besorgte Bürgerinnen und Bürger. [...]

Wir haben die Aufgabe, abstrakte Ängste abzubauen. Es gibt aber vor allem Rechtsextremismus und Rechtspopulismus von AfD bis Nazis, die versuchen, die Ängste zu schüren, zu vereinnahmen und zu radikalisieren. Über 60 Anschläge auf Asylunterkünfte sind beschämend. Dagegen muss entschieden vorgegangen werden.

Aber auch die offizielle Politik, vor allem die CSU aus Bayern, betätigt sich als Stichwortgeberin. Ich habe im Bayrischen Fernsehen erlebt, wie ein Iraner, der in Bayern lebt, erklärte, dass er vor zwei Jahren einen Asylantrag gestellt hat. Bis heute hat er keinen Bescheid. [...]

Darum sollte sich Seehofer kümmern, nicht um Orban – um das auch einmal ganz klar zu sagen. [...]

Die Überlegungen von Orban und Seehofer, wie man Flüchtlinge verhindert, ist nicht nur inhuman, sondern sie geht auch nie auf. Flüchtlinge lassen sich von Zäunen nicht aufhalten.

Seit Jahren fordern wir für die ärmeren Schichten unserer Bevölkerung Dinge wie Wohnungsbau, eine andere Arbeitsmarktpolitik, insbesondere die Überwindung der prekären Beschäftigung und vieles mehr. Das gilt sowohl für die Flüchtlinge als auch für die armen Schichten unserer Bevölkerung. Wir fordern das immer für alle. Anders geht es nicht. [...]

Wir brauchen – das sagen wir auch seit Jahren – mehr Lehrerinnen und Lehrer, mehr Erzieherinnen und Erzieher. Das Kooperationsverbot aus dem Grundgesetz muss weg, damit der Bund sich darum kümmern kann, und zwar sowohl für unsere Bevölkerung als auch für die Flüchtlinge. Anders wird es nicht gehen. [...]

Die Kopfpauschale von 670 Euro pro Flüchtling ist wichtig, aber es reicht nicht. [...] Was ist mit all den Geduldeten, denen, die kein Asyl bekommen, aber auch nicht weggeschickt werden können? Das sollen die Kommunen und Länder alleine bezahlen? Wie sollen sie das denn machen? Lassen Sie sich noch eins sagen: Es gibt Flüchtlinge, die kann man nicht in Gute und Schlechte unterteilen. Wir müssen in erster Linie die Fluchtursachen bekämpfen. [...]

Beispiellösung

Beispiellösung Teilaufgabe 1

	Hinweise
Gregor Gysi, langjähriger Fraktionsvorsitzender der Bundestagsfraktion der Partei „Die Linke" und zugleich Oppositionsführer im Deutschen Bundestag, nimmt am 1. Oktober 2015 in dieser Funktion im Rahmen einer Bundestagsdebatte zur geplanten Änderung der Asylverfahren in der Bundesrepublik Deutschland im Plenum Stellung zur aktuellen Flüchtlingsfrage.	Einleitungssatz mit bibliografischen Angaben sowie thematischem Zusammenhang
Er ergreift die Möglichkeit zur Kritik an den aktuellen Veränderungsplänen der Regierungskoalition aus CDU/CSU und SPD und sieht die Ursachen für die anstehenden Probleme in erster Linie in einer seiner Ansicht nach falschen Politik.	Absicht kurz umreißen
Gysi schlägt in seiner Rede, von der hier ein Auszug vorliegt, einen argumentativen Bogen, beginnend bei einer verfehlten Entwicklungspolitik, hin zu einer gescheiterten Sozialpolitik, die die Angst der kleinen Leute zu Lasten der Flüchtlinge eher schüre und im Land sogar Gewalt hervorrufe. Daraus leitet er die Forderung zu einem gezielten Umsteuern ab, das die Ursachen der Flucht bekämpfen müsse.	knappe Inhaltsangabe
Nach dem ersten Texteindruck nutzt Gysi die Gelegenheit, mit seiner Rede auch einer außerparlamentarischen Öffentlichkeit seine Deutung einer, wie er meint, von den Umständen getriebenen Politik vor dem Hintergrund innen- wie außenpolitischer Zusammenhänge zu zeigen. Diese Politik bedürfe einer Neuausrichtung im Sinne der Orientierung an den gesellschaftlich Schwachen, die seine Partei seit Jahren fordere.	Deutungshypothese

Der Text zeigt einen streng logischen Aufbau und lässt sich grob in die folgenden sieben Abschnitte untergliedern:
Zu Beginn nennt Gysi die zeitliche Dimension, in der die Probleme entstanden seien, die Politik nicht gehandelt und seine Partei stets Korrekturen gefordert habe.
Er stellt die fehlerhafte Entwicklungspolitik heraus, die in den vergangenen Jahren immer zu wenig an Entwicklungshilfegeldern bereitgestellt habe, und beschreibt dann die Gründe, die die Menschen zur Flucht getrieben hätten, indem er die Herkunftsländer der Flüchtlinge in den Blick nimmt, die darüber hinaus unter einer falschen, auf Gewalt und Krieg setzenden Außen- und Sicherheitspolitik Deutschlands zu leiden hätten. Anschließend stellt er die problematischen Herrschaftsstrukturen dieser Staaten heraus, um dann zu kritisieren, dass die Auswahl der Gesprächspartner des Westens insgesamt einseitig und sehr fragwürdig sei, weil Konflikte durch eine schlichte Verweigerung des Gespräches in Form des Ausschlusses gewisser Personen nicht beseitigt werden könnten. Dies belegt er am Krieg in Syrien, der seiner Ansicht nach der Einbeziehung des Diktators bedürfe, um Frieden zu schaffen.
In der Folge hebt er den Krieg als zentrale Fluchtursache hervor, nicht zuletzt um als Beweis dafür den Afghanistan-Krieg anzuführen und in der Konsequenz die Friedenspolitik als wichtigste Art der Ursachenbekämpfung herauszustellen. Als weiteren Beleg der seiner Ansicht nach verfehlten, weil in dieser Situation zusätzlich konträr wirkenden, Realpolitik, nennt er die Waffenexporte, die, am Beispiel des Jemen gezeigt, den Konflikt zusätzlich anheizen und damit schlussendlich mehr Flüchtlinge hervorbringen würden.
Er unterstreicht diese Feststellungen mit eigenen Erfahrungen, die er bei Besuchen vor Ort im Ausland hätte gewinnen dürfen, und verknüpft dies mit einem Ausblick auf die aktuelle Situation des Jahres 2015 hier im Land als Folge der beschriebenen Entwicklung. Daher leitet er an dieser Stelle die Aufgaben für die Politik in Deutschland ab, sich der akuten Ängste der Bürger anzunehmen, um radikale wie populistische Kräfte zurückzudrängen. Dies verknüpft er mit Forderungen aus dem Bercich der Sozialpolitik, da er Parallelen in der Situation von Flüchtlingen und Einheimischen zu erkennen meint, die sich in einer ähnlich prekären Lage befänden. Am Ende greift er seine Forderung nach der Bekämpfung der Fluchtursachen als Schluss der Rede und zur Verstärkung seines Postulates nochmals auf.

Hauptteil: Gliederung des Textes in Abschnitte; Struktur und Gliederung der Argumentation

Konjunktiv zur Wahrung der Textdistanz, Vermeidung unkritischer Übernahme

Gregor Gysi leitet seinen Standpunkt systematisch her und beginnt mit seiner Kritik an der zu spät reagierenden Politik unmittelbar nach der direkten Ansprache und Begrüßung der Anwesenden in Form einer vereinfachten und zugespitzten Lebensweisheit, die er mit der Floskel „wieder" (Z. 3) begleitet. Die Dringlichkeit der Situation hebt der Redner durch das bildungssprachliche Adjektiv „gravierend" (Z. 4) hervor. Auffallend ist die Formulierung deshalb, weil der Text ansonsten in einem durchgängig gut verständlichen, normalsprachlichen Stil verfasst ist. Das in seinen Augen falsche, weil planlose und zu zögerliche Herangehen der Regierung in der Vergangenheit unterstreicht Gysi durch die Wiederholung des Nomens „Schritte" (Z. 6 ff.) sowie die Betonung der Reaktionslosigkeit der Verantwortlichen auf die Vorschläge seiner eigenen Partei, die verschiedene Dinge „schon seit Jahren beantragt" (Z. 9) habe. Durch das verwendete Personalpronomen „wir" (Z. 8) und die folgende direkte Anrede in Form einer rhetorischen Frage an MdB Kahrs entsteht eine Konfrontationsstellung in belehrend moralisierender Absicht. Gysi baut daraufhin seinen Vorwurf aus, indem er das träge Handeln der Verantwortlichen herausstellt. Dazu untermauert er die angenommene Rechtmäßigkeit seiner Position und der eigenen Forderungen durch das Autoritätsargument, dass die UN bereits vor 45 Jahren eine Ausrichtung an der jetzt erst von der Regierung ins Auge gefassten Prozentzahl (0,7 Prozent des BIP für Entwicklungshilfe, vgl. Z. 14 ff.) gefordert hätten. Das Argument schließt er mit einem kollektiven „wir" (Z. 21) ab, welches Kritisierte und Kritisierende umschließt, jedoch nicht ohne seinen direkten Angriff auf die Person des SPD-Politikers Kahrs zu erneuern und die Beteiligung der SPD in der Regierungsverantwortung sogar als „führend" (Z. 23) zu brandmarken.

Interpretation des 1. Abschnitts: Der Kern (das falsche Regierungshandeln) wird vorbereitet.

Orientierung an zentraler Aufgabe: die Frage der Verantwortung

Gysi stellt unvermittelt eine öffnende Frage, um anhand der Geografie eine kausale Verbindung der aktuellen misslichen Lage mit dem militärischen Engagement vorzubereiten, damit er dadurch die vermeintliche Verantwortung der deutschen Regierung an der unbefriedigenden Situation in den Herkunftsländern der Flüchtlinge aufzeigen kann. Dazu hebt er beispielhaft die drei Staaten Syrien, Irak und Afghanistan hervor, um anhand zweier Behauptungen das vollständige Scheitern der Politik und in Bezug auf das letztgenannte Land zumindest ihren Stillstand, mit der Aussage „[n]ichts in Afghanistan ist besser" (Z. 32), zu konstatieren. Dies versucht er, durch ein Faktenargument unter Hinweis auf die zivilen Opfer zu belegen (vgl. Z. 35 f.). Über den Zwischenruf der dieser Art Angesprochenen geht er

Interpretation des 2. Abschnitts: Herkunftsländer

Zitat: zentrale Formulierung zur Kennzeichnung des Scheiterns

hinweg und leitet auf die eigenen deutschen Verluste über, mit dem Trikolon, dass auch deutsche Soldaten „getötet, verletzt und [...] traumatisiert [sind]“ (Z. 39 f.). Für die daraus abgeleitete Konsequenz, nämlich dass der grundsätzliche Fehler von vornherein in der fehlenden Verweigerung des Eintritts in den Afghanistan-Krieg liegt, benutzt er den Konjunktiv Plusquamperfekt und verstärkt die Aussage durch die Wiederholung des Verbs „verhindern“ in Verbindung mit dem Adjektiv „dringend“ (beides Z. 42 f.). Wer hier tatsächlich gefordert war, bleibt durch das vage Pronomen „man“ (Z. 42) offen. Damit wird zugleich Kritik an einer eventuellen eigenen mangelnden Pflichterfüllung als parlamentarische Opposition verwässert.

Interpretation des 3. Abschnitts

Gysi leitet dann unvermittelt über zum nächsten Krieg, nach Syrien, den er mit einer These auch als Konflikt zwischen den beiden Supermächten beschreibt, um mit einer rhetorischen Frage den Blick auf den Diktator Assad zu lenken. Mit seiner Behauptung der unerlässlichen Einbindung Assads in ein Gespräch über den Frieden in Syrien, die er, Gysi, vorher selbst gefordert habe, greift er erneut MdB Kahrs frontal an und setzt ein Autoritätsargument ein, das er durch die Wiederholung der Redewendung „Nun schlägt genau dies“ und unter Verweis auf zwei Mitglieder der Bundesregierung absichert (Z. 57 ff.). Die Feststellung, dass der Abgeordnete diese neue Haltung nicht hinterfragt, verstärkt Gysi durch den Wechsel in den saloppen Stil mit der Vokabel „meckern“ (Z. 60). Mit der Behauptung von der ausschließlichen Konzentration auf Personen, ohne Beachtung von Inhalten, rundet er seine Vorwürfe an Kahrs ab. Indirekt argumentiert Gysi an dieser Stelle dann weiter, da er unter Verweis auf den König von Arabien auf die Fragwürdigkeit der bisherigen Verweigerung gegenüber Assad abzielt: „Auch mit dem König von Arabien wird geredet“ (Z. 64 f.). Dieses Beispiel dient als Verbindung zum nächsten Themenabschnitt, die Verstrickung Deutschlands in Kriege durch Waffenlieferungen, die er an der Kriegführung Saudi-Arabiens im Jemen belegt. Mit der rhetorischen Frage: „Was aber machen wir?“ (Z. 73), die er durch das kollektive „wir“ abschließt und in Form einer Anapher unmittelbar selbst für alle Deutschen beantwortet: „Wir liefern Waffen an Saudi-Arabien“ (Z. 73 f.), greift er erneut die Verantwortlichen mit der konfrontativen direkten Anrede „Sie“ (Z. 75) an, verpackt in eine Suggestivfrage (vgl. Z. 74 f.), und fordert somit die Einstellung der Lieferungen.

Rückbezug zur Interpretationshypothese, hier: Redner verstärkt seine Aussage

Forcierung der Attacke durch Suggestivfrage

Die ursächliche Verbindung zwischen Waffenlieferungen, Kriegen und steigenden Flüchtlingszahlen in Gysis Argumentation erfolgt durch Umkehrung einer rhetorischen Frage in eine Aussage:

„Ich sage Ihnen in Bezug auf die Flüchtlinge noch etwas: Vor dem Krieg [...] hatten wir relativ wenige Flüchtlinge [...]. Jetzt haben wir sehr viele." (Z. 78 ff.) Daraus folgert Gysi, dass dieses Schicksal auch aus anderen Teilen der Welt droht. Er unterlegt diese Behauptung mit der Klimax „viele, Tausende, Abertausende" (Z. 85 f.). Damit steuert der Redner den Kern seiner Botschaft eindrucksvoll an – plakativ und durch das kaum zu fassende Zahlenspiel überzeugend. Er fordert in der Folge dazu auf, quasi als logische Konsequenz, die Ursachen der Flucht zu bekämpfen (vgl. Z. 88 f.). Seine Argumentation gewinnt weiter an Tiefe, indem er die Verlockungen Europas andeutet, von denen man in Afrika durch die Digitalisierung mittlerweile Kenntnis habe, ein Umstand, der auch zur Flucht beitrage (vgl. Z. 99 ff.). Eine weitere Verstärkung erhält die These durch die in eine Aussage gewandelte rhetorische Frage nach den subventionierten europäischen Lebensmitteln (vgl. Z. 110 ff.), die den Aufbau eigener Strukturen dort verhinderten, ein Vorgang, den Gysi mit dem Begriff „Frechheit" (Z. 111 f.) belegt und mit dem normativen Argument zurückweist, dass dies nicht Aufgabe Deutschlands sein könne (vgl. Z. 114). Von hier aus leitet Gysi über zur Schilderung konkreter Beispiele der unwürdigen Situation der Flüchtlinge in den Lagern in Krisengebieten, für die er sich selbst, an drei Stellen mit dem Personalpronomen „Ich" gekennzeichnet (Z. 118 ff.), als Augenzeuge einbringt. Er greift seine Metapher vom „Schritt in die richtige Richtung" (Z. 127 f.) aus dem Eingang der Rede erneut auf und fordert einen weiteren Ausbau der finanziellen Hilfen vor Ort, da er sonst einen starken Anstieg der Flüchtlingszahlen in Deutschland sehe, die er für das Jahr 2015 bereits konkret mit der Zahl von über 800.000 benennt. Als die politisch Verantwortlichen dafür stellt er Deutschland und die Europäische Union heraus (vgl. Z. 124 ff.). Im Kontrast dazu bedankt er sich ausdrücklich bei den zivilen Helferinnen und Helfern für ihre bereitwillige ehrenamtliche Unterstützung und warnt vor ihrer Überstrapazierung. Gysi greift dazu wieder zum Mittel der Umkehrung einer rhetorischen Frage und leitet von dieser Aussage hin zur Gefahr, dass die Stimmung kippen könne (vgl. Z. 138 f.), wenn der Staat, auch in Form des Einsatzes der Bundeswehr, seine Aktivitäten nicht erheblich beschleunige. Mit der Behauptung, dass diese Verwendung der Streitkräfte nützlicher sei als die Kriegführung in Afghanistan (vgl. Z. 143 f.), leistet er eine scheinbar logische Verknüpfung, in Form eines Rückgriffes oder Ringschlusses, zur vorher geäußerten generellen Ablehnung des Krieges, den er bereits als eine Fluchtursache ausgemacht zu haben meinte.

Interpretation des 4. Abschnitts: Kern der Rede, gleichzeitig Zwischenfazit

Interpretation des 5. Abschnitts: Verantwortung und deren Folgen

Anknüpfend an seine zuvor geäußerte Sorge, meint er nun als Tatsachenaussage, dass es tatsächlich besorgte Bürgerinnen und Bürger gäbe (vgl. Z. 147 f.). Daraus leitet er mit kollektivem „Wir" (Z. 149) die Aufgabe ab, gegen populistische und nationalistische Versuche anzugehen, die darauf abzielen, die Ängste, die mit der Zuwanderung entstanden sind, zu missbrauchen (vgl. Z. 150 f.). Eine Unterstreichung dieser Notwendigkeit erfährt seine Forderung durch das Faktenargument der Nennung der Zahl der bisherigen Anschläge auf Unterkünfte von Asylbewerbern (vgl. Z. 154). Wieder verbindet Gysi diese Fakten mit einem Vorwurf an die politisch Handelnden in Regierungsverantwortung, die sich seiner Ansicht nach nicht genug um die administrative Bewältigung kümmern und stattdessen lieber selbst Grenzen in Europa befestigen und Zuwanderung von Flüchtlingen zu verhindern suchen würden (vgl. Z. 158 ff.).

Interpretation des 6. Abschnitts: Sorgen des Redners und erkannte Aufgaben

Gewissermaßen als Argument gegen die populistische Idee, die neu Ankommenden würden in Konkurrenz zu den Alteingesessenen treten, setzt Gysi die eigene politische Forderung der Erhöhung der Sozialausgaben für die „ärmeren Schichten unserer Bevölkerung" (Z. 173 f.) und die Flüchtlinge. Mit dem Wort „Schichten" entgeht er gleichfalls bewusst einem nationalistischen Denkmuster. Das macht er erneut eindeutig klar mit der schon fast parolenhaften Aussage: „Wir fordern das immer für alle" (Z. 180), der er die Behauptung folgen lässt: „Anders geht es nicht." (Z. 180 f.). Die Dimension der Aufgaben verdeutlicht Gysi über die Fragen nach der Zukunft der Asylanten in Deutschland und der Wiederholung der Aufforderung, die Fluchtursachen zu bekämpfen.

Interpretation des 7. Abschnitts: Weltanschauliche Grundüberzeugungen des Redners

parolenförmige Bündelung der Kernaussage

Unter Rückbezug auf die Aufgabe und als zusammenfassende Betrachtung lässt sich festhalten, dass Gregor Gysi auch mithilfe seines normalsprachlichen Sprachstils und dem Aufbau seiner Argumentation klar Position zur Tagespolitik bezieht. Seine Aussagen gewinnen dadurch an Eingängigkeit, dass er sie teils auch mit veränderter Satzstellung und parolenhaft wiederholt, um einerseits zu zeigen, wer in diesem politischen Kampf für die ärmeren Schichten eintritt und welche zentralen Maßnahmen bereits seit geraumer Zeit von seiner Partei gefordert wurden sowie andererseits seiner Ansicht nach eigentlich von den Verantwortlichen bereits hätten umgesetzt worden sein können. Ob er dabei umfassend geurteilt und die jeweils ebenfalls wichtige Betrachtung der sozialen, wirtschaftlichen und historischen Hintergründe ausreichend geleistet hat, ist ohne weitere Informationen nicht zu beurteilen.

Schluss mit persönlicher Stellungnahme

Beispiellösung Teilaufgabe 2

Gregor Gysi nutzt zur Stellungnahme in einer entscheidenden Frage, die neben der Gegenwart und Zukunft des Landes auch fundamentale Aspekte des Grundgesetzes und damit der Verfassung berührt, eine breite mediale Öffentlichkeit an zentraler Stelle des politischen Geschehens in Deutschland.

Er nähert sich dem Thema auf dem Weg der Betrachtung diverser Zusammenhänge der Asylfrage und hinterfragt so den Umgang mit den Ursachen von Flucht. Seine Rede impliziert bezüglich der Aufgabe, Ängste abzubauen (vgl. Z. 148 f.), gleichfalls den Appell, sich argumentativ gegen Populismus und Nationalismus zu wappnen, sich zu informieren und darüber zum mündigen Bürger zu machen. Ob politische Reden wie die Gysis heutzutage noch geeignet sind, dazu in geeignetem Maße beizutragen, wird im Folgenden untersucht. Dabei werden Aspekte der Mediennutzung, der Sprachwissenschaft sowie die Darstellung des Zusammenhangs von Sprache und Macht berücksichtigt. Besonders interessant könnte die Frage der Sprachverwendung und ihrer Ziele in der politischen Kommunikation sein, die sich auch in der Rede Gysis bei der Zuschreibung von Verantwortung zeigt.

Ausgerechnet die Nationalsozialisten gefielen sich darin, die Weimarer Demokratie u. a. wegen der öffentlich ausgetragenen Rededuelle zu verurteilen, was in der bewusst herabsetzenden Bezeichnung des Reichstages als „Quasselbude" durch den Diktator selbst gipfelte.

Dabei zeigt speziell die hohle Phrasendrescherei in der Zeit des Hitlerfaschismus, wie lebensgefährlich die Abwesenheit einer sprachgewaltigen öffentlichen Opposition ist. Ob allerdings das politische System der Demokratie automatisch zu mehr Eindeutigkeit und Präzision im Sprachgebrauch führt, kann angezweifelt werden. Einen Automatismus gibt es nicht, das Gelingen hängt von vielen Elementen ab. Die besondere Form der politischen Rede und die vehemente Kritik daran, weil sie für viele Zuhörer eher einer Fachsprache für einen eingeschränkten Nutzerkreis gleichkommt, wird in der eindrucksvollen Überzeichnung einer fiktiven politischen Rede in Form eines Sketches durch den Künstler und Karikaturisten Loriot (vgl. Vicco von Bülow, „Bundestagsrede [Stiegler, links]", Bremen 1972) deutlich. Diese Kritik an der Sprache von „denen da oben" lässt sich auch in Bezug zur Verwendung der Sprache mit dem Ziel der Verschleierung und damit der Sicherung von Wissensvorsprung oder platt der Erhaltung von Macht am Beispiel Loriots gut

Hinweise

knappe Vorstellung des Gegenstandes

Ausblick auf Untersuchungsgang, Hinweise auf heranzuziehende Texte/Literatur usw. aus dem Unterricht möglich

Hinführung zur sprachwissenschaftlichen Einordnung als Fachsprache und Einführung des abgedroschenen Vorwurfs der beabsichtigten Verschleierung durch floskelhafte Elemente

Beispiel

erkennen, besteht der Text doch lediglich aus einer Aneinanderreihung von Floskeln und Wortungetümen in Satzfragmenten. Daraus abzuleiten, dass es keine großen Reden mehr brauche, wie Andreas Seibel meint, geht meiner Ansicht nach aber viel zu weit. Denn die oben genannten Auffälligkeiten finden sich im vorliegenden Text Gysis nicht. Der Redner verwendet allgemein verständliche Formulierungen und plastische Beispiele in seinen Ausführungen, sodass in der Rede eine zunächst informative Quelle mit aufklärerischer Tendenz zu sehen ist. Hält man Politikern häufig (und leider mitunter zu Recht) vor, gerade vor Wahlen rednerisch aktiv zu werden und auf potenzielle Wähler eher zuzugehen als sonst, so zeigen die vielen Hinweise Gysis auf die Tradition seiner Argumentation, dass er nicht nur situativ vor irgendeiner Wahl agiert, sondern ein wichtiges Anliegen ernsthaft vorträgt.

Bezugnahme auf einen von zwei Basisartikeln zur Zukunft der Rede, die verpflichtende Unterrichtsinhalte im LK Deutsch (2020) vorstellen

Ob der Ort der Präsentation der Gedanken vor dem Parlament der richtige ist, da mittlerweile viele weitere Kanäle wie Social Media usw. zur Verfügung stehen, kann hinterfragt werden. Doch ist diesem Politiker z. B. das Format des Fernsehens, insbesondere in Talkshows, bis heute geläufig und er darin präsent. Die Bühne am Ort der parlamentarischen Entscheidungen ist allerdings schon verfassungsmäßig eine völlig andere, da es gerade hier im Meinungsstreit um politische Gestaltung und Kontrolle geht. Die wiederholten Vorwürfe Gysis an die Regierung zeigen dies deutlich. Hier wird gleichfalls der besondere Charakter des gewählten Mediums deutlich, da der Redner sogar auf Einwürfe direkt, sofort und öffentlich reagiert, was bei Twitter, dem Lieblingsformat und zum Ersatz für Regierungserklärungen des aktuellen US-amerikanischen Präsidenten gediehenen Forums, so nicht möglich ist. Auch Fernsehaufzeichnungen dieser Rededuelle aus dem Bundestag und die Möglichkeit der Betrachtung per Podcast usw. stellen keine Konkurrenz zur Debatte an sich dar, sondern erweitern bestenfalls deren Reichweite durch ihre Wiederholbarkeit.
Dies kann sogar zu einem weiteren Vorteil gereichen, wenn wie in Zeiten, in denen entschlossene Haltungen und klare Aussagen erforderlich sind, Redner antreten, die im Sinne Jaques Schusters wirklich große Reden halten können, die Demokratien zum Leben benötigen, da in Demokratien dauerhaft um Zustimmung gerungen werden muss.

Hinweis auf weiteren Text aus den verbindlichen Vorgaben

Schwierig wird es sicherlich in einer größeren Gemeinschaft wie im vereinigten Europa. Hier zeigt sich schon teilweise ein Problem in Bezug auf das zulässige Medium Sprache. Aber mit modernen Systemen des Dolmetschens ist selbst das recht simpel lösbar. Allerdings gilt auch hier im Sinne von Partizipation, Transparenz und Kontrolle: Es muss gestritten werden, notfalls häufiger, umfassender und fundierter, damit auch in Europa nicht ein Gefühl der Bevormundung und Übervorteilung gewinnt. Für das Überleben eines Gemeinschaftswesens wie dem unseren ist der direkte verbale Streit in Form der politischen Rede somit meiner Meinung nach unverzichtbar und dieses Format ein basales.

Erweiterung

Fazit

Rahmenthema 7: Medienwelten

Zukunft der Zeitung – Zeitung der Zukunft

erhöhtes Anforderungsniveau

Aufgabenart: Materialgestütztes Verfassen argumentierender Texte

Aufgabenstellung

1 Im Rahmen der Kolumne „Zeitung als Medium der Aufklärung oder Verklärung?" erscheinen in einer überregionalen Wochenzeitung regelmäßig von Jugendlichen verfasste Texte zu diesem Thema. Verfassen Sie dafür einen Kommentar, in dem Sie zu der Frage Stellung beziehen.

Nutzen Sie die vorliegenden sowie aus dem Unterricht bekannte Materialien. Formulieren Sie eine geeignete Überschrift für Ihren Text.

Aus redaktionellen Gründen soll Ihr Beitrag 1000 bis 1300 Wörter umfassen.

Bei Verwendung von Zitaten aus dem Material müssen der Autor und ggf. der Titel genannt werden.

Materialgrundlage

- Lindsay Foyle: Informationsflut. Cartoon, 2010. Online unter: https://www.cartoonstock.com/cartoonview.asp?catref=lfon482 (zuletzt aufgerufen am 28.01.2020)
- Michael Haller: Hauptgründe für die Abbestellung des Zeitungsabonnements (Großstadt). Aus: Ders.: Brauchen wir Zeitungen? edition medienpraxis, Band 11. Köln: Herbert von Halem Verlag 2014
- Christian Meier: Wenn Gesinnungsethik die sachliche Aufklärung verhindert. 20.05.2019. Online unter: https://www.welt.de/kultur/medien/article193777609/Migrationspakt-Michael-Haller-kritisiert-Leitmedien.html (zuletzt aufgerufen am 28.01.2020)
- Laudatio des Bundespräsidenten Frank-Walter Steinmeier zur Verleihung des Marion-Dönhoff-Preises an die „New York Times". 03.12.2017. Online unter: http://www.bundespraesident.de/SharedDocs/Reden/DE/Frank-Walter-Steinmeier/Reden/2017/12/171203-Doenhoff-Preis-NYT.html (zuletzt aufgerufen am 28.01.2020)
- Leticia Witte: Berichterstattung über Flüchtlinge zeigt laut Studie Mängel. „Frontenbildung" verschärft. 21.07.2017. Online unter: https://www.domradio.de/themen/kirche-und-politik/2017-07-21/berichterstattung-ueber-fluechtlinge-zeigt-laut-studie-maengel (zuletzt aufgerufen am 28.01.2020)
- Immanuel Kant: Was ist Aufklärung? 1784. Online unter: https://www.uni-muenster.de/FNZ-Online/wissen/aufklaerung/quellen/kant.htm (zuletzt aufgerufen am 28.01.2020)

- Hans-Peter Siebenhaar: Von wegen Fake News – die Glaubwürdigkeit klassischer Medien ist unangefochten. 20.08.2018. Online unter: https://www.handelsblatt.com/unternehmen/it-medien/medienkommissar/der-medien-kommissar-von-wegen-fake-news-die-glaubwuerdigkeit-klassischer-medien-ist-unangefochten/22931472.html?ticket=ST-2424143-fWpVVMsZcVwNKoSZxTVk-ap1 (zuletzt aufgerufen am 28.01.2020)
- Rainer Stadler: Wer glaubt noch den Medien? 08.03.2019. Online unter: https://www.nzz.ch/feuilleton/medien/glaubwuerdigkeit-der-massenmedien-broeckelt-ld.1445526 (zuletzt aufgerufen am 28.01.2020)

M1 Karikatur: Informationsflut *Lindsay Foyle*

M2 Hauptgründe für die Abbestellung des Zeitungsabonnements (Großstadt) *Michael Haller (IPJ Leipzig)*

Aussage (Fragebogen mit 20 Items; hier die fünf, die am haufigsten angekreuzt wurden)	Das mit der Aussage bezeichnete Defizit	Haufigkeit der Nennung	Konsistenz*
»Es gab immer öfter Berichte in der Zeitung, die mich nicht interessieren.«	zu viel Irrelevantes	61 %	77 %
»Auf den Seiten konnte ich oft nicht erkennen, was wirklich wichtig und was unwichtig ist.«	mangelnde Orientierung	56 %	44 %
»Oft stand in den Berichten nur das, was ich schon vom Radio oder Fernsehen wusste.«	Überregionales: kaum Eigenleistung	49 %	55 %
»Wichtige Vorgänge und Themen in meiner Stadt hat die Zeitung nicht gebracht.«	Lokales: zu geringe Informationsleistung	41 %	60 %
»Oft spiegelten die Berichte nur eine Sicht. Andere Stimmen oder Gegeninformationen fehlten mir.«	Oberflächlichkeit; zu wenig Recherche	39 %	48 %

* Konsistenz: Der Fragebogen wurde zu Beginn der Fokusgruppensitzung und erneut am Ende ausgefüllt. Je geringer die Abweichungen zwischen beiden Durchläufen, desto größer die Konsistenz (= Indikator für die Festigkeit der Meinung bzw. des Urteils). Der Fragebogen enthielt 20 Antwortmöglichkeiten, also 240 Aussagen.

M3 Wenn Gesinnungsethik die sachliche Aufklärung verhindert (2019) *Christian Meier (Medienredakteur)*

[...] Vor rund zwei Jahren hatte der frühere Journalist und spätere Kommunikationsforscher Michael Haller eine umfassende Analyse zur Berichterstattung der Flüchtlingskrise in den Medien vorgelegt. Überregionale Zeitungen, so der Befund aus einer Inhaltsanalyse von Zehntausenden von Beiträgen, hätten sich vor allem an den Positionen der politischen Elite abgearbeitet und zu wenig mit den Einschätzungen von Bürgern und ihrer Alltagswelt befasst.

Die Lokal- und Regionalpresse habe dagegen zu sehr unkritisch das Narrativ der „Willkommenskultur" übernommen. Einer der zentralen Sätze aus Hallers Untersuchung von damals: „Wer Skepsis anmeldete, rückte in den Verdacht der Fremdenfeindlichkeit." Ein differenzierterer Umgang mit dem heiklen Thema habe erst nach der Kölner Silvesternacht von 2016 eingesetzt.

Haller sorgte mit dieser Studie – nicht ganz überraschend – für Aufsehen. Die Verquickung eines der wichtigsten gesellschaftlichen Themen mit der medialen Berichterstattung darüber barg Sprengstoff in einer Zeit, in der Bürger sich fragen, ob ihnen von Politikern und Experten, aber auch von Medien, die unabhängig und unvoreingenommen informieren sollen, die Wahrheit gesagt wird. Oder, um es weniger pathetisch auszudrücken, ob sie die vollständigen Fakten und Sachverhalte präsentiert bekommen, bei möglichst vollständiger Transparenz der jeweiligen Agenden der Entscheidungsträger. Die Schlussfolgerungen fielen nicht sehr schmeichelhaft aus.

Eine Studie der Uni Mainz kam später zu dem Ergebnis, Medien hätten problematische Aspekte der Flüchtlingskrise nicht ausgeblendet. Haller sagt dazu, er halte die beiden Untersuchungen für nicht vergleichbar, weil es bei der Mainzer Studie vor allem um die Frage gegangen sei, ob faktisch korrekt über Migranten berichtet wurde.

M4 Laudatio des Bundespräsidenten Frank-Walter Steinmeier (Verleihung des Marion-Dönhoff-Preises für internationale Verständigung und Versöhnung an die New York Times; Auszug; 2017)

[...] Wir ehren heute eine Autorität der Aufklärung – die Gray Lady, die New York Times. Wir ehren einen Leuchtturm der Vernunft in einem Zeitalter grassierender Unvernunft. Wir ehren ein Flaggschiff der Pressefreiheit in einer Zeit, in der Deniz Yücel und hunderte Journalisten in der Türkei im Gefängnis sitzen, in der in Russland unabhängige Zeitungen zu ausländischen Agenten erklärt werden, und in der selbst in westlichen Demokratien der Sinn und Wert der freien Presse in Frage gestellt wird – und sei es nur mal nebenbei per Tweet am frühen Morgen. Ich danke Matthias Naß und der Jury für die Einladung zu dieser Laudatio, die ich wirklich gern und aus voller Überzeugung angenommen habe. [...]

M5 Berichterstattung über Flüchtlinge zeigt laut Studie Mängel. „Frontenbildung" verschärft (2017) *Leticia Witte*

Zu einseitig: Eine Untersuchung der Otto Brenner Stiftung bescheinigt Journalisten in der Berichterstattung über Flüchtlinge schlechtes Handwerk. Allerdings nicht allen. Mit der Silvesternacht soll die „Wende" gekommen sein.

Die Vorwürfe gipfeln in dem Wort „Lügenpresse". Etablierte Printmedien und der öffentlich-rechtliche Rundfunk gäben nur das wieder, was ihnen die Bundesregierung einflüstere, oder berichteten schlichtweg falsch, heißt es immer wieder von Kritikern der journalistischen Berichterstattung. Prompt wurde der bereits von den Nationalsozialisten genutzte Begriff „Lügenpresse" Unwort des Jahres 2014, weil laut Jury damit Medien pauschal diffamiert werden.

Demonstration von AfD-Anhängern
© Bernd Wüstneck (dpa; Deutsche Presse-Agentur GmbH)

Mängel ausgemacht

Auch wer nicht gleich von „Lügenpresse" sprach, hatte mitunter ein ungutes Gefühl, was die Berichterstattung über den Flüchtlingszuzug 2015 und seine Folgen anging. Manch einer fragte sich, ob einige Medien nicht zu sehr nach der „Willkommenskultur“ riefen und nicht zu unkritisch seien – dazu gab es in der Folge bereits Selbstkritisches zu lesen und zu hören. Andere Menschen wiederum fanden Berichte zu Flüchtlingen und Migration genau richtig.

Jetzt hat eine Studie der Otto Brenner Stiftung, die am Freitag auf der Internetseite freigeschaltet werden soll, bei „großen Teilen der Journalisten“ Mängel in der Flüchtlings-Berichterstattung ausgemacht.

„Sinn- und Strukturkrise der Mainstreammedien“

Studienleiter Michael Haller: „Statt als neutrale Beobachter die Politik und deren Vollzugsorgane kritisch zu begleiten und nachzufragen, übernahm der Informationsjournalismus die Sicht, auch die Losungen der politischen Elite.“ Stichwort „Willkommenskultur“.

Die Wissenschaftsstiftung der IG Metall betont aber auch, dass nicht alle Arbeiten über einen Kamm geschoren werden dürften. „Viele Journalisten haben herausragende Berichte geschrieben, viele Medien haben sich um präzise, aktuelle Berichterstattung gekümmert“, sagen Haller und Stiftungs-Geschäftsführer Jupp Legrand. Nach Hallers Ansicht weisen die Ergebnisse der Erhebung „auf eine Sinn- und Strukturkrise der sogenannten Mainstreammedien“ hin. „Die von den Journalisten beschriebene Wirklichkeit ist sehr weit entfernt von der Lebenswelt eines großen Teils ihres Publikums.“

Als sich die Ereignisse überschlugen

Untersucht wurden den Angaben zufolge mehr als 30.000 Medienberichte – „und insbesondere für einen gut zwanzigwöchigen Zeitraum, in dem sich im Jahr 2015 die Ereignisse überschlugen, rund 1.700 Texte“. Im Mittelpunkt standen „Printleitmedien“ wie „Frankfurter Allgemeine Zeitung“ (FAZ), „Süddeutsche Zeitung“ (SZ) und „Welt“, mehr als 80 Lokal- und Regionalzeitungen sowie die Internetportale focus.de, tagesschau.de und Spiegel Online.

Die Studie gelangt über die Analyse von zehn „Großereignissen“ – etwa der Grenzöffnung für Flüchtlinge oder Kanzlerin Merkels Satz „Wir schaffen das“ – zu ihren Ergebnissen. Insgesamt dominiert laut Studie bei den drei großen Zeitungen FAZ, SZ und „Welt“ die Textform Bericht mit 48,6 Prozent, gefolgt von Kommentar und Glosse (17,5). Das Interview komme mit 4,4 Prozent selten vor, Reportagen und Porträts lägen bei 6,4. „Zugespitzt formuliert: Das Flüchtlingsthema fand in der medialen Öffentlichkeit der Leitmedien (weitgehend) ohne Flüchtlinge statt“, heißt es dazu. Auch kämen oft Journalisten in den Texten zu Wort, deutlich häufiger als etwa „Vertreter des aktiv handelnden Religions- und Kirchenpersonals“. Die politische Debatte sei von den Regierungsparteien beherrscht worden.

Wende der Berichterstattung mit der Silvesternacht in Köln

Auswahl der Gesprächspartner, Ton der Berichterstattung, Einfluss auf die Stimmung in Deutschland: Ein Befund der Studie ist, dass der Informationsjournalismus dazu beigetragen habe, eine „Frontenbildung“ zu verschärfen. In rund der Hälfte der Berichterstattungen werde nicht neutral und sachlich berichtet. Erst auf die Ereignisse der Silvesternacht 2015/16 hin sei „ein veränderter – man könnte sagen: differenzierterer – Umgang mit dem Megathema ‚Flüchtlinge in Deutschland‘“ erfolgt. So hätten Medien zunehmend Ängste und Sorgen der Bevölkerung thematisiert. Trotz aller Analysen – am Ende hält die Untersuchung fest: „Unsere Studie beschäftigte sich nicht mit der Frage, welche Einstellung zur Flüchtlingsthematik die moralisch bessere oder schlechtere sei."

Apropos Studie und „Lügenpresse": Vor gut zwei Wochen wurde eine andere Untersuchung veröffentlicht, wonach die Deutschen Presse, Fernsehen und Radio so stark wie seit 15 Jahren nicht mehr vertrauen.

M6 Immanuel Kant, Was ist Aufklärung? (1784, Auszug)

Aufklärung ist der Ausgang des Menschen aus seiner selbstverschuldeten Unmündigkeit. Unmündigkeit ist das Unvermögen, sich seines Verstandes ohne Leitung eines anderen zu bedienen. Selbstverschuldet ist diese Unmündigkeit, wenn die Ursache derselben nicht am Mangel des Verstandes, sondern der Entschließung und des Mutes liegt, sich seiner ohne Leitung eines anderen zu bedienen. Sapere aude! Habe Mut, dich deines eigenen Verstandes zu bedienen! ist also der Wahlspruch der Aufklärung. […]

M7 Von wegen Fake News – die Glaubwürdigkeit klassischer Medien ist unangefochten (2018) *Hans-Peter Siebenhaar*

Der Vertrauensverlust der Medien ist eine Erfindung der Populisten. Die Glaubwürdigkeit deutscher Medien nimmt sogar zu – vor allem die der Tageszeitungen.

Viel, sehr viel Geld lässt sich mit Fake News verdienen. Im gnadenlosen Kampf um die Aufmerksamkeit sind Halbwahrheiten, Vermutungen und Erfindungen zu einem Geschäftsmodell geworden. Denn je mehr Leser auf die Seiten mit absurden „Informationen" gelockt werden, desto größer sind die Werbeeinnahmen. Lügen wurden zum Rohstoff der digitalen Wertschöpfung.

Doch allmählich wendet sich das Blatt. Bereits zu Jahresbeginn warnte Jimmy Wales, Gründer der Onlineenzyklopädie Wikipedia, im Handelsblatt: „Die Leute haben die Überspitzungen und Halbwahrheiten allmählich satt, sie sind ja nicht dumm", sagte der 52-jährige Internetunternehmer. Seine These bewahrheitet sich bereits in Deutschland.

Von wegen Fake News. Die Glaubwürdigkeit der klassischen Medien ist unangefochten. Unter den privaten Medien hat die Tageszeitung klar die Nase vorn. 71 Prozent der Deutschen halten Printmedien für glaubwürdig. Zum Vergleich: Bei den sozialen Medien wie Facebook oder Twitter sind es peinliche fünf Prozent – der letzte Platz. Das geht aus einer bislang wenig beachteten Untersuchung des Meinungsforschungsinstituts Infratest Dimap im Auftrag des WDR hervor.

Wissenschaftler fanden heraus, dass die Glaubwürdigkeit der Medien in der Bundesrepublik sogar gestiegen ist. Zwei Drittel aller Deutschen schenken den Informationen der deutschen Medien Glauben. Das sind 13 Prozent mehr als noch vor zwei Jahren auf dem Höhepunkt der Flüchtlingskrise.

Ein Ergebnis der Studie ist auch: Je höher der Bildungsgrad, desto größer das Vertrauen in die klassischen Medien. Das heißt: Insbesondere die Eliten setzen auf Informationen und Meinungen der großen Medienmarken. Denn sie brauchen verlässliche und korrekte Informationen.

In den vergangenen Jahren haben Rechtspopulisten, insbesondere in Ostdeutschland, die Atmosphäre mit dem Vorwurf der „Lügenpresse" vergiftet. Rechte Aktivisten kreierten die Mär eines angeblich herben Vertrauensverlustes in die privaten und öffentlich-rechtlichen Medien. Wie sich nun herausgestellt hat, handelt es sich dabei um eine propagandistische Erfindung einer radikalen Minderheit. Die Bürger denken anders. [...]

M8 Wer glaubt noch den Medien? (2019) *Rainer Stadler*

Das Vertrauen in die Massenmedien bröckelt. Doch es ist immer noch stärker, als mancher Kritiker meinen mag. Vor allem in kleinräumigen, demokratischen Staaten ist ein Zusammenhang zwischen Wohlstand, Freiheit und glaubwürdigen Medien erkennbar.

Das stimmt nachdenklich: 25 Prozent der Deutschen halten es für ganz sicher oder zumindest wahrscheinlich, dass beim tödlichen Unfall von Prinzessin Diana der britische Geheimdienst seine Finger im Spiel hatte. 17 Prozent wiederum glauben mehr oder weniger fest, dass die Anschläge auf das World Trade Center am 11. September 2001 von den USA inszeniert wurden. Diese Zahlen nennt eine repräsentative Umfrage, welche die Johannes-Gutenberg-Universität Mainz durchführte (2017). Behauptungen aus dem Reich der Verschwörungstheoretiker finden demnach nicht nur unter einer kleinen Minderheit Zustimmung. Der vergleichsweise starke Rückhalt solcher Ansichten steht in klarem Widerspruch zu den Massenmedien, die für Verschwörungstheorien kein Verständnis zeigen.

Die Behauptung, die Medien verlören laufend an Glaubwürdigkeit, gehört zum Generalbass der Zeitkritik.

Kann man darin ein Indiz für eine geschwächte Anerkennung der etablierten Informationsvermittler erkennen? Ist es ein Indiz für einen Graben zwischen dem, was die Leute denken, und dem, was die Medien sagen? Die Behauptung, die Medien verlören laufend an Glaubwürdigkeit, gehört zum Generalbass der Zeitkritik. Dabei schwingt oft die These mit, die Medienkonsumenten seien seit dem Aufkommen der sozialen Netzwerke zu beliebig manipulierbaren Objekten verkommen, welche obskuren Nachrichten mehr Glauben schenkten als jenen der einschlägigen Informationsplattformen. Entsprechende Thesen erhielten seit der Wahl von US-Präsident Trump starken Auftrieb. Trump seinerseits fischt ja gerne im Teich der Verschwörungstheoretiker – um die Journalisten zu reizen und gleichzeitig seine Klientel bei Laune zu halten.

In Filterblasen leben wenige.

Es gibt Gründe für eine optimistischere Sicht. Der Großteil der Zeitgenossen kann es sich nicht leisten, in Filterblasen zu leben. Sie kommen in ihrem Alltagsleben nicht darum herum, Widersprüche wahrzunehmen, also Tatsachen und Meinungen zu erfahren, die dem eigenen Weltbild widersprechen – sei dies im Gespräch mit Bekannten, Freunden, Arbeitskollegen oder Kindern.

Der Alltag konfrontiert jeden mit Widersprüchen.

Hier spielen die klassischen Massenmedien eine wichtige Rolle. Sie vermitteln ein breites Spektrum an Informationen aus Politik, Wirtschaft, Gesellschaft und Kultur. Und selbst wenn die Medien teilweise einseitig informieren, vermitteln die meisten Organe keine geschlossenen Weltbilder. Kommt hinzu, dass sich wenige Konsumenten nur auf eine einzige Informationsquelle stützen. Damit stoßen sie auch im Alltag zumindest zufällig auf Nachrichten und Berichte mit anderer Stimmlage. Gewiss, die Konsumenten sind in gewissen Phasen mit Medienhypes und entsprechend gleichgerichteten Interpretationen von Ereignissen konfrontiert. Aber solche geschlossenen Kreise sind selten von langer Dauer. Filterblasen dürften nur in kleinen sozialen Gruppen ein langes Leben haben. Die Medien vermögen in diesem Sinn ihre Konsumenten in die Gesellschaft zu integrieren. […]

Beispiellösung

Was sollen wir glauben?

„Muss nur noch kurz die Welt retten
Danach flieg' ich zu dir
Noch 148 Mails checken
Wer weiß, was mir dann noch passiert
Denn es passiert so viel"

So beginnt ein 2011 veröffentlichter Song von Tim Bendzko und trifft damit den Ton der Zeit. Im Zeitalter der neuen Medien werden Jugendliche mit Informationen überschüttet. Neben dem täglichen Informationsfluss über traditionellere Medien wie Radio und Fernsehen erscheinen nahezu im Sekundentakt die aktuellsten News am Tablet oder Smartphone. In sozialen Medien werden die Ereignisse des Tages vielfältig kommentiert und natürlich wird auch in der Schule über dies oder das gesprochen. Da fällt es häufig nicht leicht zu entscheiden, welchen der zahlreichen Nachrichten wir glauben sollen.

„Wer glaubt noch den Medien?", fragt Rainer Stadler 2019 in einem Artikel, in dem er sich mit der aktuell viel debattierten Frage nach der Glaubwürdigkeit der Medien auseinandersetzt. Die Kritik an der journalistischen Berichterstattung gipfelt in dem Unwort des Jahres 2014: „Lügenpresse". Nicht nur in den Medien, sondern auch auf Demonstrationsschildern ist das Wort zu lesen und brennt sich so – allein durch ständige Präsenz – in unser Gedächtnis ein. Natürlich ist es problematisch, Medien mit dem Wort pauschal zu diffamieren, und es wurde zu Recht zum Unwort des Jahres gewählt. Nichtsdestotrotz bleibt der Zweifel: Werden in den Medien Lügen verbreitet? Lesen und hören wir nur noch Fake News? Die Journalistin Leticia Witte weist darauf hin, dass „[a]uch wer nicht gleich von ‚Lügenpresse' sprach, […] mitunter ein ungutes Gefühl" hatte. Sie erläutert die immer wieder aufgegriffenen Vorwürfe: Die Medien seien

Hinweise

ansprechende, passende Überschrift

1. Aufgabenbezogene, die Leser gewinnende Einleitung (Einbindung M1)

Problemaufriss

2. Hauptteil: Diskussion der zentralen Fragestellung: Zweifel an der Glaubwürdigkeit der Medien

Einbindung M5

differenzierte Betrachtung des Problems

nicht mehr objektiv, sondern berichteten nur das, „was ihnen die Bundesregierung einflüstere". Die Berichte seien auch nicht mehr sachlich und präzise, vielmehr zum Teil sogar falsch, weil nicht hinreichend genau recherchiert werde. Zu oft ginge es heutzutage darum, Neuigkeiten möglichst schnell und „interessant" an die Öffentlichkeit zu bringen. Mit Schlagzeilen und Eyecatchern solle die Aufmerksamkeit des Lesers geweckt werden. „Viel, sehr viel Geld lässt sich mit Fake News verdienen", erklärt auch Hans-Peter Siebenhaar (2018). Folglich scheinen Werbeeinnahmen wichtiger als ehrliche Recherche und das Geschäft mit „Halbwahrheiten, Vermutungen und Erfindungen" lukrativer als die Information der Rezipienten.

Erläuterung der Zweifel unter Rückgriff auf M5 und M7

Schlussfolgerung

Angeheizt wurde die Debatte durch eine 2017 erschienene Studie von Michael Haller. Der Journalist und Kommunikationsforscher untersuchte mehr als 30.000 Medienberichte verschiedener regionaler und überregionaler Zeitungen sowie einiger Internetportale. Analysiert wurde der Umgang des Informationsjournalismus mit der Flüchtlingsthematik, einem gesellschaftlich hochbrisanten Thema. Daher war es, so der Medienredakteur Christian Meier (2019), „nicht ganz überraschend", dass der Studie viel Aufmerksamkeit geschenkt wurde. Wie zahlreiche andere Reporter diskutiert auch Meier in seinem Artikel die Frage, ob sachliche Aufklärung durch die Medien verhindert werde, weil die Berichterstattung eher der Verklärung der Ereignisse diene. Als Beispiel dient häufig der Begriff „Willkommenskultur", der in der Berichterstattung über Flüchtlingsströme und Migration nach Deutschland vielfach verwendet wurde und die Kritik aufkommen ließ, dass Journalisten zum Sprachrohr der Politik würden, statt Hintergründe zu recherchieren und eigenständig und differenziert zu berichten. Haller wirft der Presse vor, Wünsche und Maßgaben der Politik zu unkritisch zu übernehmen. Seine Studie habe auch ergeben, dass es viele Berichte und Kommentare zu dem Thema gebe, aber kaum Interviews. Daher sein Fazit: „Das Flüchtlingsthema fand in der medialen Öffentlichkeit der Leitmedien (weitgehend) ohne Flüchtlinge statt." (M5) Viele Journalisten hätten demzufolge die Grundfunktion der Informationsmedien vergessen. Dies führe zu einer „Sinn- und Strukturkrise" der Mainstreammedien, also insbesondere der Tageszeitung. Tabellarisch zeigt Haller in seiner Studie die Hauptgründe für die Abbestellung von Zeitungsabonnements in Großstädten auf und belegt durch die Ergebnisse der Umfrage, dass das Vertrauen der Bürger in die Presse sinkt (M2). Dabei fällt aber auch auf, dass mehr als

Vertiefung durch im Unterricht gelesene Texte und Bezug auf M3

Veranschaulichung und Erläuterung am Beispiel

Schlussfolgerung und Zusammenfassung der Kritik an den Medien, insbesondere der Zeitung als klassisches Informationsmedium

Beleg durch Auswertung M2

60 % der Leser ihre Tageszeitung abbestellen, weil in dieser immer häufiger für sie uninteressante Berichte erscheinen. Nur um die 40 % benennen dagegen geringe Informationsleistung, wenig Recherche und Oberflächlichkeit als Grund.

Daher stellt sich nun die Frage: Was erwarten die Bürger von den Journalisten und ihren Artikeln? Christian Meier betont, dass Medien unabhängig und unvoreingenommen informieren sollen, und orientiert sich damit am deutschen Pressekodex, den Richtlinien für die publizistische Arbeit nach den Empfehlungen des deutschen Presserats. Sinngemäß heißt es hier unter Ziffer 1, dass die „Wahrheit" und die „wahrhaftige Unterrichtung der Öffentlichkeit" die obersten Gebote der Presse seien. So würden Ansehen und Glaubwürdigkeit der Medien bewahrt. Die Medien sollen objektiv und ehrlich über Vorgänge und Ereignisse berichten, die für die Meinungs- und Willensbildung wichtig sind. Die Presse darf keine „Exklusivverträge" mit Informanten schließen, sich nicht von der Politik beeinflussen lassen und muss auch über Auffassungen berichten, die sie selbst nicht teilt. Glaubwürdigkeit und Vertrauen sind also das höchste Gut der Journalisten. Mit der beschriebenen Verbreitung von Fake News und der scheinbaren Einflussnahme von Politikern auf journalistische Berichte sinkt die Glaubhaftigkeit. Aber es gibt auch andere Studien – und andere Ergebnisse. So zeigt eine repräsentative Umfrage der Johannes-Gutenberg-Universität Mainz, dass das Vertrauen in Zeitung, Fernsehen und Radio in den letzten Jahren sogar zugenommen hat. „Die Leute haben die Überspitzungen und Halbwahrheiten allmählich satt, sie sind ja nicht dumm", zitiert Hans-Peter Siebenhaar (2018) einen Internetunternehmer und belegt damit die Wende. Die Glaubwürdigkeit der klassischen Medien sei unangefochten, in Deutschland sogar gestiegen. 71 % der Deutschen halten die Printmedien für glaubwürdig. Jene Leser, die echte Informationen und gute Recherchen wollen, suchen und finden diese in den traditionelleren Medien, die ein breites Spektrum an Informationen zu unterschiedlichsten Themen liefern. „Der Alltag konfrontiert jeden mit Widersprüchen", schreibt Rainer Stadler (2019), sodass der mündige Leser Tatsachen und Meinungen erkennen und bewerten muss. Nur wenige stützten sich dabei auf eine einzige Informationsquelle und viele erkennen Fake News auch als solche.

„Je höher der Bildungsgrad, desto größer das Vertrauen in die klassischen Medien" (Siebenhaar, 2018), ist ein weiteres Ergebnis der Mainzer Studie und ein Beleg dafür, dass der mündige

Überleitung zur Gegenposition durch Bezug auf im Unterricht gelesene Texte (hier: Pressekodex)

geordnete Information der Leser und Berücksichtigung des situativen Kontextes (überregionale Wochenzeitung)

Gegenargumente mit Bezug auf M7, M8 und M5 (funktionale und zielorientierte Verknüpfung der Materialien)

Verdeutlichung der eigenen Position / Nutzung im Unterricht erworbener Kenntnisse (Aufklärung, Mündigkeit)

Bürger in der Lage ist, gut recherchierte Berichte von schnell produzierten Tweets zu unterscheiden. Hinzu kommt, dass die Kritik und der Vorwurf einer „Gesinnungsethik" insgesamt zu pauschal sind. Nicht alle Journalisten dürfen „über einen Kamm geschoren werden", schreibt Leticia Witte und reagiert damit direkt auf die Mahnungen Hallers. Auch sie beruft sich auf Experten, die betonen, dass viele Journalisten sehr gute Arbeit leisten und sich um objektive und wahrheitsgetreue Berichterstattung kümmern. Noch immer gibt es „besondere Könner", die durch investigative Recherchen die nachweisliche Qualität journalistischer Arbeit belegen. Als Beispiel können hierfür die „Panama Papers" genannt werden oder als Person Deniz Yücel, der aufgrund seiner Arbeit sogar inhaftiert wurde. Unser Bundespräsident Frank-Walter Steinmeier hebt bei der Verleihung des Marion-Dönhoff-Preises an die „New York Times" 2017 hervor, dass er in seiner Laudatio die „Gray Lady" der Printmedien als „einen Leuchtturm der Vernunft in einem Zeitalter grassierender Unvernunft" ehre, und betont damit ebenfalls die hohe Relevanz einzelner aufklärerischer Berichte in der breiten Masse aller Medien eines digitalen Zeitalters.

Beleg durch M4: Ehrung der Zeitung als Medium der Aufklärung (am Beispiel der „New York Times")

Schließlich muss jeder selbst entscheiden, was er oder sie glauben möchte. Immanuel Kant (M6) wusste schon 1784: Wer aufgeklärt werden will, muss den Mut haben, sich seines eigenen Verstandes zu bedienen. Er darf nicht zu faul sein, überliefertes Wissen kritisch zu hinterfragen und neue Fakten vernünftig zu prüfen. Das heißt, dass Informationen nicht nur gesammelt, sondern auch bewertet werden müssen, und zwar „ohne Leitung eines anderen", also eigenständig und eigenverantwortlich. Bei der Informationsvermittlung aber spielt die Zeitung nach wie vor eine zentrale Rolle. Gerade in der heutigen Zeit, in der unser Alltag von einer Überfülle an Informationen bestimmt ist, kommt der Zeitung eine besondere Bedeutung zu, denn in dieser finden wir eben nicht nur schnell formulierte Kommentare oder unüberlegte Tweets, sondern auch objektive und gut recherchierte Artikel. Die viel diskutierte Studie von Michael Haller zeigt auch dies: Viele Journalisten haben herausragende Berichte geschrieben, viele Medien haben sich um präzise und aktuelle Berichterstattung gekümmert. Nun darf der Rezipient nur nicht zu faul sein, diese Berichte zu lesen. Der schnelle und unreflektierte Konsum aufmerksamkeitserregender Headlines ist nicht ausreichend, denn dieser allein mag sehr wohl zu einer Verklärung der Tatsachen führen. Als Medium der Aufklärung kann die Zeitung also nur funktionieren, wenn der Leser bereit ist, sich aufklären zu lassen!

3. Formulierung eines geeigneten Schlusses: Verdeutlichung der eigenen Position und indirekter Appell an die Leser

Nutzung von M6 als Beleg und Rückgriff auf Kenntnisse aus dem Unterricht (Aufklärung, Mündigkeit) sowie Rückbezug zur Einleitung

Original-Prüfungsaufgaben

Abitur 2019

Gotthold Ephraim Lessing: Nathan der Weise

grundlegendes Anforderungsniveau

Aufgabenart: Materialgestütztes Verfassen informierender Texte

Aufgabenstellung*

1 Anlässlich des 240. Jahrestages der Erstveröffentlichung des Dramas „Nathan der Weise" von Gotthold Ephraim Lessing plant die regionale Tageszeitung eine Sonderseite zu diesem Thema.

Verfassen Sie dafür einen informierenden Beitrag, in dem Sie darstellen, wie sich Leitideen der Aufklärung in Lessings Drama widerspiegeln. Thematisieren Sie dabei auch die bis heute fortdauernde Aktualität des Stückes. Nutzen Sie dazu die vorliegenden Materialien und beziehen Sie Ihre Kenntnisse über die Epoche der Aufklärung und über Lessings Drama ein.

Formulieren Sie eine geeignete Überschrift für Ihren Text. Aus redaktionellen Gründen soll Ihr Beitrag 800 bis 1000 Wörter umfassen. Bei Verwendung von Zitaten aus den Materialien muss der Autor und ggf. der Titel genannt werden.

Materialgrundlage

- Daniel Chodowiecki: Toleranz (Kupferstich; 1791). Aus: Göttinger Taschen Calender für das Jahr 1792. Hrsg. von Georg Christoph Lichtenberg et al. Göttingen: Dieterich'sche Verlagsbuchhandlung 1792
- Ereignisse und Entwicklungen im 18. Jahrhundert (Auswahl)
- Georg Christoph Lichtenberg: Aphorismen (Auszüge aus den „Sudelbüchern"; 1765 – 1799). Aus: Ders.: Schriften und Briefe. 1. Band: Sudelbücher I. Hrsg. von Wolfgang Promies. München: Carl Hanser Verlag 1968, S. 40, 860 und 918. 2. Band: Sudelbücher II, Materialhefte, Tagebücher. Hrsg. von Wolfgang Promies. München: Carl Hanser Verlag 1971, S. 135, 444
- Christoph Martin Wieland: Sechs Antworten auf sechs Fragen (Auszug; 1784). Aus: C. M. Wielands sämmtliche Werke. Hrsg. von Johann Gottfried Gruber. Politische Werke: 1. Band. Leipzig: Göschen'sche Verlagsbuchhandlung 1825, S. 405 – 407
- Immanuel Kant: Beantwortung der Frage: Was ist Aufklärung? (Auszug; 1784). Aus: Berlinische Monatsschrift: Haude & Spener 1784, Heft 12, S. 491
- Gotthold Ephraim Lessing: Briefe, die neueste Litteratur betreffend – Auszug aus dem elften Brief (1759). Aus: Ders.: Werke und Briefe in zwölf Bänden. Hrsg. von Wilfried Barner et al. Band 4: Werke 1758 – 1759: Philotas, Fabeln und Fabel-Abhandlungen, Literaturbriefe. Hrsg. von Gunter E. Grimm. Frankfurt a. M.: Deutscher Klassiker Verlag 1997, S. 479

* Quelle: Niedersächsisches Kultusministerium

- Gotthold Ephraim Lessing: Brief an seinen Vater vom 30.05.1749 (Auszug). Aus: Ders.: Werke und Briefe in zwölf Bänden. Hrsg. von Wilfried Barner et al. Band 11,1: Briefe von und an Lessing: 1743 – 1770. Hrsg. von Helmuth Kiesel. Frankfurt a. M.: Deutscher Klassiker Verlag 1987, S. 26
- Gotthold Ephraim Lessing: Nathan der Weise. Ein dramatisches Gedicht, in fünf Aufzügen (Auszüge; 1779). Aus: Ders.: Werke und Briefe in zwölf Bänden. Hrsg. von Wilfried Barner et al. Band 9: Werke 1778 – 1780. Hrsg. von Klaus Bohnen und Arno Schilson. Frankfurt a. M.: Deutscher Klassiker Verlag 1993, S. 497, 531 f., 554, 559, 597
- Titel von Rezensionen zu verschiedenen Inszenierungen von Lessings Drama „Nathan der Weise" (2015 – 2017)
- Auszug aus der Werkstatistik des Deutschen Bühnenvereins (2016/17). 12.07.2018. Online unter: http://www.buehnenverein.de/de/presse/pressemeldungen.html?det=507

Der letzte Zugriff auf die Internetquellen erfolgte am 30.10.2018.
Rechtschreibung und Zeichensetzung folgen den angegebenen Textquellen.

M1 Toleranz (Kupferstich; 1791) *Daniel Chodowiecki (1726 – 1801)*

Anmerkungen

Abgebildet ist die römische Göttin Minerva (gleichgesetzt mit der griechischen Göttin Athene): Beschützerin des Staates, Göttin u. a. des Handwerks, der Künste und der Weisheit sowie Hüterin des Wissens. Am unteren Bildrand sind Repräsentanten verschiedener Religionen zu sehen

M2 Ereignisse und Entwicklungen im 18. Jahrhundert (Auswahl)

1700	Gründung der Königlich-Preußischen Akademie der Wissenschaften in Berlin
1717	Beginn der allgemeinen Schulpflicht in Preußen
1734/37	Gründung der Georg-August-Universität Göttingen
1745	Gründung des Collegium Carolinum in Braunschweig; Vorgänger der Technischen Universität
1751 – 1780	Erscheinen der französischen Encyclopédie (35 Bände); universales Lexikon des zeitgenössischen Wissens; Standardwerk der Aufklärung
1769	Entwicklung der Dampfmaschine
1776	Amerikanische Unabhängigkeitserklärung
1783	Start eines Heißluftballons der Brüder Montgolfier in Versailles
1787/91	Aufnahme der Erklärung der Menschenrechte (Bill of Rights) in die amerikanische Verfassung
1789	Beginn der Französischen Revolution

M3 Aphorismen[1] (Auszüge aus den „Sudelbüchern[2]“; 1765 – 1799)

Georg Christoph Lichtenberg (1742 – 1799)

Text in alter Rechtschreibung

- Weiser werden heißt immer mehr und mehr die Fehler kennen lernen, denen dieses Instrument, womit wir empfinden und urteilen, unterworfen sein kann. Vorsichtigkeit im Urteilen ist was heutzutage allen und jeden zu empfehlen ist, gewönnen wir alle 10 Jahre nur eine unstreitige Wahrheit von jedem philosophischen Schriftsteller, so wäre unsere Ernde[3] immer reich genug.
- Daß in den Kirchen gepredigt wird macht deswegen die Blitzableiter auf ihnen nicht unnötig.
- Man spricht viel von Aufklärung, und wünscht mehr Licht. Mein Gott was hilft aber alles Licht, wenn die Leute entweder keine Augen haben, oder die, die sie haben, vorsätzlich verschließen?
- Es ist fast unmöglich, die Fackel der Wahrheit durch ein Gedränge zu tragen, ohne jemandem den Bart zu sengen.
- Wir leben in einer Welt, worin ein Narr viele Narren, aber ein weiser Mann nur wenige Weise macht.

Anmerkungen

1 Aphorismen: *prägnant-geistreiche Sinnsprüche, die eine Erkenntnis, Erfahrung oder Lebensweisheit vermitteln*

2 Sudelbüchern: *Sudel: Schmutz (benannt nach den sog. waste books, in die Kaufleute ihre täglichen Notizen schrieben)*

3 Ernde: *Ernte*

M4 Sechs Antworten auf sechs Fragen (Auszug; 1784)

Christoph Martin Wieland (1733 – 1813)

Text in alter Rechtschreibung

1. „Was ist Aufklärung?"

Das weiß jedermann, der vermittelst[1] eines Paares sehender Augen erkennen gelernt hat, worin der Unterschied zwischen Hell und Dunkel, Licht und Finsterniß besteht. Im Dunkeln sieht man entweder gar nichts, oder wenigstens nicht so klar, daß man die Gegenstände recht erkennen, und von einander unterscheiden kann: so bald Licht gebracht wird, klären sich die Sachen auf, werden sichtbar und können von einander unterschieden werden; – doch wird dazu zweierlei nothwendig erfordert: 1) daß Licht genug vorhanden sey, und 2) daß diejenigen, welche dabei sehen sollen, weder blind noch gelbsüchtig[2] seyen, noch durch irgend eine andere Ursache verhindert werden, sehen zu können oder sehen zu wollen.

2. „Ueber welche Gegenstände kann und muß sich die Aufklärung ausbreiten?"

Drolligte[3] Frage! Worüber als über sichtbare Gegenstände? Das versteht sich doch wohl, dächte ich; oder muß es den Herrn noch bewiesen werden? Nun wohlan! [...] Das Licht des Geistes, wovon hier die Rede ist, ist die Erkenntniß des Wahren und Falschen, des Guten und Bösen. Hoffentlich wird jedermann zugeben, daß es ohne diese Erkenntniß eben so unmöglich ist, die Geschäfte des Geistes recht zu treiben, als es ohne materielles Licht möglich ist, materielle Geschäfte recht zu thun. Die Aufklärung, d. i.[4], so viel Erkenntniß als nöthig ist, um das Wahre und Falsche immer und überall unterscheiden zu können, muß sich also über alle Gegenstände ohne Ausnahme ausbreiten, worüber sie sich ausbreiten kann, d. i. über alles dem äußern und innern Auge Sichtbare. [...]

Anmerkungen

1 vermittelst: *mittels, mithilfe*
2 gelbsüchtig: hier: *gelbsichtig, alles mit einem Gelbschleier sehend*
3 Drolligte: *drollig: komisch, seltsam*
4 d. i.: *das ist*

M5 Beantwortung der Frage: Was ist Aufklärung? (Auszug; 1784)

Immanuel Kant (1724 – 1804)

Text in alter Rechtschreibung

[...] Wenn denn nun gefragt wird: Leben wir jetzt in einem aufgeklärten Zeitalter? so ist die Antwort: Nein, aber wohl in einem Zeitalter der Aufklärung. Daß die Menschen, wie die Sachen jetzt stehen, im Ganzen genommen, schon im Stande wären, oder darin auch nur gesetzt werden könnten, in Religionsdingen sich ihres eigenen Verstandes ohne Leitung eines Andern sicher und gut zu bedienen, daran fehlt noch sehr viel. Allein, daß jetzt ihnen doch das Feld geöffnet wird, sich dahin frei zu bearbeiten, und die Hindernisse der allgemeinen Aufklärung, oder des Ausganges aus ihrer selbst verschuldeten Unmündigkeit, allmälig[1] weniger werden, davon haben wir doch deutliche Anzeigen[2]. In diesem Betracht[3] ist dieses Zeitalter das Zeitalter der Aufklärung [...].

Anmerkungen

1 allmälig: *allmählich*
2 Anzeigen: *Anzeichen*
3 In diesem Betracht: *in diesem Sinne, so betrachtet*

M6 Briefe, die neueste Litteratur betreffend – Auszug aus dem elften Brief (1759) *Gotthold Ephraim Lessing (1729 – 1781)*

Text in alter Rechtschreibung

[...] Der größte Fehler, den man bei der Erziehung zu begehen pflegt, ist dieser, daß man die Jugend nicht zum eigenen Nachdenken gewöhnet [...]. Das große Geheimnis die menschliche Seele durch Übung vollkommen zu machen [...] bestehet einzig darin, daß man sie in steter Bemühung erhalte, durch eigenes Nachdenken auf die Wahrheit zu kommen. Die Triebfedern dazu sind Ehrgeiz und Neubegierde[1]; und die Belohnung ist das Vergnügen an der Erkenntnis der Wahrheit. [...]

Anmerkungen

1 Neubegierde: *Neugier*

M7 Brief an seinen Vater vom 30.05.1749 (Auszug)

Gotthold Ephraim Lessing (1729 – 1781)

Text in alter Rechtschreibung

[...] Die Zeit soll lehren ob der ein beßrer Xst[1] ist, der die Grundsätze der christl. Lehre im Gedächtnisse, und oft, ohne sie zu verstehen, im Munde hat, in die Kirche geht, und alle Gebräuche mit macht, weil sie gewöhnlich[2] sind; oder der, der einmal klüglich[3] gezweifelt hat, und durch den Weg der Untersuchung zur Überzeugung gelangt ist, oder sich wenigstens noch dazu zu gelangen bestrebet. Die Xstliche Religion ist kein Werk, das man von seinen Eltern auf Treue und Glaube annehmen soll. Die meisten erben sie zwar von ihnen eben so wie ihr Vermögen, aber sie zeugen durch ihre Aufführung[4] auch, was vor[5] rechtschaffne Xsten sie sind. So lange ich nicht sehe, daß man eins der vornehmsten[6] Gebote des Xstentums, Seinen Feind zu lieben nicht besser beobachtet[7], so lange zweifle ich, ob diejenigen Xsten sind, die sich davor[8] ausgeben. [...]

Anmerkungen

1 Xst: *Christ*
2 gewöhnlich: *gewohnt, üblich*
3 klüglich: *aus Vernunft, nach sorgfältiger Überlegung*
4 Aufführung: *Betragen, Verhalten*
5 vor: *für*
6 vornehmsten: *wichtigsten, vorrangigsten*
7 beobachtet: *beachtet, einhält*
8 davor: *dafür*

M8 Nathan der Weise. Ein dramatisches Gedicht, in fünf Aufzügen (Auszüge; 1779) *Gotthold Ephraim Lessing (1729 – 1781)*

Text in alter Rechtschreibung

1. Aufzug, 2. Auftritt

NATHAN […] Begreifst du aber,
Wie viel andächtig schwärmen leichter, als
Gut handeln ist? wie gern der schlaffste Mensch
Andächtig schwärmt, um nur, – ist er zu Zeiten
Sich schon der Absicht deutlich nicht bewußt –
Um nur gut handeln nicht zu dürfen?

2. Aufzug, 5. Auftritt

NATHAN […]
Ich weiß, wie gute Menschen denken; weiß,
Daß alle Länder gute Menschen tragen.

3. Aufzug, 6. Auftritt

Nathan allein.
[…] Was will der Sultan? was? – Ich bin
Auf Geld gefaßt; und er will – Wahrheit. Wahrheit!
Und will sie so, – so bar, so blank, – als ob
Die Wahrheit Münze wäre! […]

3. Aufzug, 7. Auftritt

NATHAN […] Wohlan!
Es eifre jeder seiner unbestochnen
Von Vorurteilen freien Liebe nach!
Es strebe von euch jeder um die Wette,
Die Kraft des Steins in seinem Ring' an Tag
Zu legen! komme dieser Kraft mit Sanftmut,
Mit herzlicher Verträglichkeit, mit Wohltun,
Mit innigster Ergebenheit in Gott,
Zu Hülf'! […]

4. Aufzug, 7. Auftritt

NATHAN […] Aber laßt uns länger nicht
Einander nur erweichen. Hier brauchts Tat!
[…]

M9 Titel von Rezensionen zu verschiedenen Inszenierungen von Lessings Drama „Nathan der Weise“ (2015 – 2017)

„Lessings Stück ist hochaktuell“ (2015)
https://www.sueddeutsche.de/kultur/nathan-der-weise-in-muenchen-haut-euch-nicht-im-namen-eures-gottes-die-koepfe-ein-1.2319818-2

„Aufklärung in Zeiten von Pegida[1]“ (2015)
https://www.deutschlandfunkkultur.de/nathan-der-weise-in-muenchen-aufklaerung-in-zeiten-von.1013.de.html?dram:article_id=309693

„Reden wir doch miteinander“ (2015)
https://www.ovb-online.de/kultur-tv/reden-doch-miteinander-4672332.html

„Nathan der Weise lehrt wieder: Es gibt nicht die wahre Religion“ (2016)
https://www.srf.ch/kultur/buehne/nathan-der-weise-lehrt-wieder-es-gibt-nicht-die-wahre-religion

„Die Menschen haben nichts gelernt“ (2017)
https://www.nwzonline.de/kultur/wilhelmshaven-landesbuehne-in-wilhelmshaven-die-menschen-haben-nichts-gelernt_a_32,1,646495081.html

Anmerkungen

1 Pegida: kurz für: „Patriotische Europäer gegen die Islamisierung des Abendlandes“; islam- und fremdenfeindliche Organisation, als rechtspopulistisch eingestuft

M10 Auszug aus der Werkstatistik des Deutschen Bühnenvereins (2018) *Deutscher Bühnenverein*

Die 20 Stücke mit den höchsten Inszenierungs- und Aufführungszahlen in deutschsprachigen Theatern in der Spielzeit 2016/17

Der Deutsche Bühnenverein veröffentlicht jährlich Statistiken zur vergangenen Spielzeit, unter anderem darüber, welches Stück wie häufig in deutschsprachigen Theatern inszeniert und aufgeführt worden ist. Die Werkstatistik 2016/17 beruht auf den Daten von 461 deutschsprachigen Theatern aus Deutschland, Österreich und der Schweiz.
Zum Vergleich: Lessings Drama „Nathan der Weise“ ist in der vorangegangenen Spielzeit (2015/16) elfmal an deutschsprachigen Theatern inszeniert und dabei ca. 150-mal aufgeführt worden und wurde damit in keiner der beiden Statistiken über die 20 Stücke mit den höchsten Inszenierungs- und Aufführungszahlen geführt.

Liste der 20 Stücke mit den höchsten Inszenierungszahlen

1	Terror Ferdinand von Schirach	40
2	Faust Johann Wolfgang Goethe	28
3	Nathan der Weise Gotthold Ephraim Lessing	25
4	Tschick Robert Koall (Vorlage: Wolfgang Herrndorf)	24
5	Frau Müller muss weg Lutz Hübner	21
6	Hamlet William Shakespeare	18
7	Romeo und Julia William Shakespeare	17
7	Geächtet Ayad Akhtar	17
9	Der zerbrochne Krug Heinrich von Kleist	16
9	Antigone Sophokles	16
11	Der Sturm William Shakespeare	14
11	Kunst Yasmina Reza	14
13	Unterwerfung Vorlage: Michel Houellebecq	13
14	Die Räuber Friedrich Schiller	12
14	Der Vorname Matthieu Delaporte und Alexandre de la Patèlliere	12
14	Die Verwandlung Vorlage: Franz Kafka	12
14	Die Physiker Friedrich Dürrenmatt	12
14	Gift Lot Vekemans	12
14	Ziemlich beste Freunde Gunnar Dreßler (Vorlage: Olivier Nakache und Éric Toledano)	12

Liste der 20 Stücke mit den höchsten Aufführungszahlen

1	Terror Ferdinand von Schirach	820
2	Das Abschiedsdinner Matthieu Delaporte und Alexandre de la Patèlliere	490
3	Nathan der Weise Gotthold Ephraim Lessing	361
4	Faust Johann Wolfgang Goethe	337
5	Tschick Robert Koall (Vorlage: Wolfgang Herrndorf)	326
6	Frau Müller muss weg Lutz Hübner	284
7	Vater Florian Zeller	246
8	Geächtet Ayad Akhtar	234
9	Hamlet William Shakespeare	233
10	Romeo und Julia William Shakespeare	231
11	Honig im Kopf René Heinersdorff und Florian Battermann (Vorlage: Hilly Martinek und Til Schweiger)	207
12	Ziemlich beste Freunde Gunnar Dreßler (Vorlage: Olivier Nakache und Éric Toledano)	201
13	Die Physiker Friedrich Dürrenmatt	191
13	Kunst Yasmina Reza	191
15	Der Pantoffel-Panther Lars Albaum und Dietmar Jacobs	188
16	Dantons Tod Georg Büchner	187
17	Sketche und Szenen Loriot	170
18	Trennung frei Haus Tristan Petitgirard	168

14 Das Abschiedsdinner 12
Matthieu Delaporte und Alexandre de la Patèlliere
19 Arsen und Spitzenhäubchen 163
Joseph Kesselring
20 Unterwerfung 161
Vorlage: Michel Houellebecq

Hinweise

Die folgende Lösung ist eine nicht amtliche Lösung.

Beispiellösung

„Nathan der Weise" soll Licht ins Dunkle bringen – damals wie heute

Hinweise
ansprechende und passende Überschrift

1784 stellte Immanuel Kant, der wohl bekannteste deutsche Philosoph der Aufklärung, die Frage „Leben wir jetzt in einem aufgeklärten Zeitalter?" und beantwortete sie mit einem klaren „Nein, aber wohl in einem Zeitalter der Aufklärung". Schon damals verdeutlichte Kant mit dieser Aussage, dass die Aufklärung ein Prozess ist, der fortdauert. Noch, so Kant, waren die Menschen nur eingeschränkt fähig, sich „ihres eigenen Verstandes ohne Leitung eines Andern sicher und gut zu bedienen", aber er sah bereits Fortschritte, die die Menschen machten, auf ihrem Weg zu mehr Eigenverantwortung, Toleranz und Humanität. Und so prägt uns diese Zeit bis heute, denn sie legte den Grundstein für das gegenwärtige Menschenbild eines mündigen Bürgers.

aufgabenbezogene, die Leser gewinnende Einleitung (Einbindung M5)

Vor 240 Jahren schuf Gotthold Ephraim Lessing als einer der bedeutendsten Dichter der deutschen Aufklärung mit der Nathan-Figur ein Vorbild des aufklärenden und aufgeklärten Menschen. Nathan, der Protagonist des gleichnamigen fünfaktigen Dramas von 1779, versinnbildlicht die Prinzipien der Aufklärung, indem er seine tolerante und humane Weltanschauung vorbildhaft lebt. Er akzeptiert die Menschen um des Menschseins willen und kritisiert sie nicht wegen ihrer Religionszugehörigkeit. Rationalität und Vernunft bestimmen sein Handeln und seine Argumentation und erhellen nicht nur den Geist seiner Antagonisten, sondern auch den der Zuschauer. Damit verfolgt er das Ziel der Aufklärung. Doch was ist Aufklärung?

1. Problemaufriss

Klärung des Themas: „Nathan der Weise" als Drama der Aufklärung

„Das weiß jedermann, der vermittelst eines Paares sehender Augen erkennen gelernt hat, worin der Unterschied zwischen Hell und Dunkel, Licht und Finsterniß besteht", schrieb Christoph Martin Wieland 1784. Dafür sei es nötig, so Wieland, dass „Licht genug vorhanden sei" und dass die Menschen auch sehen wollen, also Erkenntnis und Wahrheit anstreben und ihre Augen nicht

2. Information über Leitideen der Aufklärung; Einstieg durch Zitat aus M4

verschließen. Die Epoche der Aufklärung (1720 – 1785) war die Zeit des Fortschritts, der Wissenschaft, der Technik und der Bildung. 1717 wurde in Preußen die allgemeine Schulpflicht eingeführt, in verschiedenen Teilen des Landes wurden Universitäten gegründet, Enzyklopädien erschienen. Wissen und Wahrheit wurde den Menschen zugänglich gemacht. Das führte in ganz Europa zu macht- und gesellschaftspolitischen Veränderungen. „Freiheit, Gleichheit, Brüderlichkeit" wurde die Parole der Französischen Revolution, die 1789 begann und die Umsetzung grundlegender Werte und Ideale der Aufklärung forderte. Mit der Abschaffung des absolutistischen Herrschaftssystems sollten die Rechte der Menschen gesichert, diese von ihrem Aberglauben befreit und zu kritisch und vernünftig denkenden Bürgern erzogen werden. So sollte – metaphorisch gesprochen – Licht ins Dunkle gebracht werden, indem die Menschen althergebrachte Sitten und Gebräuche kritisch hinterfragen und anzweifeln.

Vertiefung und Erläuterung der Entwicklungen im 18. Jahrhundert mithilfe von M2

geordnete Information der Leser und Berücksichtigung des Kontextes der regionalen Tageszeitung

Erläuterung der Entwicklungen im 18. Jahrhundert mit Bezug zum Titel

„Die xstliche Religion ist kein Werk, das man von seinen Eltern auf Treue und Glaube annehmen soll", schrieb Gotthold Ephraim Lessing 1749 in einem Brief an seinen Vater. Lessing wollte die Menschen vor allem dazu erziehen, ihren eigenen Verstand zu nutzen, weil Zweifel und Überprüfung zu eigener Erkenntnis von Wahrheiten und zu vernunftgeleitetem Handeln führen. So war es nach Lessing „der größte Fehler" in der Erziehung, Jugendliche nicht an eigenständiges Nachdenken und Überlegen heranzuführen, sondern sie durch unreflektiertes Übernehmen der Meinungen ihrer Eltern in der Unmündigkeit zu halten. In den Briefen Lessings wird seine indirekte Kritik an der Kirche deutlich, deren Gebote eben nicht durch eigene Erkenntnis befolgt wurden, sondern aus Gewohnheit. Wie auch Kant verfolgte Lessing das Ziel, dass sich die Menschen eigenständig und frei, also ohne die Leitung anderer, entscheiden und sich so aus „ihrer selbst verschuldeten Unmündigkeit" (Kant) befreien. Georg Christoph Lichtenberg veranschaulichte diesen Gedanken mit einem Aphorismus: „Man spricht viel von Aufklärung, und wünscht mehr Licht. Mein Gott was hilft aber alles Licht, wenn die Leute entweder keine Augen haben, oder die, die sie haben, vorsätzlich verschließen?" In diesem prägnanten Sinnspruch wird ebenfalls deutlich, dass die Menschen aktiv an dem Aufklärungsprozess mitwirken müssen, damit Licht ins Dunkle gebracht werden kann. Dabei bedient sich der Autor der bekannten Lichtmetaphorik, die in zahlreichen Texten und Bildern der Epoche zu finden ist. Auf einem Kupferstich Daniel Chodowieckis aus dem Jahr 1791, welches die römische Göttin Minerva als „Hüterin des

Vertiefung: Darstellung der Ziele der Aufklärung nach Lessing (M6, M7)

thematische Entfaltung / funktionale Auswertung und Nutzung des Materials (M5, M3)

Darstellung und Erläuterung von Zusammenhängen

Wissens" zeigt, erstrahlt hinter der Göttin das Licht in Form einer Sonne. Diese Darstellung symbolisiert die Verbreitung des aufklärerischen Gedankengutes, das den Geist der Menschen – wie Sonnenstrahlen das Land – erleuchten soll. Bezeichnend ist dabei, dass in diesen Prozess alle Menschen aller Religionen eingebunden werden sollen. Zu Füßen der Göttin, die auf einem Podest thront, sind Vertreter der christlichen, islamischen und jüdischen Religion im Gespräch erkennbar. Hier zeigt sich also die Toleranz als zentrales Postulat der Aufklärung: Im Vordergrund steht die Achtung von Menschenrechten und die Anerkennung verschiedener Religionen.

Dieses Ziel verfolgte Lessing in all seinen Publikationen, aber nach dem sogenannten „Fragmentenstreit", einer theologischen Auseinandersetzung zwischen Vertretern der Aufklärung und der orthodoxen lutherischen Kirche, wurde ihm seine Zensurfreiheit aberkannt und er musste sich einen anderen Weg zur Verbreitung seiner Ideale suchen. Mit dem Drama „Nathan der Weise" setzte er die Diskussion daher auf literarischer Ebene fort und verfasste eine Geschichte, die uns bis heute nicht nur berührt, sondern auch lehrt, dass die Aufklärung ein Prozess ist, an dem die Menschen arbeiten müssen. Eingebunden in die Geschichte des weisen Juden Nathan stellt Lessing in seinem literarischen Werk die Frage nach der „wahren Religion" und verbreitet auf diesem Weg den Toleranzgedanken der Aufklärung. Die Figur Nathan – wie die Göttin Minerva – fungiert als Sinnbild der Weisheit und Toleranz und erzieht nicht nur seine Tochter Recha zu eigenem Denken, sondern auch den christlichen Tempelherrn und den muslimischen Herrscher Saladin. In verschiedenen Aufklärungsdialogen wird dem Zuschauer vor Augen geführt, wie es Nathan gelingt, sein Gegenüber zum Nachdenken und Verstehen anzuleiten. Schon im 1. Aufzug, 2. Auftritt, wird ein Erziehungsgespräch gezeigt, in dem Nathan Recha darauf hinweist, dass eigenständiges Denken und Handeln schwerer ist als blindes Schwärmen und Folgen. Nichtsdestotrotz kann er sie zu der Erkenntnis führen, dass sie ihren Verstand nutzen und jeden Wunderglauben ablegen muss, um die Menschen als Menschen zu sehen und damit aufgeklärt und tolerant zu denken. So überzeugt Nathan sie davon, dass es nicht christliche Wunder sind, die zur Rettung der Menschen führen, sondern dass die Menschen selbst „gut handeln" können und sollen. Dazu – so Nathan – „brauchts Tat!" (4. Aufzug, 7. Auftritt) und den Wunsch, etwas zu verändern. Hier zeigt sich also der Anspruch der Aufklärer, dass eigenständiges Erkenntnisstreben der Menschen die Grundlage der Aufklärungs-

Einbeziehung eigener Epochenkenntnisse

Aussagen belegen, funktionale Nutzung der Materialien (M1: Beschreibung und Erläuterung des Bildes)

Hintergrundwissen/Kenntnisse aus dem Unterricht an geeigneter Stelle integrieren

3. Darstellung der Leitideen in Lessings Drama unter Einbeziehung eigener Dramenkenntnisse

Auswertung der Dramenszenen (M8): Erläuterung der Widerspiegelung der aufklärerischen Leitideen in Lessings Drama

Analyse der Textstellen und Erläuterung der Zusammenhänge

bewegung ist und die unreflektierte Übernahme eines Glaubens diesen Prozess verhindert. Besonders deutlich wird dies in der Ringparabel, mit der Nathan auf die Frage Saladins nach der wahren Religion antwortet. In einem Erkenntnismonolog Nathans (3. Aufzug, 6. Auftritt) wird zunächst veranschaulicht, dass vorsichtiges Urteilen und kritisches Hinterfragen zur besten Lösung führen. Dann erzählt Nathan Saladin die Geschichte von den drei ununterscheidbaren Ringen, die ein Vater anfertigen ließ, um sich nicht entscheiden zu müssen, welchen seiner Söhne er am meisten liebt. Über Generationen war der eine Ring an den meistgeliebten Sohn weitergegeben worden, aber nun vermochte kein Richter zu sagen, welcher der Ringe der echte sei. In dem Gleichnis erkennt Saladin, dass keine der drei monotheistischen Weltreligionen die wahre ist und dass Gott alle seine Völker gleichermaßen liebt. In vielerlei Hinsicht bestätigt sich im Verlauf des Dramas die humanistische Aussage Nathans, dass „alle Länder gute Menschen tragen" (2. Aufzug, 5. Auftritt). Die Handlung resultiert in der Zusammenführung der Familienmitglieder und zeigt damit die Utopie einer Menschheitsfamilie. Die Dramenfiguren als Stellvertreter der drei großen Religionen Islam, Christentum und Judentum umarmen sich und offenbaren die Möglichkeit eines friedvollen Miteinanders. Der glückliche Ausgang zeigt nicht nur den Fortschrittsoptimismus der Aufklärung, sondern auch dessen Universalanspruch: die fundamentale Idee allseitiger Toleranz.

eigene Dramenkenntnisse nutzen (Ringparabel; Utopie der Menschheitsfamilie)

Dieser Anspruch ist hochaktuell. In Zeiten erstarkender Intoleranz und Rechtsradikalität muss man sich die Frage stellen, ob der Mensch in 240 Jahren Fortschritte gemacht hat. „Die Menschen haben nichts gelernt" betitelt NWZonline 2017 eine Rezension zu einer Inszenierung von „Nathan der Weise", während das Schweizer Radio und Fernsehen (SRF) 2016 schreibt: „Nathan der Weise lehrt wieder: Es gibt nicht die wahre Religion." Eines belegen beide Rezensionen: Das Thema Toleranz ist aktuell und gehört auf die Bühnen – insbesondere nach den gesellschaftspolitischen Entwicklungen seit 2015. Die gestiegene Migration nach Europa führte zu mehr Fremdenfeindlichkeit und Intoleranz gegenüber Andersgläubigen und zu terroristischen Anschlägen, die – in den Medien verbreitet – ein hohes Maß an Aufmerksamkeit erhielten. Navid Kermani, deutscher Autor und Sohn iranischer Eltern, hielt im Januar 2015 eine beeindruckende Rede bei der Trauerkundgebung für die Opfer der Anschläge auf die Pariser Satirezeitschrift „Charlie Hebdo" und appellierte an „uns Menschen", Solidarität zu zeigen, unabhängig von Religion, Herkunft, Geschlecht und sexueller Orientierung.

4. Thematisierung der fortdauernden Aktualität des Stückes (Einbindung M9 und M10)

Kenntnisse aus dem Unterricht (Semesterübergriff) integrieren; Zusammenhänge erläutern

Thematisierung aktueller gesellschaftlicher Ereignisse und der damit einhergehen-

Kritisch hinterfragte er dabei auch seine eigene Religion, den Islam, und weist darauf hin, dass Toleranz und Humanität unser Denken bestimmen sollten. Er betonte, dass die Antwort auf den Terror nicht Gewalt und Krieg sein kann, sondern eine im besten Sinne aufklärerische Antwort sein sollte. Dabei bezog er sich ganz konkret auf die Utopie der Menschheitsfamilie und ihre Darstellung im Drama „Nathan der Weise“. Auch die Werkstatistik des Deutschen Bühnenvereins (2018) belegt mit einem sprunghaften Anstieg der Inszenierungs- und Aufführungszahlen ab 2016 die zeitlose Gültigkeit des Dramas.

den unverminderten Aktualität (individuelle Schwerpunktsetzung)

In der heutigen Zeit, die geprägt ist von Krieg, Migration, Terrorismus und Intoleranz, steht Nathan wieder auf der Bühne und erhellt den Geist seiner Zuschauer, indem er sie durch vernünftige Argumentation und menschliches Handeln zu der Erkenntnis führt, dass „alle Länder gute Menschen tragen“ und dass wir einander achten und respektieren, weil wir Menschen sind. So bringt Nathan der Weise Licht ins Dunkle – heute wie damals.

5. Formulierung eines geeigneten Schlusses

Abitur 2019

Joseph Roth: Hiob

erhöhtes Anforderungsniveau

Aufgabenart: Interpretation literarischer Texte (Epik)

Aufgabenstellung*

1. Interpretieren Sie das neunte Kapitel aus Joseph Roths Roman „Hiob".
(Gewichtung: 60 %)

2. Vergleichen Sie – ausgehend von Ihren Interpretationsergebnissen – das neunte Kapitel aus Joseph Roths Roman „Hiob" mit Jenny Erpenbecks Roman „Gehen, ging, gegangen" hinsichtlich der Gestaltung von Fremdheitserfahrungen. Beziehen Sie sich dabei auf ausgewählte Beispiele aus Erpenbecks Roman.
(Gewichtung: 40 %)

Materialgrundlage

Joseph Roth: Hiob. Roman eines einfachen Mannes. Kapitel IX. Berlin: Gustav Kiepenheuer 1930, S. 158 – 166

Hiob (1930; Auszug) *Joseph Roth (1894 – 1939)*

Die Handlung des Romans spielt Anfang des 20. Jahrhunderts. – Der arme jüdische Bibellehrer Mendel Singer lebt mit seiner Familie in einem russischen Dorf. Um dem Militärdienst zu entgehen, flieht Schemarjah, der zweite Sohn, und emigriert nach Amerika. Einige Jahre später fordert er, der sich inzwischen Sam nennt, die Familie auf, ebenfalls nach Amerika auszuwandern. Trotz großer seelischer Qualen, weil sie den jüngsten Sohn, den geistig und körperlich beeinträchtigten Menuchim, in einer Pflegefamilie zurücklassen müssen, folgt die Familie Singer der Aufforderung zur Überfahrt und erreicht New York, wo sie von Schemarjah/Sam und dessen Freund Mac abgeholt wird.

Rechtschreibung und Zeichensetzung folgen der Textquelle.

Den vierzehnten Abend der Seereise erleuchteten die großen feurigen Kugeln, die von den Leuchtschiffen abgeschossen wurden. „Jetzt erscheint" – sagte ein Jude, der schon zwei Mal diese Fahrt mitgemacht hatte, zu Mendel Singer, „die Freiheitsstatue. Sie ist hunderteinundfünfzig Fuß hoch, im Innern hohl, man kann sie besteigen. Um den Kopf trägt sie eine Strahlenkrone. In der Rechten hält sie eine Fackel. Und das Schönste ist, daß diese Fackel in der Nacht brennt und dennoch niemals ganz verbrennen kann. Denn sie ist nur elektrisch beleuchtet. Solche Kunststücke macht man in Amerika."

Am Vormittag des fünfzehnten Tages wurden sie ausgeladen. Deborah[1], Mirjam[2] und Mendel standen enge nebeneinander,

* Quelle: Niedersächsisches Kultusministerium

denn sie fürchteten, sich zu verlieren. Es kamen Männer in Uniformen, sie erschienen Mendel ein wenig gefährlich, obwohl sie keine Säbel hatten. Einige trugen blütenweiße Gewänder und sahen halb wie Gendarmen aus und halb wie Engel. Das sind die Kosaken Amerikas, dachte Mendel Singer, und er betrachtete seine Tochter Mirjam.

Sie wurden aufgerufen, nach dem Alphabet, jeder kam an sein Gepäck, man durchstach es nicht mit spitzen Lanzen. Vielleicht hätte man Menuchim mitnehmen können, dachte Deborah.

Auf einmal stand Schemarjah vor ihnen.

Alle drei erschraken auf die gleiche Weise.

Sie sahen gleichzeitig ihr altes Häuschen wieder, den alten Schemarjah und den neuen Schemarjah, genannt Sam.

Sie sahen Schemarjah und Sam zugleich, als wenn ein Sam über einen Schemarjah gestülpt worden wäre, ein durchsichtiger Sam.

Es war zwar Schemarjah, aber es war Sam.

Es waren zwei. Der eine trug eine schwarze Mütze, ein schwarzes Gewand und hohe Stiefel, und die ersten flaumigen, schwarzen Härchen sproßten aus den Poren seiner Wangen.

Der zweite trug einen hellgrauen Rock[3], eine schneeweiße Mütze, wie der Kapitän, breite gelbe Hosen, ein leuchtendes Hemd aus grüner Seide, und sein Angesicht war glatt wie ein nobler Grabstein.

Der zweite war beinahe Mac.

Der erste sprach mit seiner alten Stimme, – sie hörten nur die Stimme, nicht die Worte.

Der zweite schlug mit einer starken Hand seinem Vater auf die Schulter und sagte: und jetzt erst hörten sie die Worte: „halloh, old chap!“[4] – und verstanden nichts.

Der erste war Schemarjah. Der zweite aber war Sam.

Zuerst küßte Sam den Vater, dann die Mutter, dann Mirjam. Alle drei rochen an Sam Rasierseife, die nach Schneeglöckchen duftete und auch ein wenig wie Karbol[5]. Er erinnerte sie an einen Garten und gleichzeitig an ein Spital.

Im Stillen wiederholten sie sich ein paar Mal, daß Sam Schemarjah war. Dann erst freuten sie sich.

„Alle andern“ – sagte Sam, „kommen in die Quarantäne. Ihr nicht! Mac[6] hat es gerichtet. Er hat zwei Vettern, die sind hier bedienstet.“

Eine halbe Stunde später erschien Mac.

Er sah noch genau so aus wie damals, als er im Städtchen erschienen war. Breit, laut, in einer unverständlichen Sprache polternd und die Taschen schon geschwollen von süßem Backwerk, das er sofort zu verteilen und selbst zu essen begann. Eine knallrote Krawatte flatterte wie eine Fahne über seiner Brust.

„Ihr müßt doch in die Quarantäne“ sagte Mac. Denn er hatte übertrieben. Seine Vettern waren zwar in dieser Gegend bedienstet, aber nur bei der Zollrevision[7]. „Aber ich werde euch begleiten. Habt nur keine Angst!“

Sie brauchten in der Tat keine Angst zu haben. Mac schrie allen Beamten zu, daß Mirjam seine Braut sei und Mendel und Deborah seine Schwiegereltern.

Jeden Nachmittag um drei Uhr kam Mac an das Gitter des Lagers. Er streckte seine Hand durch die Drähte, obwohl es verboten war, und begrüßte alle. Nach vier Tagen gelang es ihm, die Familie Singer zu befreien. Auf welche Weise es ihm gelungen war, verriet er nicht. Denn es gehörte zu Mac's Eigenschaften, daß er mit großem Eifer Dinge erzählte, die er erfunden hatte; und daß er Dinge verschwieg, die sich wirklich zugetragen hatten.

Er bestand darauf, daß sie ganz ausführlich, auf einem Leiterwagen[8] seiner Firma, Amerika betrachteten, ehe sie sich nach Hause begaben.

Man verlud Mendel Singer, Deborah und Mirjam und führte sie spazieren.

Es war ein heller und heißer Tag. Mendel und Deborah saßen in der Fahrtrichtung, ihnen gegenüber Mirjam, Mac und Sam. Der schwere Wagen ratterte über die Straßen mit einer wütenden Wucht, wie es Mendel Singer schien, als wäre es seine Absicht, Stein und Asphalt für ewige Zeiten zu zertrümmern und die Fundamente der Häuser zu erschüttern. Der lederne Sitz brannte unter Mendels Körper wie ein heißer Ofen. Obwohl sie sich im düstern Schatten der hohen Mauern hielten, glühte die Hitze wie graues schmelzendes Blei durch die alte Mütze aus schwarzem Seidenrips auf den Schädel Mendels, drang in sein Gehirn und verlötete es dicht, mit feuchter, klebriger, schmerzlicher Glut. Seit seiner Ankunft hatte er kaum geschlafen, wenig gegessen und fast gar nichts getrunken. Er trug heimatliche Galoschen[9] aus Gummi an den schweren Stiefeln, und seine Füße brannten wie in einem offenen Feuer. Krampfhaft zwischen die Knie geklemmt hatte er seinen Regenschirm, dessen hölzerner Griff heiß war und nicht anzufassen, als wäre er aus rotem Eisen. Vor den Augen Mendels wehte ein dichtgewebter Schleier aus Ruß, Staub und Hitze. Er dachte an die Wüste, durch die seine Ahnen vierzig Jahre gewandert waren[10]. Aber sie waren wenigstens zu Fuß gegangen, sagte er sich. Die wahnsinnige Eile, in der sie jetzt dahinrasten, weckte zwar einen Wind, aber es war ein heißer Wind, der feurige Atem der Hölle. Statt zu kühlen, glühte er. Der Wind war kein Wind, er bestand aus Lärm und Geschrei, es war ein wehender Lärm. Er setzte sich zusammen aus einem schrillen Klingeln von hundert unsichtbaren Glocken, aus dem gefährlichen, metallenen Dröhnen der Bahnen, aus dem tutenden Rufen unzähliger Trompeten, aus dem flehentlichen Kreischen der Schienen an den Kurven der Streets, aus dem Gebrüll Macs, der durch einen übermächtigen Trichter seinen Passagieren Amerika erläuterte, aus dem Gemurmel der Menschen ringsum, aus dem schallenden Gelächter eines fremden Mitreisenden hinter Mendels Rücken, aus den unaufhörlichen Reden, die Sam in des Vaters Angesicht warf, Reden, die Mendel nicht verstand, zu denen er aber fortwährend nickte, ein furchtsames und zugleich freundliches Lächeln um die Lippen wie eine schmerzende Klammer aus Eisen. Selbst wenn er den Mut gehabt hätte, ernst zu bleiben, wie es seiner Situation entsprach, er hätte das Lächeln nicht ablegen können. Er hatte nicht die Kraft, eine Miene zu verändern. Die Muskeln seines Angesichts waren erstarrt. Er hätte lieber geweint wie ein kleines Kind. Er roch den scharfen Teer aus dem schmelzenden Asphalt, den trockenen und spröden Staub in der Luft, den ranzigen und fetten Gestank aus Kanälen und Käsehandlungen, den beizenden Geruch von Zwiebeln, den süßlichen Benzinrauch der Autos, den fauligen Sumpfgeruch aus Fischhallen, die Maiglöckchen und das Chloroform von den Wangen seines Sohnes. Alle Gerüche vermengten sich im heißen Brodem[11], der ihm entgegenschlug, mit dem Lärm, der seine Ohren erfüllte und seinen Schädel sprengen wollte. Bald wußte er nicht mehr, was zu hören, zu sehen, zu riechen war. Er lächelte immer noch und nickte mit dem Kopfe. Amerika drang auf ihn ein, Amerika zerbrach ihn, Amerika zerschmetterte ihn. Nach einigen Minuten wurde er ohnmächtig.

Er erwachte in einem Lunch-Room, in den man ihn in der Eile gebracht hatte, um ihn zu laben[12]. In einem runden, von hundert kleinen Glühbirnen umkränzten Spiegel erblickte er seinen weißen Bart und seine knochige Nase und glaubte im ersten Augenblick, Bart und Nase gehörten einem andern. Erst an seinen Angehörigen, die ihn umringten, erkannte er sich selbst wieder. Ein bißchen schämte er sich. Er öffnete mit einiger Mühe die Lippen und bat seinen Sohn um Entschuldigung. Mac ergriff seine Hand und schüttelte sie, als gratulierte er Mendel Singer zu einem gelungenen Kunststück oder zu einer gewonnenen Wette. Um den Mund des Alten legte sich wieder die eiserne Klammer des Lächelns, und die unbekannte Gewalt bewegte wieder seinen Kopf, so daß es aussah, als ob Mendel nickte. Mirjam sah er. Sie hatte wirre schwarze Haare unter dem gelben Schal, etwas Ruß auf den blassen Wangen und einen langen Strohhalm zwischen den Zähnen. Deborah hockte breit, stumm, mit geblähten Nasenflügeln und auf- und abebbenden Brüsten auf einem runden Sessel ohne Lehne. Es sah aus, als müßte sie bald herunterfallen.

„Was gehen mich diese Leute an?" – dachte Mendel. „Was geht mich ganz Amerika an? Mein Sohn, meine Frau, meine Tochter, dieser Mac? Bin ich noch Mendel Singer? Ist das noch meine Familie? Bin ich noch Mendel Singer? Wo ist mein Sohn Menuchim?" Es war ihm, als wäre er aus sich selbst herausgestoßen worden, von sich selbst getrennt würde er fortan leben müssen. Es war ihm, als hätte er sich selbst in Zuchnow[13] zurückgelassen, in der Nähe Menuchims. Und während es um seine Lippen lächelte und während es seinen Kopf schüttelte, begann sein Herz langsam zu vereisen, es pochte wie ein metallener Schlegel[14] gegen kaltes Glas. Schon war er einsam, Mendel Singer: schon war er in Amerika …

Anmerkungen

1 Deborah: *Mendel Singers Ehefrau*
2 Mirjam: *Mendel Singers Tochter, die sich in Russland mit den gefürchteten Reitersoldaten, den Kosaken (Z. 25), eingelassen hatte*
3 Rock: hier: *Jacke*
4 old chap: *vertrauliche Anrede, etwa: alter Knabe*
5 Karbol: *Desinfektionsmittel*
6 Mac: *Schemarjahs/Sams Freund hatte die Familie Singer in Russland besucht und ihnen Nachrichten von ihm überbracht.*
7 Zollrevision: *Zollkontrolle*
8 Leiterwagen: *Wagen mit leiterartigen Seitenteilen*
9 Galoschen: *Überschuhe*
10 Er dachte an die Wüste, durch die seine Ahnen vierzig Jahre gewandert waren: *nämlich an die Israeliten im Alten Testament nach ihrer Flucht aus Ägypten, an die sich eine vierzigjährige Wanderung durch die Wüste Sinai anschloss, bis die Israeliten das gelobte Land Kanaan erreichten – eine für den jüdischen Glauben zentrale Überlieferung*
11 Brodem: *(üblen) Geruch ausströmender Dunst*
12 laben: *erfrischen*
13 Zuchnow: *Mendel Singers russisches Heimatdorf*
14 Schlegel: *am Ende verdickter Stab, der etwas zum Klingen bringt (eine Glocke, ein Glas)*

Hinweis

Die folgende Lösung ist eine nicht amtliche Lösung.

Beispiellösung

Beispiellösung Teilaufgabe 1

Der vorliegende Textauszug aus Joseph Roths Roman „Hiob. Roman eines einfachen Mannes“, erschienen im Jahr 1930, entstammt dem Kapitel IX des Werkes und schildert die Ankunft jüdischer Migranten, dem Bibellehrer Mendel Singer und seiner Familie, nach deren Auswanderung aus ihrem russischen Dorf, im Hafen von New York sowie die tief greifenden seelischen Veränderungen und Verletzungen, die durch die abrupte Konfrontation mit den neuen Lebensumständen hervorgerufen werden.

Der Textauszug setzt symbolhaft bei der freudigen Begrüßung der Neuen Welt durch die Ankommenden am Ende der Passage mit dem Schiff an. Hierbei gerät die Freiheitsstatue, deren technische Ausstattung von einem Mitreisenden Singers als leuchtendes Beispiel für die Überlegenheit Amerikas gelobt wird, in den Blick der Reisenden.

Zwiespältig gestaltet sich der erste Kontakt mit offiziellen Stellen, den Hafen- und Einwanderungsbehörden, die in Erinnerung an die russischen Beamten Furcht auslösen, aber schließlich tatsächlich erlösend wirken.

Beim Wiedersehen mit ihrem Sohn Schemarjah, welcher schon seit einigen Jahren in den USA lebt und seinen Namen in Sam geändert hat, zeigt sich eine weitere starke Verunsicherung der Familie, die Schwierigkeiten hat, die Veränderungen, die der Sohn in der Zwischenzeit erfahren hat, mit den Bildern in ihren Köpfen von ihm in der alten Heimat in Übereinstimmung zu bringen, sodass ihnen der Sohn jetzt bis hin zu Sprache und Geruch komplett fremd vorkommt. Die Freude über das Wiedersehen stellt sich erst ein, als sie sich selbst mehrfach bestärken und sich seine Existenz gegenseitig bestätigen.

Mac, ein Freund Sams, verspricht, mithilfe seiner Beziehungen die Zeit der Quarantäne für die Migranten umgehen zu können. Schließlich erreicht er tatsächlich nur eine Verkürzung des Aufenthaltes auf Ellis Island. Die Mittel, derer er sich dabei bedient, verrät er aber nicht.

Im Anschluss besteht Mac darauf, mit der Familie auf einem offenen Lieferwagen seines Arbeitgebers eine Besichtigungstour zu unternehmen, um ihnen die neue Heimat vorzustellen. Auf der Fahrt dringen die diffusen Eindrücke von Straßen, Menschen und Stadt, ihren Gerüchen und Geräuschen mit einer

Hinweise

Einleitung
Text vorstellen, Titel, Autor, Thema, Textsorte/Gattung

Grundlage zur Interpretation und zum späteren Vergleich (A2) schaffen; der Operator verlangt eine Analyse und Deutung

Inhaltswiedergabe in chronologischem Verlauf, festliche Begrüßung der Neuen Welt

Unsicherheit über Identität des Sohnes

illegale Abkürzung der Quarantäne

Start der Sightseeingtour durch New York

derartigen Vehemenz auf Mendel ein, dass er einen Vergleich seiner Situation zum Auszug der Israeliten aus Ägypten herstellt. Seine aktuelle Lage im heißen Fahrtwind beurteilt er jedoch noch als deutlich ungünstiger als die der biblischen Juden, da er sich in Amerika in einer Hölle wähnt; er fühlt sich gelähmt und z. B. zum Dauerlächeln gezwungen. Er glaubt, dass diese Neue Welt ihn vernichten wird, was ihn in der Folge der Zuspitzung aller auf ihn einströmenden Einflüsse schlussendlich ohnmächtig zusammenbrechen lässt.

biblischer Vergleich – Bezug zum Titel des Romans: „Hiob“

Eindruck von Hölle und Lähmung Mendels

Ohnmacht

Bei seinem Erwachen in einem Restaurant, in das man den Ohnmächtigen getragen hat, ist er zunächst außerstande, sich selbst in einem Spiegel wiederzuerkennen. Schließlich dringt beim Betrachten seiner Angehörigen die Erkenntnis zu ihm durch, dass er sich nicht nur von sich selbst, sondern auch von seiner Familie entfremdet hat und sich stattdessen nach seiner Heimat Russland zurücksehnt, in der er seinen anderen, beeinträchtigten Sohn zurückgelassen hat.

Erwachen und Erkenntnis der Selbstentfremdung

Am Ende des Textauszuges spürt Mendel seine plötzliche Verwandlung in einen gefühlskalten und einsamen Menschen, dies bereits verursacht durch die kurze Zeitspanne nach der Ankunft in Amerika.

Konkretisierung des Themas

Dass die Situation der Ankommenden, ihr Erleben, ihre Zweifel, Ängste usw. im Vordergrund der Handlung stehen, wird in diesem Textabschnitt u. a. durch die verwendeten Erzählperspektiven unterstrichen. So liegt der Fokus auf dem Protagonisten Mendel Singer, wobei dessen Gedanken in größerem Umfang durch einen beinahe personalen Erzähler, aber auch durch auktoriale Anteile deutlich werden. Letztere sind grundsätzlich an denjenigen Stellen zu verzeichnen, in denen, wie am Schluss des Ausschnitts, eine Bewertung der Gesamtsituation des Auswanderers Mendel erfolgt (vgl. Z. 238 ff.), ein Verfahren, durch das zum einen Mendel als Protagonist hervorgehoben, aber zugleich auch eine Nähe zum Leser geschaffen wird. Der Erzähler liefert dabei zumeist einen Überblick über die auf die Figuren einwirkenden Faktoren bzw. eine Einschätzung derselben. Dies wird u. a. schon bei der Betrachtung der Figuren Sam und Mac durch die Familie deutlich (vgl. Z. 37 ff.).

Erzählperspektive in unterschiedlicher Erscheinung und Verwendung

Die Handlung wird chronologisch, aber nicht ausführlich oder komplett erzählt. Stellenweise werden einzelne zentrale Abschnitte, wie das Erleben der apokalyptischen Stadtrundfahrt (vgl. Z. 113 ff.) und der Zusammenbruch Mendels (vgl. Z. 193 ff.), durch eine zeitdeckende Darstellung hervor-

Zeitdeckung/Zeitraffung als Mittel der Fokussierung

gehoben. Die vier Tage in der Quarantäne werden jedoch wie im Zeitraffer übersprungen. Die Hervorhebung am Ende erfolgt auch dadurch, dass nur ein knapper Ausschnitt der Gesamthandlung in eher detaillierter Breite und Tiefe vorgenommen wird, hier unterstützt durch auktoriales Erzählen, und dabei erneut eine Konzentration auf Mendel und dessen Veränderung durch die Umstände hin zur Entfremdung stattfindet.

Metaphern und Beispiele für die Entfremdung

Sprachliche Gestaltungsmittel wie Metaphern und Vergleiche verstärken diese Wirkung noch, wie sich schnell bei der Wiederbegegnung mit Sam zeigt, dessen Gesicht mit der Oberfläche eines Grabsteins gleichgesetzt wird (vgl. Z. 52 f.), sodass sich ein unwirklicher, weil maskenhafter Eindruck des Sohnes für die Neuangekommenen ergibt. Im Kontrast der Farbsymbolik der Kleidung und des Geruchs des Sohnes wird die Problematik der Nichtpassung von Erinnerung und Realität bereits gut deutlich, ein Eindruck, der sich durch die englischsprachlichen Ausdrücke, wie z. B. „halloh, old chap!" (Z. 61), die nicht verstanden werden, zum Gefühl der Fremdheit verdichtet. Eine Steigerung bis zur gefühlten Zerstörung des Individuums setzt mit der Schilderung der Fahrt durch die Stadt ein, die verallgemeinernd als „Amerika" (Z. 109, 159 und 191 ff.) bezeichnet wird. Insbesondere die detaillierte Erfassung von Lärm, Temperatur und Gerüchen (vgl. Z. 175 – 189) durch Häufungen von passenden Attributen verdeutlichen Mendels Eindruck, einer lebensfeindlichen Umgebung ausgesetzt zu sein.

Bedrohung durch „Amerika" bis zur gefühlten Vernichtung des Individuums

Wehrlosigkeit gegen die zunehmende Aggression, ausgedrückt durch passende Begriffe und die Personifikation der Stadt, die als Aggressor erscheint, ausgedrückt im Trikolon (vgl. Z. 191 f.), geben das Gefühl zunehmender Ohnmacht wieder, dem Mendel dann erliegt. Mit dem Erwachen aus dem Zusammenbruch setzt schließlich eine Art Erkenntnis der misslichen, aber selbst verschuldeten Situation ein, in der sich Mendel befindet. Diese Selbstzweifel werden durch die eingestreute wörtliche Rede in Form gehäufter rhetorischer Fragen (vgl. Z. 223 f.) verdeutlicht und zeigen die innere Zerrissenheit des Protagonisten. Sie findet ihren Höhepunkt im abschließenden Urteil in Form einer metaphorischen Umschreibung der Vereinsamung im selbst gewählten Exil, als Vereisung des Herzens (vgl. Z 236 f.). Da die Frage des Verhältnisses von äußerem Anschein und tieferem Sinn bereits recht früh im Textausschnitt symbolhaft durch die Beschreibung der Freiheitsstatue aufgeworfen zu werden scheint, in dem diese als technisch herausragend, aber „im Innern hohl" (Z. 8) beschrieben wird, wird hiermit quasi eine Antwort angeboten.

Steigerung durch Trikolon

Erkenntnis u. a. in Form rhetorischer Fragen und wörtlicher Rede

Zuspitzung

möglicher Ringschluss

Insgesamt zeigt der Textausschnitt das Schicksal eines Migranten, der sich in seiner neuen Umgebung nicht zurechtfindet, da er sich einerseits nicht genug von seinen alten Verhältnissen lösen kann, andererseits mit der neuen Umwelt hoffnungslos überfordert ist, ein Umstand, der zur Vereinsamung und Selbstentfremdung des Protagonisten führt.

Deutung

Beispiellösung Teilaufgabe 2

Hinweise

Zitat mit anschließender Verbindung zur Aufgabenstellung

„Schon war er einsam, Mendel Singer: Schon war er in Amerika […]" (Z. 238 f.). Prägnant wird durch das Zitat vom Ende des Textes die missliche Lage des Protagonisten kurz nach seiner Einwanderung in die USA dargestellt. Vergleicht man den vorliegenden Textauszug mit dem Roman „Gehen, ging, gegangen" von Jenny Erpenbeck, lassen sich in Bezug auf die Gestaltung der Fremdheitserfahrungen Ansatzpunkte finden, die Gemeinsamkeiten und Trennendes aufzeigen.

Vergleich beider Texte mit dem Schwerpunkt: Fremdheitserfahrungen

Beide Texte thematisieren den Verlust bzw. die Aufgabe von Heimat durch Migration, durch die Fremdheitserfahrungen überhaupt erst initiiert werden. Bei Jenny Erpenbeck geschieht der Zugang zur Problematik zunächst aus der distanzierten Perspektive des emeritierten Wissenschaftlers Richard, der das Vorhandensein des Camps der Afrikaner mitten im Berliner Alltag als irritierend empfindet und sich im Zuge seiner Neuorientierung als Pensionär dem Problem empirisch per Interview und Statistik nähern will. Erst im weiteren Verlauf seiner Arbeit erfährt er Details zum Hintergrund der afrikanischen Flüchtlinge, wodurch er dann Vergleiche zum eigenen Schicksal als ehemaliger Bürger der DDR mit dem Zwang zur persönlichen Neuaufstellung in der Nachwendezeit anstellt.

knapper inhaltlicher Überblick

Hinweis auf Erweiterung der persönlichen Erfahrung

In beiden Werken zeigt sich die Problematik im Kontakt der Migranten mit der neuen Lebenswelt, die sich abgelehnt und größtenteils ohnmächtig der Bürokratie ausgeliefert sehen. So werden bei Joseph Roth die russischen Immigranten wie Ware ausgeladen und in Quarantäne gesteckt, während sich die afrikanischen Migranten bei Jenny Erpenbeck, in den Wirrnissen des Ausländerrechtes verstrickt und in Flüchtlingsheimen kaserniert wiederfinden. Die aufgrund sprachlicher und kultureller Differenzen gefühlte Behördenwillkür tut ihr Übriges. Eine existenzielle Krise stellt die Situation für beide Gruppen ebenso dar: Fühlen sich die Afrikaner durch die Gefahren für Leib und Leben zur Flucht bemüßigt, bedeutet die Migration für Mendel die Auslöschung seiner Persönlichkeit. Dies ist hier jedoch nicht

Vergleich der Behandlung durch offizielle Stellen

existenzielle Krisen

durch die äußeren Umstände bedingt, sondern in der Person Mendels angelegt.
Ein wesentlicher Unterschied besteht nämlich hinsichtlich des rechtlichen Status der Migranten. Bei Roth erfolgt eine offizielle Einwanderung, mit Antrag und Visum, in den sogenannten Schmelztiegel New York / USA, während die Bedingungen für die Flüchtlinge bei Erpenbeck eher von einer zurückhaltendenden bis ablehnenden Haltung seitens der Behörden gekennzeichnet sind. Dies zeigt sich durchgängig immer wieder an unterschiedlichen Schauplätzen und in unterschiedlichen Zusammenhängen, etwa bei der Einhaltung der vertraglichen Vereinbarungen zur Räumung des Platzes. Der stark verunsichernde Einfluss auf die Flüchtlinge resultiert hier aus der oft rein technokratischen Behandlung sowie der wenig menschlich erscheinenden Einstellung der Behörden.

wichtiger Unterschied: Status

Hinsichtlich der familiären Bindungen erleben und erleiden alle Beteiligten Verluste. So leiden die Afrikaner teils unter direkter Gewalt oder deren Nachwirkungen gegen ihre Angehörigen, wie Richard mühsam in Kleinarbeit ermittelt, doch sind sie in aller Regel über sehr große Distanzen von ihren Familien getrennt. Dies gilt auch für Mendel, der seinen einen Sohn Sam nicht wiedererkennt und den anderen in Russland zurücklässt.
Die Folgen dieser Verlusterfahrungen wirken sich unterschiedlich aus: Mendel verzweifelt zunehmend, während die Afrikaner rege tätig werden und um ein Bleiberecht zu kämpfen bereit sind.

Verlusterfahrungen als verbindendes Element

Insgesamt vermitteln beide Werke ebenfalls ein Gefühl von Hoffnung, da viele Menschen zu Hilfeleistungen bereit sind. Die Frage der Motive dazu ist allerdings unterschiedlich zu beantworten. Neben Richard und seinen Freunden sind diverse Freiwillige am Werk, um Sprachkurse und Behördengänge zu erledigen. Selbst zu Hause nimmt er Migranten auf und ersteht vom eigenen Geld ein Grundstück zur Versorgung einer kompletten Familie in Afrika. Sam und sein Freund Mac kümmern sich darum, dass Mendels Familie die Auswanderung in die Staaten überhaupt in Betracht zieht, und sie nehmen sich der Neuankömmlinge unmittelbar an, um ihnen den Weg aus der Quarantäne zu bahnen. Mac macht sich dabei Hoffnungen auf eine Beziehung zur Tochter Mirjam.

Ausweg?
Hoffnung durch Hilfen

Diese Art der Empathie überträgt sich durch die Erzählweise auf den Leser der beiden Werke, der sich durch die Nähe des Erzählten und der betroffenen Figuren zum Handeln aufgefordert sieht. Beispielgebend können dabei die vielen Helfer in den Erzählungen wirken. Zu einem konkreten politischen Han-

Betonung der Wirkung: Förderung von Empathie

deln scheint der Roman Roths jedoch nicht aufzurufen, ganz im Gegensatz zu Erpenbeck, die ein für den zeitgenössischen Leser immer noch brandaktuelles Thema anspricht und durch die plastische Darstellung der widrigen Umstände von Flucht, Rettung und Aufnahme quasi zur Hilfe für die Menschen auf der Flucht aufruft.

abschließende zusammenfassende Bewertung mit Schwerpunkt

Verzweiflung, Verwirrung, Selbstzerstörung und Aufgeben, aber auch Aktion, Rettung und Hilfe zeigen sich in beiden Werken als Teile der Darstellung der Migration von Menschen und führen in den genannten Fällen zur Wahrnehmung von intensiven Fremdheitserfahrungen, die ein großes Maß an Empathie beim Leser auslösen. Dabei scheint es Erpenbeck jedoch deutlich besser zu gelingen, ihn zu erreichen und zum Handeln zu bewegen, da sie im Subtext ihres Romans eine klare politische Botschaft transportiert, die ein Umsteuern im Angesicht der katastrophalen Verhältnisse und kalten Ablehnung der hilflosen Menschen für erforderlich hält.

Basiswissen zu den Rahmenthemen

Rahmenthema 1: Literatur und Sprache um 1800

Von der Aufklärung zur Romantik

Um 1800 wird das literarische Selbstverständnis von Stilrichtungen, mentalen Konzepten und philosophischen Neuausrichtungen wie Aufklärung, Sturm und Drang, Empfindsamkeit, Klassik und Romantik geprägt, die sich als Reflexe auf eine Welt im beschleunigten Wandel und Umbruch deuten lassen.
Zentrales Ereignis mit weitreichenden Wirkungen war die Französische Revolution 1789 mit ihrer Leitidee der Befreiung und der Emanzipation der Bürger. Das gedankliche Rüstzeug für diese Bewegung ist in den Ideen der Aufklärung seit 1720 zu finden, angelegt bereits in dem wissenschaftlichen, philosophischen und technischen Erneuerungsschub um 1500, dem Herausbilden von Erkenntnissen jenseits der Religion. Dass der absolutistische Staat des 16. und 17. Jahrhunderts vom ökonomisch und zunehmend auch politisch aufstrebenden Bürgertum nicht mehr als (alleiniges) Leitbild und damit der Adel nicht mehr (ausschließlich) als Schicht mit der Definitionsmacht über das dominante gesellschaftliche Ideal akzeptiert wurde, veränderte das literarische Leben zusehends. Der Lebensentwurf und die Weltsicht des Bürgertums setzten sich in Mitteleuropa, auch in Deutschland, zunehmend durch: Der Standesdünkel des Adels mit den durch die Herkunft ererbten Privilegien war dem Verständnis vom Bürger mit Blick auf Entfaltung der Persönlichkeit, auf Vorrang der eigenen Leistung und Tugend allein schon in moralischer Hinsicht nicht gewachsen. Ob im streng rationalen Denken der Aufklärung oder im Geniekult des Sturm und Drang, ob in der allseitig gebildeten Persönlichkeit der Klassik oder im übersteigerten Ich der Romantik – in allen literarischen Strömungen sind der Einzelne und sein Wert, sein Engagement und letztlich seine Autonomie bedeutsamer als alle gesellschaftlichen Schranken.
Damit gehen gänzlich unterschiedliche politische Entwicklungen einher: Ist in Frankreich eine revolutionäre Bewegung von Erfolg – im Sinne veränderter Machtkonstellationen bzw. sozialer Träger – gekrönt, bleiben in Deutschland demokratische, auch nationale Hoffnungen nach den Befreiungskriegen 1813–1815 unerfüllt.
Das Überlappen der Epochen, die Gleichzeitigkeit stark divergierender Phänomene, ist ein Kennzeichen des Umbruchs um 1800. Lassen sich Aufklärung einerseits und Sturm und Drang bzw. Empfindsamkeit andererseits noch als Gegensätze und Ergänzung verstehen, sind Klassik und Romantik kaum mehr in eine solche Beschreibung zu fassen. Zuordnungen – etwa die Heinrich von Kleists zu Klassik oder Romantik – sind in unterschiedlicher Weise möglich; Johann Wolfgang Goethe bearbeitet sein Faust-Drama in dieser Zeitperiode immer wieder und lässt so einen Text entstehen, der Elemente der Aufklärung, der Klassik sowie der Romantik integriert und nicht zuletzt deshalb als das vielleicht umfassendste Werk der deutschen Literatur gilt.

Das zentrale Spannungsfeld der Literatur und Sprache um 1800 entsteht zwischen den Leitideen, Themen und Texten der Aufklärung und der Romantik. Diese Epochen werden im Folgenden gegenübergestellt:

Aufklärung	**Romantik**
– Regelpoetik (Gottsched) – Schaffen und Kritisieren von Literatur anhand strikter formaler Vorgaben – Dichten als Handwerk	– Autonomie der Kunst und des Künstlers – Ablehnung jeglicher Einschränkungen durch Regeln – Vermischung der Gattungen – progressive Universalpoesie
– Theater als Erziehungsanstalt – bürgerliche Dramen – Lehrgedichte und aufklärerische Fabeln (Lessing)	– Roman als umfassendes Gesamtkunstwerk mit lyrischen, dramatischen und reflexiven Teilen – Märchen, Volkslieder
– politischer Umbruch – französische Revolution – Kritik des Absolutismus – Freiheits- und Gleichheitsgedanke – Emanzipation des Bürgertums – Deklaration der Menschenrechte	– Resignation aufgrund der Brutalisierung der Französischen Revolution – Unterlegenheitsgefühl gegenüber Napoleon – Wahrnehmung der Zeit als politisch, ökonomisch und sozial krisenhaft
– Betonung der Rationalität und des Nützlichkeitsdenkens – Lichtmetaphorik – Analyse und Experiment: Wissenschaft zur Erschließung der Welt	– Erkenntniswert liegt auch in der Poetik, in Märchen, im Volksgut – Idee von der beseelten Natur – Nachtseite der Naturwissenschaften – Thematik des Traumes – erste Auseinandersetzungen mit der Psyche – Erweiterung um das Gefühl
– Fortschrittsgedanke, positiver Blick auf die künftige Entwicklung „Ausgang des Menschen aus der selbst verschuldeten Unmündigkeit" (Immanuel Kant)	– teilweise Restauration in den deutschen Fürstentümern – Hinwendung zum Mittelalter – Konservatismus, aber auch fortschrittliche Poesie und die Idee der Nation – Fortführung des Individualismusgedankens
– Kirchen- und Religionskritik – Negation der religiösen Dogmatik – Toleranzgedanke (Lessing)	– Klage über den Verlust der christlichen Einheit (Novalis) – Betonung des Christentums (Eichendorff)

Aufklärung (ca. 1720–1800)

Epochenbegriff

Als besonderer Einschnitt wird aus Sicht von Zeitgenossen wie im Rückblick die Epoche der *Aufklärung* angesehen. Der Begriff – im Englischen und Französischen noch deutlicher als „age of enlightenment" bzw. „siècle de lumière" bezeichnet – steht für das Bild vom Licht, das der Gebrauch der Vernunft in die Menschheit bringe. Bei Immanuel Kant ist vom „Ausgang [des Menschen] aus seiner selbst verschuldeten Unmündigkeit" die Rede. Bürgerlich-philosophisches Aufbegehren gegen die Autorität von Adel und Kirche, Kritik am absoluten Wahrheitsanspruch der Religion und an der absoluten Monarchie spiegelten sich in der Literatur in neuen Genres wie dem bürgerlichen Trauerspiel wider.

Geschichte und Gesellschaft

1740–1786 Friedrich der Große
1755 Erdbeben von Lissabon
1756–1763 Siebenjähriger Krieg
1768 Erfindung der Dampfmaschine
1775 letzter Hexenprozess in Deutschland
1776 USA: Unabhängigkeitserklärung
1789 Französische Revolution

- Bürgertum als ökonomisch bedeutendste Schicht (Manufakturwesen)
- Aufgeklärter Absolutismus (Fürst als erster Diener des Staates)

Literarisches Leben – Themen und Motive der Literatur

- Universallexika, z. B. *Enzyklopädie* von Diderot und d'Alembert mit 35 Bänden als Darstellung des Wissens einer Zeit
- deutlich erweitertes Lesepublikum; erheblich größerer Markt für Zeitschriften und andere Publikationen
- Aufgabe von Dichtung ist „prodesse et delectare" (nützen und erfreuen) im Gegensatz zu höfischer Dekoration
- Bürgerliches Trauerspiel in Abgrenzung von der Ständeklausel des Barock; Akzent als Familiendrama; Mitleiden des Zuschauers als Ziel

Welt- und Menschenbild

- Siegeszug der Naturwissenschaften und des naturwissenschaftlich geprägten Denkens
- Begründung der neuzeitlichen Philosophie durch R. Descartes (1596–1650): „Ich denke, also bin ich." (Rationalismus)
- Wegbereiter der Aufklärung vor allem I. Newton, F. Bacon, B. Spinoza, J. Locke (Empirismus), in Deutschland G. W. Leibniz
- Immanuel Kant (1724–1804) *Beantwortung der Frage: Was ist Aufklärung*
- Fortschrittsglaube, Weisheit und Tugend als Kernbegriffe
- Menschenbild einer angeborenen Humanität, Toleranzgedanke

Gattungen, Autor(inn)en, Werke

J. Ch. Gottsched (1700–1766) *Versuch einer Critischen Dichtkunst vor die Deutschen*
G. E. Lessing (1729–1781) *Minna von Barnhelm, Emilia Galotti, Nathan der Weise, Hamburgische Dramaturgie, Fabeln*
Ch. M. Wieland (1733–1813) *Die Abderiten*
G. Ch. Lichtenberg (1742–1799) *Aphorismen*
Ch. F. D. Schubart (1739–1791) *Deutsche Chronik*
M. Claudius (1740–1815) Gedichte, Kurzprosa

Sturm und Drang / Empfindsamkeit (ca. 1740–1785)

Epochenbegriff

Als eine europäische Gegenbewegung zur von der *Aufklärung* betonten Rationalität bildete sich die *Empfindsamkeit* heraus, die „Herz“ und „empfindsam“ zu Modewörtern werden ließ und Seele wie Sensibilität in den Mittelpunkt rückte. Eng damit verknüpft entwickelt sich – benannt nach dem Titel eines Dramas von Friedrich Maximilian Klinger (1752 – 1831) – die literarisch-revolutionäre Bewegung des *Sturm und Drang*. Junge Literaten feiern dabei den natürlichen, unverbildeten Menschen in seiner Individualität. Besonders hervorgehoben wird das Gefühlvolle und Schöpferische, zugespitzt im Begriff des „Genies“. Freiheit von Bevormundung und unbegründeter Autorität knüpfen an Gedankengut der Aufklärung an.

Geschichte und Gesellschaft

→ Aufklärung

1774 Erscheinen des *Werther* von J. W. Goethe

Literarisches Leben – Themen und Motive der Literatur

- Gefühlsintensität mit metaphorischen Wendungen wie „Meer der Empfindungen“, „Sturm der Begeisterung“ oder „Mutter Natur“
- Suche nach der natürlichen Form der Sprache, dem spontan Gesprochenen (z. B. Ausrufe, unvollständige Sätze im Drama)
- Vorstellung vom dichterischen Genie als Orientierung an der Bibel, Homer oder Shakespeare als idealisierte Beispiele für Weltliteratur
- „Wertherfieber“: Goethes Briefroman als Schlüsseltext der Epoche mit großer gesellschaftlicher Wirkung
- Genres wie *Tagebuch*, *Autobiografie* und *Briefroman* als Träger der Gefühlskultur
- Freiheitsdrang und Aufbegehren gegen Willkür ohne direkte politische Richtung in den Dramen von Schiller und Goethe
- Abkehr von Begrenzungen und formalen Regeln

Welt- und Menschenbild

- Einfluss des *Pietismus* (lat. *pietas* Frömmigkeit); Bewegung einer Erneuerung des Protestantismus, die dem Dogmatismus einer erstarrten Kirche entgegengesetzt auf eine alternative Frömmigkeit setzte
- Kultur der Affekte, Suche nach einer volksnahen, sinnenkräftigen und bildreichen Sprache
- Dichter als Schöpfer in Anlehnung an J. J. Rousseaus Aufforderung „Zurück zur Natur“
- Dichter des *Sturm und Drang* stark geprägt vom Pantheismus, der Vorstellung eines Weltganzen, in dem Mensch, Natur und All verbunden sind

Gattungen, Autor(inn)en, Werke

F. G. Klopstock (1724 – 1803) *Der Messias*
J. G. Herder (1744 – 1803) *Stimmen der Völker in Liedern*
J. M. R. Lenz (1751 – 1792) *Der Hofmeister, Die Soldaten*
J. W. Goethe (1749 – 1832) *Götz von Berlichingen, Die Leiden des jungen Werthers,* Gedichte (u. a. *Prometheus, Willkommen und Abschied, Mailied*)
F. Schiller (1759 – 1805) *Die Räuber, Kabale und Liebe*

Klassik (ca. 1786 – 1805)

Epochenbegriff

Ein „classicus“ (ein Bevorzugter) war bei den Römern ein Bürger erster Klasse. Davon abgeleitet meint *Klassik* einerseits die Blütezeit in der Dichtung oder in den Künsten allgemein eines Volkes oder einer Nation, anderseits bei der *deutschen Klassik* eine Orientierung am Vorbild der Antike, für die Klassiker der Inbegriff der Vollkommenheit. Während als *englische Klassik* die Zeit Shakespeares gilt, ist *Klassik in der deutschen Literatur* mit Goethe und Schiller verbunden, vor allem mit ihrem gemeinsamen Wirken in Weimar. Nach dieser Einteilung ist Schillers Todesjahr 1805 als Ende der Epoche gesetzt, in anderen Versionen Goethes Todesjahr 1832. Auch Hölderlin, Kleist und Jean Paul werden in einigen Darstellungen zu den Autoren der Klassik gezählt.

Geschichte und Gesellschaft

1793 Französische Revolutionstruppen im Rheinland, Gründung deutscher Jakobinerklubs
1799 Staatsstreich Napoleon Bonapartes
1803 Reichsdeputationshauptschluss; Neuordnung in Deutschland unter französischem Einfluss
1804 Code civil; Schaffen modernen Rechts durch Napoleon Bonaparte

Literarisches Leben – Themen und Motive der Literatur

- Freundschaft von Goethe und Schiller (1794 – 1805): *Xenien*
- Weimar als kulturelles Zentrum mit europäischer Ausstrahlung: *Weimarer Klassik*
- Ausgleich und Harmonie in der künstlerischen Gestaltung nach antikem Vorbild
- leitende Vorstellung eines organischen Wachstums, das dichterisch zu gestalten sei, verknüpft mit Vernunft, Selbstzucht und sittlicher Läuterung
- Konzept der ästhetischen Erziehung zur Veredelung des individuellen Charakters
- Monatsschrift *Die Horen*, herausgegeben von Schiller, als Programmschrift der deutschen Klassik

Welt- und Menschenbild

- Antikeverklärung als „edle Einfalt und stille Größe“ (Kunsthistoriker J. J. Winckelmann)
- Streben nach Vorbildhaftem, Normsetzendem, überzeitlich Gültigem; Empfänglichkeit für „alles Gute, Schöne, Große, Wahre“ (Goethes *Maximen und Reflexionen*)
- Ideal der Humanität in Anlehnung an Leitgedanken der Aufklärung, reflektiert durch Erfahrung mit der Französischen Revolution und der Schreckensherrschaft 1792 – 1794
- Abkehr vom Subjektivismus des *Sturm und Drang*

Gattungen, Autor(inn)en, Werke

J. W. Goethe (1749 – 1832) *Egmont, Iphigenie auf Tauris, Hermann und Dorothea, Faust I und II*; *Wilhelm Meisters Lehrjahre, Dichtung und Wahrheit*; Gedichte
F. Schiller (1759 – 1805) *Don Carlos, Maria Stuart, Wallenstein-Trilogie, Die Jungfrau von Orleans*; Gedichte/Balladen: *Die Bürgschaft, Der Ring des Polykrates*
J. Paul (1763 – 1825) *Titan, Flegeljahre*
F. Hölderlin (1770 – 1843) *Hyperion*
H. v. Kleist (1777 – 1811) *Michael Kohlhaas; Prinz Friedrich von Homburg; Der zerbrochene Krug*

Romantik (ca. 1795 – 1840)

Epochenbegriff

Die Epochenbezeichnung *Romantik* lässt zwar Bezüge zum heutigen Verständnis des Begriffs erkennen, darf aber nicht mit dem Klischee von Romantik – etwa aus der Werbung – verwechselt werden. Eine Betonung des Gefühls ist durchaus Kennzeichen der *Romantik*, dabei geht es den Romantikern um Intensivierung des Lebens, um das Wunderbare und Geheimnisvolle – bis hin zum Dunklen, Geheimnisvollen und Abseitigen. Es besteht eine Sehnsucht nach Entgrenzung und unerreichbarer Ferne, auch eine Idealisierung von Vergangenem, z. B. des Mittelalters. Dabei wird die angestrebte Intensivierung durch ein Poetisieren der Welt erreicht. Statt Auseinandersetzung mit der Wirklichkeit, z. B. der beginnenden Industrialisierung, ist eine Verklärung von Natur zur Idylle kennzeichnend.

Geschichte und Gesellschaft

→ Klassik

1804 – 1814 Napoleon I.
1806 Ende des Hl. Römischen Reiches deutscher Nation
1806 Schlacht von Jena und Auerstedt: vernichtende Niederlage Preußens
1807 – 1814 Preußische Reformen
1813 „Völkerschlacht“ bei Leipzig
1813 – 1815 Befreiungskriege
1814/15 Wiener Kongress, politische Restauration mit Gründung des Deutschen Bundes und der „Heiligen Allianz“
1817 Wartburgfest
1819 Karlsbader Beschlüsse, Verfolgung sog. Demagogen
1830 Julirevolution in Frankreich und revolutionäre Bewegungen in Europa
1832 Hambacher Fest
1835 Erste Eisenbahn in Deutschland
1837 Professorenprotest der „Göttinger Sieben“

Welt- und Menschenbild

- Philosophie des deutschen Idealismus, bes. geprägt von J. G. Fichte (1762 – 1814)
- intensiv gelebtes Christentum bei einigen Romantikern, auch Einbeziehen der Schriften von F. Schleiermacher (1768 – 1834) *Über die Religion, Reden an die Gebildeten unter ihren Verächtern*

Gattungen, Autor(inn)en, Werke

A. W. Schlegel (1767 – 1845) *Vorlesungen*
Novalis (1772 – 1801) *Heinrich von Ofterdingen*
F. Schlegel (1772 – 1829) *Lucinde*
L. Tieck (1773 – 1853) *Der blonde Eckbert*
E. T. A. Hoffmann (1776 – 1822) *Lebensansichten des Katers Murr*
C. Brentano (1778 – 1842) Gedichte u. a. *Der Spinnerin Nachtlied*
J. v. Eichendorff (1788 – 1857) *Aus dem Leben eines Taugenichts*
H. Heine (1797 – 1856) *Das Buch der Lieder*
W. Hauff (1802 – 1827) Märchen

Literarisches Leben – Themen und Motive der Literatur

- Interesse an Geschichte, Sprache, Poesie, Mythologie des deutschen Volkes (Mittelalter, *Nibelungenlied*)
- literarische und Lebenshaltung mit Konzentration auf das Private (Lebensglück in der Familie) und Hang zum Resignativen
- drei Zentren: Frühromantiker um die Gebrüder Schlegel; Heidelberger Romantik um A. v. Arnim und C. Brentano; schwäbische Romantiker: G. Schwab, W. Hauff, L. Uhland
- Lyriker der Befreiungskriege mit nationalistischen Tönen, u. a. Th. Körner und E. M. Arndt
- Vorliebe für Volkslieder (Sammlung *Des Knaben Wunderhorn* von C. Brentano und A. v. Arnim), Märchen (J. und W. Grimm) und fantastische Erzählungen

Prüfungsrelevantes Wahlpflichtmodul: „Klassik: Das Weimarer Kunstprogramm“ (Abitur 2021)

Für die Abiturprüfung 2021 ist im Rahmenthema 1 „Literatur und Sprache um 1800“ das Wahlpflichtmodul 3 „Klassik: Das Weimarer Kunstprogramm“ obligatorisch zu behandeln.
Einerseits gehört die Epoche zum Standardrepertoire der humanistischen Bildung, nicht nur in Deutschland, und damit zum Kanon zentralen literarischen Wissens. Andererseits ist das Thema aufgrund seiner Prüfungsrelevanz im Rahmen der Vorbereitung auf das Abitur 2021 explizit zu berücksichtigen.

Betrachtet man die zentralen Ereignisse des historischen Hintergrundes der Epoche, so ist diese geprägt durch die amerikanische Unabhängigkeit und noch mehr durch die Französische Revolution. Die Art und Weise, wie dann die Weimarer Klassik ab Mitte des 19. Jahrhunderts geradezu zum Synonym für die Sehnsucht nach einer deutschen Nation wurde, die sich auch über ihre kulturelle Identität definiert, ausgerechnet in einer Zeit, in der von solcher Einheit nur geträumt werden konnte, da im Vormärz die Restauration solche Ideen unterdrückte, macht die Wirkung der Epoche, ihrer Werke und ihrer Vertreter deutlich.
Schon die rein zeitliche Einordnung und die Bezeichnung dieses Einschnittes an sich sind interessant. Der Begriff der „Klassik“ ist nämlich als Epocheneinteilung der Geschichtswissenschaft eigentlich für die Antike reserviert und vertritt hier u. a. die Hochkulturen Athen und römisches Imperium, die als zentral und identitätsstiftend für das Abendland gelten. Die Kultur rückt hiermit also in ebensolcher Manier in den Fokus dieser in den Aufgaben zu behandelnden Epoche der Neuzeit, wenn der Begriff der Klassik für deren künstlerische Schöpfungen ganz allgemein darauf Anwendung findet.

Weshalb ausgerechnet die Stadt Weimar und ihre Umgebung die Kulisse für diese wesentlichen Diskurse und für die prägenden Werke der literarischen Produktion abgeben konnte, ist eine andere Frage. Immerhin war die Stadt in dieser Epoche zwar Residenz, doch politisch relativ bedeutungslos, gelegen in einem zweigeteilten, hoch verschuldeten Territorium, aufgeteilt in zwei voneinander auch isoliert gelegenen Herzogtümern mit jeweils eigener Verwaltung. Weimar mit der Einwohnerzahl einer Kleinstadt oder an heutigen Maßstäben gemessen einer größeren Gemeinde, ohne befestigte Straßen oder Straßenbeleuchtung, mit Müllentsorgung direkt durchs geöffnete Fenster auf die Gassen, mit Viehhaltung in denselben, lässt sich wohl eher mit den Bezeichnungen „tiefste Provinz“ oder „weit ab von allem“ begreifen. Trotzdem zog die Residenz bedeutende prägende Künstler und Denker ihrer Zeit an und erschuf eine fruchtbare Atmosphäre, vielleicht gerade durch den Kontrast zu den Verwirbelungen in der Außenwelt.
Vor allem die Freundschaft Schillers mit dem zehn Jahre älteren Goethe ist es, die die literarische Epoche der Weimarer Klassik durch ihre Zusammenarbeit bis zu Schillers Tod 15 Jahre später begründet, auch wenn die Beziehung zwischen beiden eines langen Anlaufs bedurfte, was wohl an den Vorbehalten Goethes lag. Auf sein Leben rückblickend wertete Goethe das Zusammentreffen später als ein „glückliches Ereignis“. Weimar

stellt für beide Künstler eine Art Zufluchtsort dar: Schiller desertiert vom Posten eines Militärarztes, Goethe findet materielle Absicherung und Rückzug vom Amt des Ministers in die geistige Welt der Kunst und Literatur. Diese Umstände lassen eine intensive und fruchtbare gegenseitige Ergänzung zwischen den beiden entstehen, wie sie nicht zuletzt in einem umfangreichen Briefwechsel dokumentiert ist.

Daneben tritt zugleich aber seit 1945 die Problematik, die sich gemäß Anlage in der verbindlichen Lektüre zum Zentralabitur ebenfalls widerspiegelt: Weimar ist nämlich, gewissermaßen als Ort der höchsten Gipfel der Kultur, immer auch untrennbar verbunden mit dem tiefsten Abgrund der absoluten Barbarei deutscher Geschichte in Form des Konzentrationslagers Buchenwald in der direkten Nachbarschaft der Stadt. Dieser Umstand muss zwangsläufig Auswirkungen auf den Umgang mit Kultur sowie Fragen der Erziehung, ihrer Ziele und Inhalte generell nach sich ziehen, die sich vor dem Hintergrund zeitaktueller Diskussionen um verstärkt auftauchende Nationalismen erneut erschreckend aufdrängen. In der Klausur soll dieser Fragestellung nachgegangen werden, indem die Frage aufgeworfen wird, inwiefern die Ideen der Epoche und die darin enthaltene Sicht auf die Menschen heute noch Antworten für zentrale Fragen unserer Zeit liefern können.

Die Unterrichtsaspekte „Figuren- und Konfliktgestaltung“ sowie „Das Humanitätsideal als Problem“ werden als verbindlich angegeben. Für die Kurse auf erhöhtem Anforderungsniveau sind zwei weitere Unterrichtsaspekte verbindlich: „Das ästhetische Programm der Weimarer Klassik“ und „Die Antike als Leitbild der Weimarer Klassik“. Da die Klausur sich auf das grundlegende Niveau bezieht, spielen diese Aspekte hier eine eher nebengeordnete Rolle. Sie lassen sich aber nicht komplett ausblenden.

Als verbindliche Lektüren für das grundlegende und das erhöhte Anforderungsniveau wurden als Ganzschrift Johann Wolfgang Goethes Drama in Versform *Iphigenie auf Tauris* (1787) sowie, gewissermaßen als Einleitung in nicht nur kunsttheoretische Vorstellungen von den Veränderungen der Zeit, Friedrich Schillers *Ankündigung: Die Horen, eine Monatsschrift, von einer Gesellschaft verfasst und herausgegeben von Schiller* (1794) bestimmt. Letztere kann quasi als programmatische Literaturzeitschrift gesehen werden, für die er namhafte Großen wie Goethe, Herder u. a. zur Mitarbeit gewinnen konnte. Obwohl Schiller nämlich reklamiert, rein unterhaltend und ohne zeitaktuelle Bezüge wirken zu wollen, wie auch der gewählte Titel der Zeitschrift glauben machen will, indem er alle Tagesereignisse und Mühen durch Konzentration auf die schöne Welt zwecks Bildung und Unterricht auszublenden vorgibt, sucht Schiller doch über die Vermittlung der antiken Ideale und Vorbilder einen gesellschaftlichen Wandel herbeizuführen. Sein Ansatz folgt der Logik, die Situation des Individuums in der Gesellschaft in den Vordergrund zu stellen, um es aus der Masse herauszuheben und zu wahrer Humanität leiten zu können. Dabei bildet für ihn die Verbindung von Kunst und Wissenschaft, der schönen und der gelehrten Welt, das Mittel, um den Menschen zu befreien.

Zusätzlich sind Auszüge aus nachfolgend genannten Werken zu behandeln: Karl Otto Conrady: *Goethe: Leben und Werk. Erster Band: Hälfte des Lebens* (1982) sowie August E. Hohler: *Goethes Weimar hat Buchenwald nicht verhindert* (1967).

Im Rahmenthema 1 sollen in exemplarischer Weise wesentliche Züge der literarischen Produktion um 1800 erarbeitet werden. Die Erschließung der Epochenmerkmale der beiden Strömungen „Aufklärung" und „Romantik" stellt den Fokus des Pflichtmoduls dar. Vor dem Hintergrund ihrer Zeit sollen Leitideen der Epochen und der Wandel des Menschenbildes in den Texten als künstlerische Antworten auf die Herausforderungen der Entstehungszeit begriffen werden. Gemäß Wahlpflichtmodul 3 bieten sich die Kritik an der Französischen Revolution und das Weimarer Kunstprogramm, aber auch das Ideal der harmonischen Entfaltung des Individuums und der Humanität als gut passende mögliche Aspekte der näheren Behandlung an.

Goethes Drama *Iphigenie auf Tauris* behandelt zwar vordergründig ein Thema antiker Tradition. Zugleich zeigt sich darin aber auch das Menschenideal der Weimarer Klassik. Goethe und Schiller glaubten nämlich, gleichfalls eine ethische Haltung der antiken Griechen entdecken zu können, die sich als Vorbild für die moderne Zeit eignen sollte. Für sie stand dabei die Vernunft im Vordergrund, mit der sich Leidenschaft und Gefühle bändigen lassen würden. Geprägt wurde diese Vorstellung von der Antike u. a. durch die Werke des Kunsthistorikers Winckelmann, die Goethe genau kannte und die in einer Überhöhung der griechischen Kunst über die zeitgenössische gipfelt: „Der einzige Weg für uns, groß, ja, wenn es möglich ist, unnachahmlich zu werden, ist die Nachahmung der Alten […]" (Johann Joachim Winckelmann: *Gedanken über die Nachahmung der griechischen Werke in der Malerei und Bildhauerkunst,* 1755).

Iphigenie verkörpert dieses klassische Ideal wahrer Humanität, das nun für die Künstler und Denker der Epoche so erstrebenswert wird.
Ihre Konflikte entspinnen sich jedoch anfänglich, auch gemäß der antiken Vorlage, nach der „klassisch-griechischen" Vorstellung zu Abhängigkeit von und hilflosem Ausgeliefertsein an willkürliche Eingriffe der griechischen Götter in das Schicksal der Menschen. Iphigenie ist sehr gehandicapt, da auf ihrer Familie der Tantalidenfluch lastet, der in jeder Generation als Sühne für gotteslästerliches Verhalten Gewaltverbrechen untereinander erzwingt.
Iphigenie soll von ihrem Vater Agamemnon, der mit seinen Kriegern auf dem Weg in den Trojanischen Krieg an der Weiterfahrt mangels ausreichenden Windes gehindert wird, was eine Bestrafung für die vorherige Beleidigung der Göttin Artemis ist, als Forderung derselben nach Aulis zitiert und schließlich der Göttin geopfert werden. Arglos folgt die Tochter dem väterlichen Befehl und will sich nach anfänglichem Entsetzen über das ihr zugedachte Schicksal dem Wunsch nicht widersetzen. Die Göttin rettet Iphigenie und lässt sie als ihre Priesterin auf Tauris dienen, eine Insel, die aus Sicht der antiken Griechen ein Symbol für das Barbarische schlechthin ist.

Die Bürde ihres Schicksals nimmt sie an und erfüllt ihre Pflichten im Tempel im Auftrag des Königs der auf der Insel lebenden Skythen, Thoas. Währenddessen sehnt sie sich aber zunehmend nach ihrer Familie und der Heimat zurück. Durch ihr Wesen erreicht sie überraschend, dass die Todesstrafe auf der Insel ausgesetzt wird. Den Heiratsantrag des Königs lehnt sie jedoch ab. Daran lässt sich ihr reines Wesen erkennen, welches sie stets tugendhaft und pflichtbewusst handeln lässt. Diese Haltung zeigt sie auch in der Folgezeit. Sie lässt sich nicht instrumentalisieren und erpressen. Zwar ringt sie hart mit sich, als es um das Schicksal ihres unerwartet auftauchenden Bruders geht, der wegen ihrer Weigerung, sich mit Thoas zu vermählen, mit dem Tode bedroht ist. Allerdings bleibt sie standhaft und ergreift auch nicht die Option der heimlichen Flucht, sondern bleibt sich selbst treu, indem sie offen auf den König zugeht und schlussendlich eine Wandlung bewirkt.
Zum einen zeigt sich hier, dass eine Emanzipation von der ursprünglich angenommenen Determination des Göttlichen erfolgt. Der Mensch handelt richtig, wenn er menschlich und wahrheitsorientiert agiert. Eine orientierende Autorität wird dazu grundsätzlich nicht benötigt, sondern ist im Menschen selbst angelegt. Iphigenie kritisiert die Götter zwar hart und treffend, wendet sich aber nicht komplett von diesen ab, sondern bietet durch ihr untadeliges Verhalten einen Ausweg, der ihr die Kontrolle über ihr Schicksal zurückbringt. In ihrer Einstellung ist sozusagen die Lösung der Dilemmata zu finden, denen sie sich im Verlauf der Handlung ausgesetzt sieht.
Damit verkörpert Iphigenie das klassische Humanitätsideal in Person und zugleich das Ideal der Epoche der Klassik. Außerdem weist sie als Frau und Protagonistin einen Weg zur Emanzipation der Geschlechter.
Bezogen auf die Ansprüche der Kunst zeigt sich an dem Drama insgesamt, dass es möglich ist, sich einem Idealbild anzunähern, das, angelehnt an die antiken Vorbilder, dann erst zu echter Schönheit wird und damit ein wahres Kunstwerk schafft.

Rahmenthema 2: Drama und Kommunikation

Was ist ein Drama?

Der Begriff *Drama* (griech. Handlung) bezeichnet als Oberbegriff jegliche Form von Theaterstücken. Je nach Aufbau und Ausgestaltung unterscheidet man verschiedene Formen:

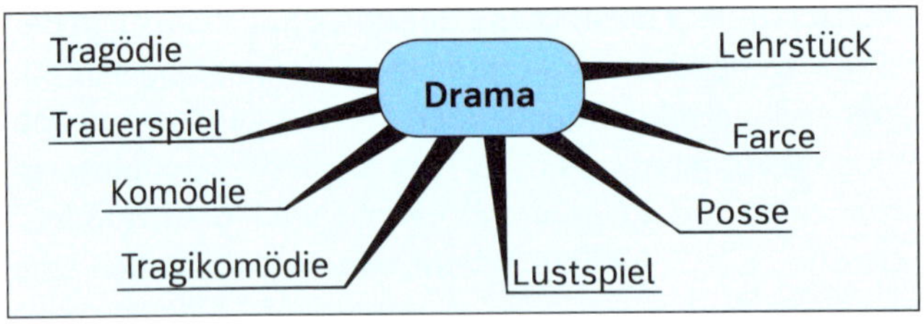

Im weiteren Sinn werden die Begriffe *Drama* und *Schauspiel* auch zur Bezeichnung von weniger streng aufgebauten Theaterstücken verwendet, die sich nicht eindeutig einer der in der Abbildung genannten Unterkategorien zuordnen lassen. Vor dem Hintergrund historisch-gesellschaftlicher und technischer Entwicklungsprozesse haben sich von der Antike bis zur Gegenwart die Bühnentechnik sowie die formale und inhaltliche Gestaltung dramatischer Texte deutlich verändert.
Neben der *Lyrik* und der *Epik* ist die *Dramatik* die dritte große Gattung der Literatur. Bei dramatischen Texten unterscheidet man grundsätzlich zwischen dem *Haupt-* und dem *Nebentext*. Der Haupttext ist der auf der Bühne gesprochene Text, zum Nebentext gehören die nicht gesprochenen Textteile (Titel, Untertitel, Personenverzeichnis, Sprechernamen, Regieanweisungen usw.). Im Gegensatz zu den beiden anderen Gattungen ist für die Dramatik eine szenische Realisierung (Inszenierung durch einen Regisseur bzw. Dramaturgen) auf einer Bühne kennzeichnend. Eine Ausnahme stellen sogenannte *Lesedramen* dar, deren Aufführung entweder vom Autor nicht intendiert war oder zur Zeit der Entstehung aus unterschiedlichen Gründen (technischen, sozialen, politischen) nicht möglich war. Gegenüber den Gattungen Lyrik und Epik ist der als Rede oder Gegenrede die Handlung vorantreibende *Dialog* das wesentliche Merkmal der Dramatik. Eingeteilt in *Akte* bzw. Aufzüge (anfangs häufig fünf oder drei Akte) und *Szenen* bzw. *Auftritte* (→ S. 151 f.) sind den Textpassagen Figuren zugeordnet, die als psychologische Charaktere, typisierte Ideenträger oder einfache Typen ausgestaltet sein können (→ S. 154 f.). Kernstück vieler Dramen ist in der Regel der dramatische *Konflikt*, der je nach Form des Dramas im Schluss des Dramas gelöst oder bei modernen Dramen mit offenem Schluss ungelöst bleibt.
Die Interpretation bzw. die Analyse dramatischer Texte stellt besondere Ansprüche an den Leser bzw. Zuschauer, da ihn in der Regel kein vermittelnder oder kommentierender Erzähler begleitet, sodass er selbst aus den Regieanweisungen/dem Bühnenbild und den Dialogen die Handlung erschließen muss. Während Aufmerksamkeit und Konzentration bei den geschlossenen, *aristotelischen Dramen* (→ S. 148 ff.) vor allem durch die komplexen und anspruchsvollen Dialoge gefordert werden, geschieht dies in den offenen, *nichtaristotelischen Dramen* (→ S. 149 ff.) durch die meist episoden- und sprunghafte Gestaltung des Handlungsgangs.

Die Entwicklung der Spielstätten

Die Anlage und die räumliche Beschaffenheit der Spielstätten sowie die technischen Möglichkeiten wirkten sich nachhaltig auf die Gestaltung der Dramen aus. Die Amphitheater sind frühe Zeugnisse der hoch entwickelten Theaterkultur der Antike. Bekannte und gut erhaltene Beispiele sind z. B. das griechische Theater in Ephesos (Türkei) bzw. das Amphitheater in Orange (Südfrankreich). Diese Spielstätten, die für damalige Verhältnisse bereits sehr weit entwickelt waren, prägten die Form der antiken Dramen, da die baulichen und technischen Gegebenheiten schnelle Veränderungen im Bühnenbild nicht zuließen (→ Lehre von den „drei Einheiten“, S. 148).
Im Gegensatz zu dieser hohen Kultur des Dramas fanden im Mittelalter die Schauspiele im Allgemeinen auf öffentlichen Plätzen statt, wobei die Dekorationselemente schlicht und mobil sein mussten. Das änderte sich erst mit Beginn der Neuzeit, da die Spielstätten zunehmend in geschlossene Säle verlegt wurden. In Anlehnung an das antike römische Theater bestanden die Bühnen aus einem Bühnenhaus im Hintergrund und einer freien Vorderbühne. Diese konnte allerdings durch Vorhänge verschlossen werden. Die Konstruktion der Drehbühne erweiterte diese neuen Möglichkeiten noch einmal erheblich, da mehrere Bühnenbilder gleichzeitig vorbereitet sein konnten und Ortswechsel schnell und mehrfach wiederholt durch die Drehung der Bühne zu realisieren waren. Diese Entwicklung kennzeichnet vor dem Hintergrund gesellschaftlicher Veränderungen den Übergang vom aristotelischen zum nichtaristotelischen Drama (→ S. 148 f.).
Im Vergleich zu den antiken Theaterbühnen verfügen unsere heutigen modernen Bühnen über eine sehr komplexe Bühnentechnik. Dazu gehören z. B. der Einsatz filmischer Mittel und die Einbindung von Videoinstallationen sowie die digitale Steuerung der Licht- und Toneffekte. Moderne Theaterstücke können daher völlig anders konzipiert werden bzw. auch bewusst auf die Ausschöpfung dieser Möglichkeiten verzichten.
Parallel zu den großen Bühnen gibt es in vielen Städten kleinere Studiobühnen, auf denen auf begrenztem Raum und mit für heutige Verhältnisse eher schlichten technischen Mitteln experimentelle Inszenierungen dargeboten werden. Die Reduktion des technischen Aufwands und die unmittelbare Nähe zum Publikum werden dabei nicht als Manko, sondern als Herausforderung betrachtet. Dies gilt in gewisser Weise auch für die freien Theater.
Die Spielpläne unserer Theater zeigen deutlich, dass trotz der oben beschriebenen Entwicklung der Spielstätten die klassischen Dramen, die unter anderen Voraussetzungen entstanden sind, immer noch gespielt werden. Das liegt unter anderem daran, dass viele klassische Dramen eher zeitlos bedeutsame Themen behandeln bzw. dass sie als Teil unserer Kultur und Allgemeinbildung gelten.

Formen des Dramas

Das aristotelische Drama (geschlossene Form)

Aristotelische Dramen bzw. Dramen der geschlossenen Form orientieren sich stark am Aufbau antiker Dramen sowie an den diesbezüglichen Beobachtungen und Aussagen des griechischen Philosophen Aristoteles (384 – 322 v. Chr.), die dieser im Hinblick auf die Gattung der Tragödie in seiner Schrift „Poetik" (um 335 v. Chr.) festhielt. Dabei leitete er aus der Analyse zeitgenössischer Dramen allgemeine Regeln für den Aufbau von Tragödien ab. Seine Ausführungen zum antiken griechischen Drama besaßen vor allem in der Zeit des französischen Klassizismus und im Verlauf der Weimarer Klassik dogmatischen Charakter. Zu den Aussagen des Aristoteles, die die Konzeption der Dramen dieser aber auch noch späterer Zeiten bestimmten, gehören vor allem:
- die Lehre von den „drei Einheiten"
- der Aufbau des (antiken) griechischen Dramas (siehe Schaubild)
- die Ständeklausel
- die Lehre von der Katharsis

Die Lehre von den „drei Einheiten"

Mit Bezug auf die Gegebenheiten des griechischen Amphitheaters setzte Aristoteles fest, dass eine Aufführung nur bei Tageslicht – also höchstens in der Zeit von Sonnenaufgang bis Sonnenuntergang – stattfindet und wegen der besonderen Beschaffenheit der damaligen Bühnen nur an einem Ort spielt. Daraus folgte, dass nur einsträngige Handlungen ohne Nebenhandlungen dargeboten wurden. Aus diesen auf die spezifische Bühnensituation zugeschnittenen Aussagen entwickelten die Dramentheoretiker der französischen Klassik als Forderung für die Gestaltung von Dramen und insbesondere von Tragödien die sogenannte Lehre von den „drei Einheiten":
- Einheit der Zeit
- Einheit des Ortes
- Einheit der Handlung

Der Aufbau des griechischen Dramas

Die von Aristoteles beschriebenen griechischen Dramen waren in der Regel aus drei oder fünf Akten aufgebaut, wobei die einzelnen Akte jeweils eine spezifische Funktion besaßen. In seiner Schrift „Die Technik des Dramas" (1863) hat Gustav Freytag entsprechende Aussagen des Aristoteles systematisiert.

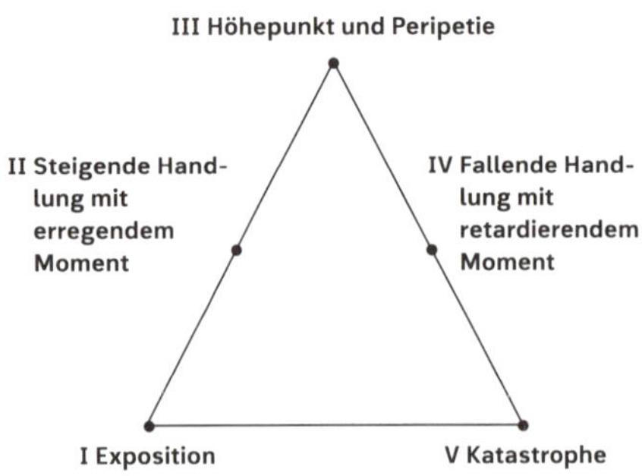

Akt I	**Exposition**	Einführung in Ort, Zeit, Hauptfiguren und die zentralen Motive
Akt II	**Steigende Handlung**	Die Handlung spitzt sich zu durch Interessenskonflikte, Intrigen usw.
Akt III	**Höhepunkt/ Peripetie**	Die Zuspitzung der Handlung / des Konflikts erreicht ihren Höhepunkt, sodass es zu einem Wendepunkt (Peripetie) kommt, der zum Erfolg oder Scheitern der Hauptfigur führt.
Akt IV	**Fallende Handlung**	Auf dem Weg zum Untergang bzw. zur Rettung kommt es zu Verzögerungen (retardierenden Momenten), die der Steigerung der Spannung auf den Ausgang dienen.
Akt V	**Katastrophe**	Häufig verbunden mit dem Tod der Hauptfigur kommt es in der Tragödie zum Untergang, der aber in der Regel einen moralischen und ideellen Sieg darstellt. In der Komödie folgt demgegenüber nach der fallenden Handlung die Rettung bzw. die Lösung des Konflikts (häufig durch eine Eheschließung).

Der Aufbau vor allem der älteren Dramen entspricht häufig diesem Aufbauschema. Bei Dreiaktern entfallen die Akte II und IV.

Die Ständeklausel

Für die Figuren galt bis zur Entwicklung des bürgerlichen Trauerspiels (→ S. 150) vor allem durch Gotthold Ephraim Lessing (1729 – 1781) die Ständeklausel, die französische Dramentheoretiker des 18. Jahrhunderts im Anschluss an Aristoteles formuliert hatten. Demnach waren nur solche Figuren „tragödienwürdig“, die eine möglichst hohe tragische Fallhöhe aufzuweisen hatten. Das Personal der Tragödie bestand daher vor allem aus Göttern, Königen und adligen Personen. Für die Komödie, deren Bedeutung wesentlich niedriger eingestuft wurde, galt diese Ständeklausel nicht.

Die Lehre von der Katharsis

Nach Aristoteles sollte die Gesamtkonzeption der Tragödie, als Nachahmung (mimesis) einer abgeschlossenen Handlung von gewisser Größe, dazu beitragen, beim Zuschauer Furcht (phobos) und Mitleid (eleos) zu erregen, wovon man sich eine reinigende Wirkung von eben diesen Affekten durch die Identifikation mit den Dramenfiguren versprach.

Das nichtaristotelische Drama (offene Form)

Mit dem Begriff *nichtaristotelisches Theater* werden im Allgemeinen alle dramatischen Stücke bezeichnet, die den aristotelischen Regeln nicht bzw. nur sehr bedingt entsprechen. Die Dichter des Sturm und Drang z. B. haben sich ganz bewusst über das feste und statische Regelwerk der Dramen der geschlossenen Form hinweggesetzt, indem sie die Einheit des Ortes und der Handlung durch die Verwendung von *Fetzenszenen* aufgaben und Prosa statt Verse nutzten. Sie lehnten die dem strengen Formalismus frönenden

französischen Dramen inhaltlich und formal ab und nahmen sich die offene Form der Dramen von William Shakespeare zum Vorbild.
Entsprechende Umbrüche hat es im Verlauf der Entwicklung des Dramas immer gegeben, auch zum Beispiel während der Epoche der → Klassik. Ebenfalls sind die Dramen Christian Dietrich Grabbes (1801–1836) und Georg Büchners (1813–1837) aus der Epoche des Vormärz / Jungen Deutschlands zu den nichtaristotelischen Stücken zu zählen. Aber erst im 20. Jahrhundert erreichte das nichtaristotelische Drama mit dem epischen Theater Bertolt Brechts (siehe unten) und dem absurden Theater einen eigenen und maßgeblichen Stellenwert.

Das bürgerliche Trauerspiel

Für das bürgerliche Trauerspiel, das primär von Gotthold Ephraim Lessing in der Epoche der Aufklärung begründet wurde, ist wesentlich, dass es statt in Versen in Prosa verfasst ist und mit der Ständeklausel (→ S. 149) der klassischen Tragödie bewusst bricht, indem hauptsächlich niedriger Adel und das Bürgertum zum Personal der Stücke gehören. Dementsprechend sind auch die Themen und Konflikte gestaltet, die in erster Linie den Bereich der Familie und der privaten Beziehungen betreffen sowie Fragen der Moral und des Anstands zum Gegenstand haben.
Lessing befasst sich in seinem bürgerlichen Trauerspiel „Emilia Galotti“ (1772) als erster mit dem Problem adliger Willkür vor dem Hintergrund der Spannungen, die sich aus privaten Beziehungen zwischen den adligen und bürgerlichen Ständen ergeben. Dieses und andere Stücke Lessings enthalten bereits gesellschaftskritische Ansätze, die im weiteren Verlauf der Entwicklung des Dramas an Bedeutung gewinnen und zunehmend zu einer künstlerischen Reflexion gesellschaftlicher Verhältnisse führen.

Das epische Theater

Bertolt Brecht (1898–1956) wendet sich mit seiner Dramaturgie des *epischen Theaters* besonders gegen die klassischen drei Einheiten des Ortes, der Zeit und der Handlung, gegen die Einfühlung des Zuschauers und die Katharsis (→ S. 149). Stattdessen will er durch seine Art von Theater erreichen, dass der Zuschauer Distanz zum dargestellten Geschehen aufbaut und dieses kritisch reflektiert. Um zu verhindern, dass der Zuschauer sich in das gespielte Stück hineinversetzt, sich mit den Figuren identifiziert, mit ihnen mitempfindet und mit ihnen leidet, verwendet das epische Theater verschiedene *Verfremdungseffekte* (sogenannte *V-Effekte*). Dazu gehören die Einbindung von Liedern und Songs in das Geschehen auf der Bühne (Montagetechnik), die Verwendung von Bildern, Texten und Spruchbändern auf und vor der Bühne, die teilweise direkte Ansprache der Zuschauer durch die Schauspieler sowie das Improvisieren. So entsteht beim Zuschauer weder eine Illusion, noch wird ihm die Identifikation mit den Figuren ermöglicht: Es wird ihm jederzeit völlig bewusst gemacht, dass er nur ein Theaterstück sieht. Diesen Zweck soll auch die Kargheit der Bühnenausstattung unterstützen.

Hinweise zu Tendenzen der **Gegenwartsdramatik** finden Sie auf Seite 183.

Elemente dramatischer Texte

Handlung

Im Gegensatz zur Epik entfalten Dramen die Handlung in der Regel weniger aus aktionsstarken Begebenheiten, sondern stärker aus inneren Konflikten der Figuren.
Die Entwicklung des Dramas und die gravierenden Veränderungen in der Bühnentechnik (→ S. 147) wirken sich deutlich auf den Aufbau und die Gestaltung der Handlung aus.
Die Handlung in den meisten aristotelischen Dramen (geschlossene Form) verläuft *linear* und besteht nur aus einem Handlungsstrang (Ausschnitt des Ganzen). Bei den nichtaristotelischen Dramen (offene Form) entwickelt sich die Handlung in der Regel nichtlinear und besteht aus mehreren Handlungssträngen bzw. Einzelsegmenten (Ganzes in Ausschnitten).
Je nach Zuordnung des Dramas (Entstehungszeit) ergeben sich für die Analyse einer ausgewählten Szene also unterschiedliche Beobachtungsschwerpunkte:

Lineare Handlung – Ein Ausschnitt des Ganzen

- Aristotelische Dramen, bei denen es sich meistens um Drei- oder Fünf-Akter handelt, entsprechen im Allgemeinen einem festem Aufbauplan. In der Regel gibt es daher nur einen Handlungsstrang und Nebenhandlungen sind eher die Ausnahme. Die einzelnen Szenen sind fester Bestandteil der Funktion, die der jeweilige Akt im Aufbauplan des Dramas einnimmt. Die einzelne Szene ist daher der *steigenden* oder *fallenden* Handlung zuzuordnen.
- Der *Konflikt*, der in einem Widerstreit der Meinungen und Wertvorstellungen, in der Widersprüchlichkeit der Charaktere oder in dem Gegeneinander der Handlungsziele begründet sein kann, stellt das Kernstück der dramatischen Handlung dar.
- Die *Exposition* ist in den aristotelischen Dramen ein zentrales Strukturelement, deren Aufgabe es ist, den Zuschauer auf die bevorstehende Bühnenhandlung vorzubereiten. Die Exposition kann gleichermaßen vergangenheits-, gegenwarts- und zukunftsbezogen sein, indem sie den Zuschauer/Leser über die Vorgeschichte der Handlung unterrichtet, ihn mit Ort, Zeit und Personen des Stücks vertraut macht und bereits mögliche Konflikte andeutet.
- Die Übergänge von der einen zur anderen Szene werden durch die Beibehaltung des Schauplatzes, durch den Verbleib einer Figur auf der Bühne oder andere Mittel miteinander eng verklammert (auch „liaison des scènes" genannt).
- Neben- bzw. Parallelhandlungen werden meist nur durch die Technik der *Mauerschau* (Teichoskopie) oder des *Botenberichts* eingebunden. Das heißt, dass eine erhöht stehende Figur unmittelbar von einem Ereignis berichtet, das gerade für die anderen unsichtbar (quasi hinter einer Mauer) stattfindet bzw. dass jemand eine Botschaft überbringt, in der über eine andere Handlung berichtet wird.
- Der *Schluss* bringt die Lösung des Konflikts, die je nach Form des Dramas häufig mit dem Tod des Protagonisten verbunden ist (Tragödie) bzw. zu einem unverhofft glücklichen Ende geführt wird (Komödie).

Nichtlineare Handlung – Das Ganze in Ausschnitten

- Die nichtaristotelischen Dramen bzw. die Dramen der offenen Form lassen sich keinem festen Aufbauplan zuordnen, zumal sie aus einer sehr unterschiedlichen Anzahl von Akten und Szenen bestehen können. Die Handlung verläuft meist nicht linear, sondern sprunghaft, indem einzelne Episoden aus einem oder auch mehreren Handlungssträngen herausgegriffen werden.
- Eine *Exposition* wie in den aristotelischen Dramen ist meist nicht vorhanden, sondern das Geschehen entfaltet sich häufig im Sinne eines analytischen Dramas. Das heißt, dass die für den *Konflikt* entscheidenden Ereignisse nicht erst durch den Gang der Handlung vermittelt werden, sondern von Anfang an die Voraussetzung für die Handlung darstellen und im Verlauf des Dramas nach und nach aufgedeckt werden.
- *Neben-* bzw. *Parallelhandlungen* sind möglich, da die zeitliche Ausdehnung der Handlung deutlich länger als im aristotelischen Drama sein kann (keine Bindung an die Einheit der Handlung) und häufig Zeitsprünge und Ortswechsel beim Übergang von der einen zur anderen Szene vorliegen. Die Technik der Mauerschau bzw. des Botenberichts spielen daher kaum noch eine Rolle. Die Gleichzeitigkeit von Handlungen wird im Nacheinander der Szenenabfolge dargestellt.
- Im Gegensatz zum aristotelischen Drama bleibt der *Schluss* häufig offen und die Generierung von Lösungsmöglichkeiten wird an die Zuschauer/Leser delegiert.
- Die Handlung entfaltet sich in ihrer Gesamtheit nicht aus einer klar strukturierten Abfolge von einzelnen Szenen und Akten, sondern aus teilweise eher isolierten Einzelszenen, die sehr kurz und unvermittelt sein können (Fetzenszenen), um schlaglichtartig Aspekte der Handlung zu thematisieren.

Erschließungsfragen für die Analyse

- Ist die Szene Teil einer linearen bzw. nichtlinearen Handlung? Gehört sie zur Haupt-, Neben- oder Parallelhandlung?
- Wie beeinflusst die Szene den weiteren Handlungsverlauf? Welche Funktion und Bedeutung hat die Szene für die Entwicklung der Handlung? (Diese Fragen lassen sich nur bei Kenntnis des gesamten Dramas beantworten).
- Wie ist die zu interpretierende Szene mit der vorausgehenden und nachfolgenden Szene verbunden? Gibt es Zeitsprünge oder Ortswechsel im Übergang von der vorausgehenden bzw. zur nachfolgenden Szene?

Raum- und Zeitgestaltung

Die Gestaltung des Raumes und der Zeit sind an der Entfaltung der Handlung beteiligt, da es schon einen erheblichen Unterschied bedeutet, ob das gesamte Drama nur an einem oder an mehreren Schauplätzen spielt bzw. ob es nur den begrenzten Zeitraum eines Tages oder eine Zeitspanne von mehreren Wochen, Monaten oder auch Jahren umfasst. Für die Analyse einer Szene ist es also wichtig, die Raum- und Zeitgestaltung im Kontext des gesamten Stückes zu beachten.

Raumgestaltung

- Die Angaben zum Raum (synonym verwendet werden *Schauplatz* und *Handlungsort*) sind in den aristotelischen Dramen meist wenig konkret, da stärker als in den nichtaristotelischen Dramen die Handlung durch die Dialoge und nicht durch einen aktionsstarken Raum vorangetrieben wird. Der zeitliche Hintergrund, in den die Handlung einzuordnen ist, bestimmt dabei die Vorstellung des Raumes.
- Die häufigen und meist schnell aufeinanderfolgenden *Ortswechsel* in nichtaristotelischen Dramen bedingen, dass dort oft genauere Angaben zum Raum gegeben werden, denn der Zuschauer/Leser muss die Möglichkeit haben, die Ortswechsel gedanklich nachzuvollziehen. Hinzu kommt, dass der Raum sich wesentlich deutlicher auf das Agieren der Figuren auswirkt.
- Zu Requisiten und Kostümen werden in dramatischen Texten nur selten direkte Aussagen getroffen. Die konkrete Ausgestaltung ist Bestandteil der jeweiligen Inszenierung, die sich in der Regel aber an dem zeitlichen Hintergrund orientiert.
- Je nach dramaturgischem Konzept ergibt sich aus dem Zusammenspiel von Bühnenraum, Requisiten und Kostümen eine sehr geschlossene und realitätsnahe Ausgestaltung der Bühne oder es wird durch Reduktion bzw. Verfremdung des Bühnenbilds bewusst gemacht, dass es sich bei der Darstellung um eine Inszenierung handelt. Vor allem das epische Theater und zeitgenössische Theaterstücke bevorzugen die zweite Variante.

Zeitgestaltung

- Je nach Grundkonzeption und zentraler Thematik eines Dramas wird die Zeit, in der die Handlung spielt, mehr oder weniger stark präzisiert. Dramen, in denen eher grundlegende menschliche Konflikte oder Ideen und Werte im Mittelpunkt stehen, sind zeitlich nicht konkret gebunden. Dramen, die historische Ereignisse bzw. gesellschaftliche Probleme aufgreifen, müssen den zeitgeschichtlichen Hintergrund durch die Dialoge bzw. die Gestaltung der Bühne (→ Raumgestaltung) verdeutlichen. Besonders im epischen Theater werden die aktuellen zeitlichen Bezüge durch die Präsentation von Prospekten (Plakate bzw. Stellwände mit Fotos, Zeitungsartikel, Spruchbänder usw.) im unmittelbaren Umfeld der Bühne hergestellt.
- Die zeitliche Struktur eines Dramas wird geprägt durch das Verhältnis zwischen *Spielzeit* und *gespielter Zeit*. In Analogie zu den Termini *Erzählzeit* und *erzählte Zeit* (→ S. 197) in der Epik bezeichnet die *Spielzeit* dabei den Zeitraum, den eine Aufführung umfasst, während *gespielte Zeit* den Zeitraum angibt, den die Handlung umfasst. In aristotelischen Dramen ist dies unter Berücksichtigung der Einheit der Zeit in der Regel ein Tag, in den nichtaristotelischen Dramen können dies Tage, Wochen oder auch Jahre sein. Aus dem im gesamten Drama vorliegenden Verhältnis zwischen Spielzeit und gespielter Zeit ergibt sich eine eher *zeitraffende* (Spielzeit ist kleiner als gespielte Zeit) oder *zeitdehnende* (Spielzeit größer als gespielte Zeit) Handlung. Eine Besonderheit dramatischer Texte besteht darin, dass die einzelne Szene immer *zeitdeckend* ist, da im Dialog der Figuren Spielzeit und gespielte Zeit übereinstimmen. Bei der Analyse einer dramatischen Szene ist deshalb zu berücksichtigen, wie die Szene in das zeitliche Kontinuum des gesamten Stücks eingebettet ist.

- Besonders in den nichtaristotelischen Stücken mit einer längeren gespielten Zeit und folglich häufigeren Zeitsprüngen wird die zeitliche Zuordnung einer Szene durch Formulierungen, die Verknüpfungen herstellen oder Anspielungen auf vorausgehendes oder nachfolgendes Geschehen enthalten, kenntlich gemacht. Der Hinweis z. B. auf eine Aktivität, die eine Figur in Zukunft ausführen will (z. B. „um das zu klären, muss ich XY aufsuchen"), verklammert zeitlich die Szene mit einer anderen, in der dieser Plan konkretisiert wird.

Erschließungsfragen für die Analyse

- Gibt es direkte Hinweise zum Handlungsort und zur Ausgestaltung des Raumes im Text? Wie kann oder muss man sich den Raum vorstellen, in dem die Figuren agieren?
- Sind Anfang bzw. Ende der Szene durch einen Ortswechsel gekennzeichnet?
- Werden Bezüge dieser Szene zu anderen Szenen über die Wahl des Schauplatzes hergestellt?
- Gibt es wichtige Requisiten, die den Schauplatz näher bestimmen?
- Wie ist die Szene in die zeitliche Struktur des gesamten Dramas eingebettet?
- Liegen beim Übergang von der vorausgehenden Szene zur nachfolgenden Szene Zeitsprünge vor? Wie werden diese Zeitsprünge deutlich gemacht? Gibt es in den Formulierungen der Figuren zeitliche Verklammerungen?

Figuren und Figurenkonstellationen

Die Figuren im Drama können grundsätzlich als *Charaktere* bzw. *Typen* bezeichnet werden. Von einem Charakter spricht man, wenn die Figur im Drama differenzierter dargestellt wird, so dass man verschiedene Eigenschaften und Verhaltensweisen kennen lernt. Von einem Typ oder Typus spricht man dagegen, wenn eine Figur mehr oder weniger nur auf einen Aspekt (z. B. Geiz, Gewalttätigkeit usw.) reduziert wird.

- Die Namen bzw. die Bezeichnung der Figuren können bereits deutliches Indiz für die Figurenzeichnung sein, wenn z. B. sprechende Namen (Oberlin, Schufterle, Grimm, Gottlieb Biedermann ...) verwendet werden oder den Figuren nur Funktionsbezeichnungen (Doktor, 1. Handwerksbursche ...) zugewiesen werden. Der Anordnung der Figuren im Personenverzeichnis, evtl. ihren Namen und den vielleicht beigefügten Angaben zu ihrem Status lassen sich unter Umständen bereits Informationen darüber entnehmen, welche Rolle die Figuren im Stück spielen bzw. in welcher Beziehung sie zueinander stehen.
- Als *Protagonisten* bezeichnet man Figuren des Dramas, die die Handlung maßgeblich vorantreiben, wobei nicht unbedingt die Titelfigur des Dramas darunter sein muss. Die Hauptfiguren werden häufig auch mit den Begriffen *Held* oder *Anti-Held* bezeichnet, je nachdem, ob sie selbstbewusst, eigenverantwortlich und aktiv am Verlauf des eigenen Schicksals beteiligt (Held) oder eher passiv und leidend fremden Mächten und Kräften ausgesetzt sind (Anti-Held). Erst mit Aufhebung der Ständeklausel (→ S. 149) in den nichtaristotelischen Dramen werden auch Anti-Helden zu den Hauptfiguren der Dramen.

- Da in dramatischen Texten kein Erzähler die direkte Charakterisierung (→ S. 195) der Figuren übernehmen kann, charakterisieren sich die Figuren durch ihr Verhalten und vor allem durch das gesprochene Wort selbst bzw. werden indirekt durch die Aussagen anderer charakterisiert. Speziell im zweiten Fall ist dabei zu berücksichtigen, dass diese Art der Charakterisierung nicht objektiv ist, da sie aus der Perspektive einer anderen Figur vorgenommen wird.
- Die Figuren in einem Drama werden erst wirklich lebendig und dadurch charakterisiert, dass sie in der Interaktion mit anderen Figuren gezeigt werden. Jede Figur ist eingebunden in eine Figurenkonstellation, die z. B. bestimmt wird durch den Grad der Zuneigung, Abneigung oder Feindschaft zu einer anderen. Um Charaktereigenschaften zu verdeutlichen, werden einzelnen wichtigen Figuren *Gegenspieler* oder *Kontrastfiguren* gegenübergestellt.
- Gestalt, Mimik, Gestik, Körperhaltung und -bewegung sowie die Kleidung charakterisieren eine Figur. Allerdings finden sich dazu in den Dramentexten meist nur wenig konkrete Hinweise (Regienanweisungen), sodass der Leser entsprechende Vorstellungen aus der Handlung und vor allem aus dem gesprochenen Wort selbst entwickeln muss. Dem Zuschauer einer Aufführung wird diesbezüglich bereits eine Interpretation angeboten. Bei der Analyse einer Dramenszene muss also deutlich werden, ob es sich bei Aussagen zum äußeren Erscheinungsbild um eine eigene Interpretation oder um konkrete Vorgaben handelt, die durch Textbelege nachgewiesen werden können.

Sprache und Dialogführung

- Der Dialog ist das zentrale Merkmal dramatischer Texte, denn das Drama lebt vom gesprochenen Wort. Die Analyse einer Dramenszene muss deshalb im besonderen Maße auf die inhaltliche Aussage und die formale Gestaltung der Dialoge (Ausdrucksweise, Wortwahl, Satzbau usw.) eingehen.
- Das Prinzip der Ständeklausel prägt im aristotelischen Drama auch die Sprache, sodass der Sprachstil der Figuren getragen bzw. gehoben ist und bis hin zum *Pathos* reichen kann. Die Sprache der Figuren ist kunstvoll gestaltet, reich an Sprachbildern und anderen rhetorischen Mitteln (→ S. 172 ff.). Der Text ist häufig in Blankversen (→ S. 169) geschrieben. Vorherrschend ist ein hypotaktischer Sprachstil.
- In nichtaristotelischen Dramen werden Stilebenen und die Ausdruckshaltung gemischt und es findet eher eine Orientierung an der Alltagssprache statt (verschiedene Soziolekte, Jargon, spontane Äußerungen, „Aneinandervorbeireden“ oder „Schweigen“). Anders als beim geschlossenen Drama, wo das Bewusstsein die Sprache dominiert, dominiert hier die Sprache über das Bewusstsein. Ausrufe, elliptische und parataktische Satzkonstruktionen sind Ausdruck einer lebendigen, spontanen und emotionalen Sprache, die die Figuren deutlich charakterisiert.
- Die gründliche Analyse der Dialoge muss kommunikative Strukturen mitberücksichtigen, da der Dialog immer eine Form der Interaktion ist. Das bedeutet, dass nicht nur inhaltlich geklärt wird, was genau gesagt wird, sondern auch wie diese Inhalte kommuniziert werden. Dazu gehört, dass man Aussagen zum Sprachstil, d. h. zur Wortwahl, zum Satzbau und zu den verwendeten rhetorischen Figuren, trifft.

Qualitativ wirksam werden entsprechende Aussagen aber erst, wenn sie nicht nur beschrieben, sondern in der Deutung funktionalisiert werden.

- Sprechtempo, Tonfall und Lautstärke werden in dramatischen Texten nur selten durch Regieanweisungen präzisiert und müssen daher aus dem dargestellten Geschehen erschlossen werden, sollten aber im direkten Zusammenhang mit der sprachlichen und kommunikationstheoretischen Analyse berücksichtigt werden.
- Um den Zuschauer an Gedanken einer Figur teilnehmen zu lassen, finden *Monologe* bzw. die Technik des *Beiseitesprechens* Anwendung. Beide Formen sind, wenn auch etwas realitätsfern, typische dramaturgische Elemente, da es eher ungewöhnlich ist, dass eine Person längere Zeit laut für sich selbst spricht (Monolog) bzw. dass eine Person quasi hinter vorgehaltener Hand ihre Gedanken laut preisgibt (Beiseitesprechen), während andere anwesend sind. Das Beiseitesprechen wird in der Regel durch die Regieanweisung „beiseite“ deutlich angegeben.
- In den Dramen der offenen Form, speziell im epischen Theater (→ S. 150), wird der Zuschauer direkt angesprochen, indem z. B. eine Figur die Rolle quasi verlässt und sich unmittelbar an das Publikum wendet. Im *Monodrama*, einem monologischen Einpersonenstück, werden diese Techniken prägendes Gestaltungsmittel, da es Dialoge im eigentlichen Sinne hier nicht mehr gibt.

Erschließungsfragen für die Analyse

- Handelt es sich bei den agierenden Figuren eher um Charaktere oder Typen? Kann eine der Figuren als Protagonist der Handlung bzw. als Held oder Anti-Held bezeichnet werden?
- Wie ist die einzelne Figur in die Figurenkonstellation des gesamten Stücks bzw. in die Szene eingebunden? Gibt es direkte Gegenspieler oder Kontrastfiguren?
- Wie und wodurch charakterisieren sich die Figuren selbst bzw. werden sie von anderen charakterisiert?
- Welchen Anteil hat die Sprache an der Charakterisierung der Figuren?
- Auf welchem Sprachniveau entwickelt sich das Gespräch? Handelt es sich um eine gebundene oder eher freie und emotionale Sprache?
- Welche Wirkung wird durch den Satzbau und die Wortwahl erreicht?
- Welche rhetorischen Figuren werden verwendet und welche Funktion haben sie?
- Wie müssten Sprechtempo, Tonfall und Lautstärke in einzelnen Passagen der Dialoge gestaltet sein?
- Welche kommunikativen Strukturen werden in den Dialogen deutlich? Wie groß sind die Redeanteile der Figuren? Welche Figur ergreift die Initiative im Gespräch und welche Figur beendet es?
- Gibt es Tendenzen zur Monologisierung der Dialoge?

Rahmenthema 3: Literatur und Sprache um 1900 – neue Ausdrucksformen der Epik

Literarische Moderne (ca. 1880–1925)

Das Nebeneinander bzw. die Gleichzeitigkeit unterschiedlichster, z. T. widersprüchlichster literarischer Strömungen, Stile (Stilpluralismus), Tendenzen, Entwürfe, Programme (Polarität), basierend auf der Orientierungslosigkeit in einer durch gesellschaftliche, ideologische, normative und ästhetische Brüche gekennzeichneten Welt prägt die Zeit um 1900. Laut Thomas Mann weist dies auf den „Willensausdruck dieser sehr reich bewegten Zeit, in der viele Strömungen [...] sich überkreuzten und ineinander übergingen“ hin. Man spricht auch von der „Gleichzeitigkeit des Ungleichzeitigen“: Der Widerspruch, z. B. zwischen dem sich als autonom verstehenden Individualkunstwerk und der entstehenden Massenkultur (Trivialliteratur), gilt als Grundmuster der „Literarischen Moderne“. Die propagierte „Modernität“ ist das gemeinsame Bindeglied dieser heterogenen und disparaten Richtungen und Stile, weshalb die Zeit vor dem Ersten Weltkrieg heute nicht als das Ende des 19. Jahrhunderts, sondern als der Beginn des 20. Jahrhunderts gesehen wird.
Den anerkannten literarischen Strömungen des Naturalismus, Impressionismus und Expressionismus werden andere Stilrichtungen, die aus der bildenden Kunst oder aus dem französischen Kulturraum übernommen wurden, an die Seite gestellt: *Symbolismus, Ästhetizismus, Décadence, Fin de Siècle, Neuklassik, Neuromantik, Jugendstil, Dadaismus* usw. Allen gemeinsam ist ein verändertes, z. T. neues Verhältnis zur Sprache, deren Leistungsfähigkeit als Mittel der Kommunikation als problematisch erlebt wurde (Sprachkrise als Bewusstseins- und Wahrnehmungskrise). Wichtigstes Dokument dieser Sprachskepsis ist Hugo von Hofmannthals fiktiver Brief des Lord Chandos („Ein Brief“, 1901). Zu den bedeutendsten Autoren der Zeit zählen neben Hugo von Hofmannsthal Stefan George, Franz Kafka, Thomas und Heinrich Mann, Robert Musil und Rainer Maria Rilke. Anhand der oben skizzierten Auffächerung der Literatur der Jahrhundertwende mit ihren unterschiedlichen Strömungen und Tendenzen, den teils aus der bildenden Kunst, aus der Architektur, der Geschichte übernommenen Bezeichnungen lässt sich das grundsätzliche Problem der Einteilung der Literatur in Epochen, die vermeintlich streng voneinander getrennt sind, sehr gut demonstrieren. Daher legitimiert sich auch der Begriff des Epochenumbruchs um 1900, da dieser die literarischen Erscheinungen im Sinne der Diskontinuität hervorhebt. Gerade die divergierenden mentalen und kulturellen Konzepte, die sich teils ergänzen, teils miteinander konkurrieren oder sich widersprechen, befördern die Differenzqualität der einzelnen literarischen Strömungen. Diese Epochenumbrüche lassen sich besonders für die Zeit um 1800, um 1900, aber auch um 2000 feststellen. Im Spannungsfeld der ästhetischen Konzepte reagieren die Autor(inn)en direkt oder verzögert auf die rasanten Veränderungen ihrer Lebenswelt, auf politische Veränderungen oder Modernisierungsschübe, im technischen, wissenschaftlichen oder gesellschaftlichen Feld.

Krise und Erneuerung des Erzählens

Die Erschütterung der Weltsicht durch den Anbruch der Moderne hat zu einer Erschütterung des Sprachverständnisses geführt. Die Sprachskepsis steigert sich zur Sprachkrise, die – hier liegt das Paradoxon vor – sprachlich virtuos von den Autoren in Gedichten und Essays thematisiert wird, etwa in der bildreichen Sprache des rhetorisch durchkomponierten Chandos-Briefes. Da sich nunmehr die Welt, mithin der Gegenstand des Erzählten, in radikalem Wandel befindet, und die Sprache, also das Medium des Erzählens, nicht mehr unbefangen verwendet werden kann, geraten auch die traditionellen Erzählmuster, somit die Form des Erzählens, in die Kritik. Chronologische Erzählmuster, in sich geschlossene, runde Figurenzeichnungen und stringente Erzählperspektiven, wie sie bis zum bürgerlichen Realismus galten, scheinen ungeeignet, die neu wahrgenommene Komplexität und Heterogenität der Welt zu erfassen. Die Erneuerung des Erzählens setzt ein. Die folgende Gegenüberstellung zeigt wesentliche Aspekte dieses Wandels der Erzählweise auf, der auf der Krise des Erzählens basiert:

Traditionelles Erzählen	Modernes Erzählen
Wahrnehmung der Welt als überschaubar, verstehbar	Wahrnehmung der Welt als unübersichtlich, vielschichtig und brüchig, Zweifel an der Wahrnehmung und dem darstellenden Medium Sprache
Handlungsverlauf orientiert sich am Erzählkern, ist linear und kausal motiviert und geschlossen	Handlungsverlauf z. T. fragmentiert, sprunghaft und assoziativ, offene Handlung, offene Sinnfragen
Erzähler häufig in Er/Sie-Form, auktorial, führt den Leser durch die erzählte Welt, kommentiert Figuren, verfügt über Innen- wie Außensicht, Erzählperspektive bleibt konstant, ordnende Funktion	Erzähler häufig in Ich-Form oder personal, subjektive Figurenperspektive oder neutraler Erzählerbericht, Erzähler zieht sich hinter die Figuren zurück
Helden stehen im Mittelpunkt, exemplarische Entwicklung, gesellschaftliches Muster	Krise des Helden, Anti-Helden, Brüchigkeit, Infragestellung der allgemeinen Relevanz, radikale Subjektivität
konventioneller Erzählbericht, szenische Darstellung und Figurenrede, chronologisch geordnete realistische Weltsicht des Erzählers	Psychologisierung der Darbietungsweise: innerer Monolog, Stream of Consciousness, Perspektivwechsel, heterogene Zeitstruktur, Simultaneität des Erzählten, Montagetechnik
Hervorhebung des Erzählers als souveräne schöpferische Kraft des Erzählvorgangs, Sinnstiftung	Betonung des impliziten Lesers, der Sinn aus den erzählten Facetten generieren muss, kein Anspruch auf allgemeingültige Sinnstiftung

Realismus (ca. 1850 – 1890)

Epochenbegriff

Man unterscheidet zwischen a) typologischem Realismusbegriff (Realismus als epochenübergreifendes Darstellungsmerkmal) und b) literaturgeschichtlichem Epochenbegriff *Realismus*. Der Epochenbegriff *Realismus* bezeichnet die europäische Literaturepoche zwischen Romantik und Naturalismus. Wirklichkeitsnähe, Lebensechtheit, Widerspiegelung der Alltagswelt sind gefordert, außerdem Beispielhaftigkeit, Verdichtung, Verklärung („poetischer Realismus") im Sinne eines poetischen Mehrwerts, der das gewöhnliche Bild der Erscheinungen übersteigt. Die Wirklichkeit soll durch Auswahl und Konzentration auf Details entstehen, die Distanzierung des Autors wird gefordert.

Geschichte und Gesellschaft

1848/49 Gescheiterte Revolution

ab 1864 Aufstieg Preußens

1870/71 Deutsch-französischer Krieg, Proklamation des preußischen Königs Wilhelm I. zum Deutschen Kaiser in Versailles, Einigung des Reichs, Bismarck Reichskanzler („Gründerzeit")

1878 „Sozialistengesetze": Unterdrückung sozialdemokratischer Gruppierungen

1888 – 1918 Wilhelm II. deutscher Kaiser („Wilhelminisches Zeitalter"); Beginn des deutschen Imperialismus

- zunehmende Industrialisierung; rasante Technikentwicklung, beschleunigte Lebensverhältnisse; Urbanisierung, Proletarisierung der Arbeiterschicht, soziale Probleme (Klassengegensätze)
- Tendenzen weiblicher Emanzipation: Frauen im Erwerbsleben, zunehmendes Infragestellen traditioneller Rollenbilder

Welt- und Menschenbild

- große Veränderungen, aufkommende Naturwissenschaften bewirken sowohl Fortschrittsglauben als auch Orientierungslosigkeit durch Verlust von traditionellen Werten und Normen
- materialistische, diesseits orientierte Grundhaltung, Bedeutungsverlust der Religion
- in Teilen des Bildungsbürgertums trotz Wohlstand eher resignative Grundstimmung; konservative Wertehaltung, Gebundenheit an soziale Schicht
- Adel und Offizierskorps bestimmen weitgehend das gesellschaftliche Leben, Vorbildfunktion alles Militärischen: Untertanenmentalität, Pflichterfüllung gegenüber dem Staat

Literarisches Leben – Themen und Motive der Literatur

- großer Einfluss frz. und russ. Epik auf den deutschen Roman (G. Flaubert *Madame Bovary*; L. Tolstoi *Anna Karenina, Krieg und Frieden*)
- Auseinandersetzung von Individuum und Gesellschaft
- soziale und politische Fragen der Zeit, Eheprobleme: kritische Reflexion in Bildungsromanen

Gattungen, Autor(inn)en, Werke

bevorzugte Gattung: Epik

F. Hebbel (1813 – 1863) *Maria Magdalena* (Drama)

Th. Storm (1817 – 1888) *Pole Poppenspäler, Der Schimmelreiter, Immensee*

Th. Fontane (1819 – 1898) *Irrungen, Wirrungen, Frau Jenny Treibel, Effi Briest*

G. Keller (1819 – 1890) *Die Leute von Seldwyla*; *Der grüne Heinrich*

C. F. Meyer (1825 – 1889) *Das Amulett, Der Schuss von der Kanzel*

A. Stifter (1805 – 1868) *Nachsommer, Bunte Steine*

Gustav Freytag (1816 –1895) *Soll und Haben*

Naturalismus (ca. 1880 – 1900)

Epochenbegriff

Der Naturalismus gilt als europäische Strömung; Vorbilder für die deutsche Literatur sind die gesellschaftskritischen Romane des Franzosen É. Zola, die skandinavische Literatur von H. Ibsen, A. Strindberg, die russische von F. Dostojewski, M. Gorki. Das Programm des Realismus wird eingeengt auf a) die Darstellung des Elends von Kleinbürgertum und Proletariat, b) die Kritik an der Doppelmoral und Gleichgültigkeit des Bürgertums hinsichtlich ungelöster sozialer Probleme der Industriegesellschaft. Von Arno Holz wird die Formel *Kunst = Natur – x* entwickelt; x soll möglichst klein sein, d. h. das Kunstwerk gilt als umso vollkommener, je mehr es sich der Natur (= die sozialen Verhältnisse) annähert. Das bedeutet eine möglichst objektive Darstellung der Wirklichkeit, Absehen von der subjektiven Meinung und Deutung der Künstler. Neue Darstellungsmittel werden eingesetzt wie Dialekt und Umgangssprache, Verzicht auf gebundene Sprache (gilt als unnatürlich), *Sekundenstil* (Deckungsgleichheit von erzählter Zeit und Erzählzeit).

Geschichte und Gesellschaft

um 1890 erste Regierungsjahre Wilhelms II., letzte Regierungsjahre Bismarcks: deutschnationale Euphorie

- Hochphase des deutschen Imperialismus (Tendenz zum Militarismus)
- einseitige Entwicklung und Verteilung des Kapitals (u. a. durch Bismarcks Schutzzollpolitik)
- Zuspitzung der sozialen Lage, Verschärfung gesellschaftlicher Gegensätze

Literarisches Leben – Themen und Motive der Literatur

- sozialkritische Tendenzen, Künstler in Opposition zur gutbürgerlichen Gesellschaftsordnung
- Durchschnittsmenschen als Produkt ihres Milieus, ihrer Umgebung
- Großstadt: Arbeitermilieu, Mietskasernen, Elendsquartiere, Arbeits- und Obdachlosigkeit, Familienprobleme, soziale Verelendung, Krankheit, Alkoholismus
- von Wilhelm II. als „Rinnsteinkunst“ diffamiert

Welt- und Menschenbild

- Einbeziehung neuster Erkenntnisse der Naturwissenschaften; antimetaphysischer, empirischer Positivismus
- Einfluss der deterministischen Gesellschaftstheorie des französischen Philosophen Auguste Comte
- Der Mensch wird im Bedingungsgefüge (Determinismus) von Psyche, Trieben, sozialem Milieu und Umwelt gesehen und begriffen, dadurch werden seine Verhaltensweisen determiniert
- Leugnung des freien Willens zugunsten eines kausalgesetzlichen Ablaufs der Dinge

Gattungen, Autor(inn)en, Werke

Dominanz des Dramas

Johannes Schlaf (1862 – 1941) und Arno Holz (1862 – 1941) beide vor allem als Autorenteam tätig: *Papa Hamlet, Die Familie Selicke*

G. Hauptmann (1862 – 1946) *Vor Sonnenaufgang, Der Biberpelz, Die Ratten, Die Weber*

Expressionismus (ca. 1905 – 1925)

Epochenbegriff

1911 wird *Expressionismus* als Begriff für eine Berliner Sammelausstellung französischer Maler verwendet, danach auf die Literatur übertragen und gilt als Ausdruck des Protests junger Künstler aus mittelständischem, z. T. großbürgerlichem Milieu (oft Doppelbegabungen) gegen das wilhelminische Bürgertum mit seinen erstarrten Konventionen sowie das kapitalistische Wirtschaftssystem. Der Zusammenschluss von Künstlergruppen spiegelt sich in einer Vielzahl von Manifesten und Programmatiken. Die Suche nach dem „Neuen Menschen" („Menschheitspathos"), nach ihm adäquaten neuen Ausdrucksformen, findet sich vor allem in Lyrik und Drama: Ablehnung des Mimesis-Gedankens der Kunst, Propagierung der „Ästhetik des Hässlichen". Oft stehen traditionelle Form (z. B. Sonett) und provozierender Inhalt als Ausdruck für katastrophale Erschütterungen der Zeit in Kontrast. Asyndetischer Reihungsstil, elliptischer Satzbau, starke Bildlichkeit und Metaphorik, Farbsymbolik, Synästhesie, Neologismen und Montage sind weitere epochentypische Mittel und Formen.

Geschichte und Gesellschaft

1908 Automobilisierung (Fließbandproduktion Ford)

1910 Halleyscher Komet: Hoffnung auf Erneuerung und Angst vor Untergang der alten Gesellschaftsordnung

1912 Untergang der *Titanic*: Erschütterung in den Fortschrittsglauben

1914 – 18 Erster Weltkrieg: Zusammenbruch der k.u.k.-Monarchie, Niederlage Deutschlands, Abdankung des Kaisers

1915 A. Einsteins Relativitätstheorie

1917 Russische Oktoberrevolution

1918 Bürgerkrieg in Berlin, Münchner Räterepublik

1918/19 Friedensvertrag von Versailles; Weimarer Republik; „Dolchstoßlegende", hohe Reparationszahlungen Deutschlands

- neue Medien: Rundfunk und Film vereinnahmen die Unterhaltungsindustrie

Welt- und Menschenbild

- kritische Auseinandersetzung mit den Errungenschaften der modernen Zivilisation
- Protestbewegungen gegen erstarrte Konventionen und verlogene Moral einer als überkommen empfundenen bürgerlichen Gesellschaft
- „Janusgesicht der Moderne": Zukunftseuphorie sowie Skepsis gegenüber Technik und Erneuerung; Kriegseuphorie sowie totale Ablehnung des Krieges
- Kunst als Beitrag zur Weltveränderung

Gattungen, Autor(inn)en, Werke

vorherrschende Gattung: Lyrik, später auch Drama (G. Kaiser); K. Pinthus' Anthologie *Menschheitsdämmerung*
Gottfried Benn, Paul Boldt, Jakob van Hoddis, Georg Heym, Else Lasker-Schüler, Alfred Lichtenstein, Oskar Loerke, Ernst Stadler, August Stramm, Georg Trakl

Literarisches Leben – Themen und Motive der Literatur

- Weltende, Apokalypse, Werteverfall, Gewaltfantasien: Endzeitstimmung als Bild für Zusammenbruch der abendländischen Kultur
- Großstadt mit all ihren Facetten; antiidyllische Naturlyrik
- kritische Auseinandersetzung mit technischem Fortschritt (Eisenbahn)
- Krieg, Tod, Sinnlosigkeit des Lebens; Orientierungslosigkeit, Dissoziation des Ich, Anonymität, Kommunikationslosigkeit
- Visionen von Aufbruch, Revolution

Rahmenthema 4: Vielfalt lyrischen Sprechens

Was ist Lyrik?

Lyrik ist der Fachausdruck für Gedichte. Ein Gedicht ist leicht von einem erzählenden Text zu unterscheiden: Es gliedert sich in Verse und hat daher einen Flatterrand. Oft sind Gedichte auch in Strophen unterteilt und gereimt.

Lyrik zeichnet sich durch „verdichteten" Sprachgebrauch aus. Die sinnliche Seite der Sprache steht häufig im Mittelpunkt:
- der Klang der Wörter
- die Folge der Wörter in einem Sprechzusammenhang (Rhythmus)
- das Verhältnis von betonten und unbetonten Silben
- die Optik der Wörter

Bildlichkeit trägt in vielen lyrischen Texten zu einer Bedeutungsbildung bei, die Wahrnehmungen und Gefühle in besonders strenger Form, allerdings durchaus mehrdeutig vorstellt. Individuelle, sehr persönliche Sichtweisen auf Gegenstände überwiegen. Gedichte sind vielfach „Verdichtung", zeichnen sich durch besondere Prägnanz aus. Ein Beispiel:

Nicht müde werden (1964)

Hilde Domin (1909–2006)

Nicht müde werden
sondern dem Wunder
leise
wie einem Vogel
die Hand hinhalten

Hilde Domin: Nicht müde werden. Aus: Dies., Gesammelte Gedichte. Frankfurt a. M.: S. Fischer 1987, S. 294

Bei diesem modernen Gedicht wird mithilfe eines Vergleichs eine Art Lebensweisheit ausgedrückt. Das „Wunder" wird mit einem flatterhaften „Vogel" verglichen, dem man die Hand hinhalten soll, obwohl es natürlich lange dauern kann, bis er sich auf einer ausgestreckten Hand niederlässt. Man soll die Hoffnung auf ein Wunder also nicht aufgeben, auch wenn es manchmal aussichtslos erscheint.
Dies ist zunächst eine textimmanente Erschließung. Darüber hinaus können Fragen zum biografischen oder literarhistorischen Kontext – Hilde Domin hat viele Jahre im Exil verbringen müssen – Deutungshinweise liefern (→ S. 22 f.). Eine vorschnelle Interpretation der Gedichtaussage als Ausdruck biografischer Brüche und schwieriger Situationen im Leben der Autorin sollte allerdings vermieden werden (Sprecher im Gedicht → S. 167).

Ein kurzer Abriss zur Geschichte der Gattung

Lyrik gilt als diejenige poetische Gattung, die menschliche Stimmungen in stärkster Weise ausdrücken kann. Abgeleitet vom griechischen Wort *lyrikós* (zum Spiel der Lyra, der Leier gehörend) wird der Lied- und Vortragscharakter der antiken Herkunft betont. Seit dem 18. Jahrhundert wird die heute noch übliche Definition von Lyrik als eine der drei Hauptgattungen neben Epik und Dramatik gebraucht.
Bei dem Formenreichtum, den die Lyrik seit der Antike entwickelte, sind als Grundkonstanten Rhythmus, Metrum, Vers, teilweise auch Reim und Strophe zu identifizieren.

Die germanische Stabreimkunst, deren Gesetze nicht überliefert sind, sondern erst im 19. Jahrhundert rekonstruiert wurden, ist heute allenfalls in Wendungen wie „Haus und Hof" noch nachzuweisen, prägte aber bis zum *Hildebrandslied* (althochdeutsch, 9. Jahrhundert) eine eigenständige lyrische Tradition im nordwestlichen Europa.
Als besondere Blütezeit gilt das Hochmittelalter (11.–13. Jahrhundert). Der höfische *Minnesang* ist vor allem mit Walther von der Vogelweide (um 1170 bis ca. 1230) verbunden, aber auch bedeutende Versepen wie das „Nibelungenlied" kennzeichnen diese Epoche. Eine weitere im deutschsprachigen Raum entstandene Dichtkunst ist der zunftbürgerliche *Meistergesang* im 16. Jahrhundert, verbunden vor allem mit dem Namen Hans Sachs (1494–1576).
Als eigentlicher Beginn einer vor allem an italienischen Renaissancevorbildern geschulten und orientierten Dichtkunst in deutscher Sprache gilt das aus heutiger Sicht strenge Regeln der Form benennende *Buch von der deutschen Poeterey* (1624) von Martin Opitz (1597–1639). Die damit erstmals theoretisch fundierte Barocklyrik fand Ausprägungen vor allem im weltlichen und geistlichen Sonett (→ S. 165), aber auch in *Kirchenliedern* oder Epigrammen (→ S. 165) sowie weiteren in dieser Epoche gepflegten lyrischen Formen.
Als ein Höhepunkt deutscher Literatur gilt (nicht nur in der Lyrik) das dichterische Schaffen von Johann Wolfgang Goethe (1749–1832), Friedrich Schiller (1759–1805) und Friedrich Hölderlin (1770–1843) sowie die Lyrik der Romantik, verbunden mit Namen wie Novalis (1772–1801) oder Joseph von Eichendorff (1788–1857).
Mit Heinrich Heine (1797–1856) wird eine häufig ironisch gebrochene romantische Lyrik verbunden, aber auch politisch engagierte Dichtung des Vormärz.
Während die von Goethe und Schiller geprägte Lyrik des Sturm und Drang und der Klassik als Stimmungs-, Erlebnis- oder Ausdrucksdichtung charakterisiert und als – aus heutiger Sicht – traditionell bezeichnet wird, gilt die sogenannte Moderne als dem Leser gegenüber bewusst sperrig.
Wenn Einfühlen und Nacherleben, auch Schönheit als nicht nur ästhetische Kategorie das Typische klassischer Lyrik umreißen, ist gerade im Verzicht auf Formbegrenzung bzw. im bloßen Spiel mit der Form die Moderne ausgewiesen, in Frankreich seit der Mitte des 19. Jahrhunderts, in Deutschland eher um 1900.

Die im Naturalismus, Expressionismus oder Dada(ismus) entwickelten sprachlichen Entgrenzungen haben im 20. Jahrhundert keine ausschließlich daran anknüpfende „Dichterschule“, sondern auch Gegenbewegungen und eine von manchen als epigonal (nachahmend) betrachtete Lyrik mit gestalterischen Bezügen auf die klassischen Vorbilder hervorgebracht. Eine Tendenz zur Verrätselung und zum Experiment ist allerdings seit dem Epochenumbruch um 1900 aus der deutschsprachigen Lyrik nicht mehr wegzudenken.

Möglichkeiten der Einordnung von Lyrik bieten – zunächst unabhängig von literarhistorischen Kontexten – thematisch und motivisch begründete Zuordnungen:

Gedichte	Thema/Motiv
Alltagslyrik	Erfahrungssplitter und persönliche Impressionen aus dem Alltag sind kennzeichnend (z. B. in der Lyrik von Rolf Dieter Brinkmann).
Gedankenlyrik	Weltanschauliche und philosophische Fragen werden thematisiert (z. B. Lebenskrisen, Identitätsprobleme, Menschenbild).
Großstadtlyrik	Thema ist das Erleben der Großstadt (vor allem im Expressionismus stark vertreten, z. B. Georg Heym *Der Gott der Stadt*).
Liebeslyrik	Wonnen und Schmerzen der Liebe gehören zu den ältesten Motiven in der Lyrik und werden häufig gefühlsbetont verarbeitet.
Naturlyrik	Naturbegegnung und Naturerleben (wie der Jahreszeitenwechsel) sind ein vorrangiges Thema (z. B. in der Romantik).
Poetologische Lyrik	Gedichte werden zum Gegenstand des Gedichts und als Form reflektiert (z. B. in Goethes *Gedichte sind gemalte Fensterscheiben* oder in Brechts *Schlechte Zeit für Lyrik*).
Politische Lyrik	Aussagen zu politischen Ereignissen sind als Appell/Kritik formuliert (z. B. im Vormärz/Junges Deutschland: Heinrich Heine *Die schlesischen Weber*).

Hinweise zu Tendenzen der **Gegenwartslyrik** finden Sie auf Seite 183.

Formen der Lyrik

Gedichte können nach inhaltlichen, formalen und literarhistorischen Gesichtspunkten klassifiziert werden, z. B.:

Formen der Lyrik	Merkmale
Ballade	In Versform erzählte Geschichte mit Dialogelementen. Die Zuordnung zur Lyrik ist aber umstritten; andere Kategorisierungen betonen die epischen und dramatischen Aspekte der Ballade.

Elegie	Formstrenges Klagelied in der Antike; Trauer, Schwermut und Sehnsucht sind zentral.
Epigramm	Sinngedicht; kurz und pointiert formulierter, scharfsinniger Einfall, manchmal satirisch. Im Unterschied zum Aphorismus in Reimform verfasst.
Hymnus/ Hymne	Ursprünglich ein Lob- und Preisgesang in der Kirchenliturgie; bei Goethe und Schiller freier gefasst.
Lied	Oft Volkslied, einfache Verse; Höhepunkte der Lieddichtung im Mittelalter (Minnesang) und der Romantik um 1800.
Ode	Ursprünglich ein Chorgesang im antiken Drama; dann rhythmisch freier, mit feierlichem Inhalt.
Sonett	14-zeilige Gedichtform seit der italienischen Renaissance; im Barock besonders beliebt; besteht in der Regel aus zwei Quartetten und zwei Terzetten.

Darüber hinaus gibt es noch weitere Formen bzw. Klassifizierungen, z. B.:

- Anakreontik, eine Stilrichtung Mitte des 18. Jahrhunderts nach antikem Muster, heitere und graziöse Verse in Anlehnung an Anakreon (ca. 580 – 490 v. Chr.),
- experimentelle Gedichtformen, in denen die Sprache selbst zum Inhalt und Zweck des Gedichts wird, z. B. in der konkreten Poesie mit Vertretern wie Eugen Gomringer (*1925) und Ernst Jandl (1925 – 2000) sowie
- Kleinformen, wie z. B. Haiku, Elfchen und Limerick.

Das Sonett

Eine besonders typische Gedichtform des Barock (1600 – 1720), auch im Expressionismus vertreten, stellt das Sonett dar, das Ihnen hier exemplarisch vorgestellt wird. Die 14 Zeilen werden zumeist in zwei *Quartette* (Strophe mit je vier Versen) und zwei *Terzette* (Strophe mit je drei Versen) gegliedert und realisieren sehr häufig ein typisches Reimschema – im Barock nach italienischem Vorbild (Francesco Petrarca 1304 – 1374) –, mit doppelten Blockreim der Quartette abba abba cdc cdc (dagegen bei Shakespeare: abab cdcd efef gg). Am französischen Vorbild orientierte sich die deutschsprachige Barockdichtung beim Versmaß durch den Gebrauch von Alexandrinern (→ S. 109). Der asymmetrische Aufbau des Sonetts erzeugt eine formale und inhaltliche Spannung. Themen können dadurch argumentativ entfaltet werden; der Sprecher im Gedicht kann sein Thema reflektieren.

Im Rahmen der Poetikvorgaben des Barock stellen die Quartette in *These* und *Antithese* Aussagen über einen bestimmten Kanon von Themen (z. B. Liebe, Tod/Vergänglichkeit, vanitas) vor, die Terzette bündeln diese Aussagen und führen sie zu einer *Synthese*. Das Sonett ist auf das pointierte Ende hin angelegt, zeigt damit eine Finalstruktur. Ein Beispiel:

Schlussgedicht der „Waldmonologe aus Kreuth“ (1908)
Paul Heyse (1830–1914)

Sieh das Sonett! Kannst du ein Gleichnis nicht
In seiner Strophen Viergestalt gewahren,
Das Bild von zwei verbundnen Menschenpaaren?
Voran die Eltern, Leute von Gewicht.

Was er mit seinem würd'gen Tone spricht
Bestätigt sie, bemüht, ihm zu willfahren.
So schwierig manchmal auch die Reime waren,
Sie hält sich stets an seiner Seite dicht.

Dann folgen flink den Alten auf dem Fuß
Von schlankem Wuchs leichtherzig die zwei Jungen,
die man für Liebesleutchen halten muss.

Er raunt ins Ohr ihr zarte Liebkosungen,
Und mit des letzten Reims behändem Schluss
Hat sein Terzinchen küssend er umschlungen.

Paul Heyse: Schlussgedicht der „Waldmonologe aus Kreuth“. Aus: Ders., Gesammelte Werke. Dritte Reihe. Bd. V. Stuttgart/Berlin: J. G. Cottasche Buchhandlung, 1924. S. 282.

Das Reimschema in Heyses Sonett weicht nur im zweiten Terzett vom Barockmuster ab. Anhand des Bildes von zwei Paaren zweier Generationen wird die Sonettform vorgestellt, in der Abweichung vom Vorbild nicht stärker variierend als schon im Barock möglich. Nicht nur in klassisch gebauten Gedichten wie im barocken Sonett sind häufig Gegensatzpaare zu finden. Gegensätze, Widersprüche, widerstreitende Gefühle im Gedicht sind Möglichkeiten, um der Gedankenstruktur näher zu kommen. Auch Steigerungen oder Wendungen – etwa im abschließenden Vers oder Verspaar – bieten Hinweise.

Elemente lyrischer Texte

Motiv – Thema – Titel

Mit dem Ermitteln von Widersprüchen oder Wendungen sind erste Schritte einer Gedichtanalyse eingeleitet. Diese Analyse ähnelt gelegentlich einer Übersetzungsarbeit, denn die gedankliche Struktur erschließt sich meist nicht auf den ersten Blick. Mithilfe einiger Aspekte ist es möglich, sich dieser Struktur zu nähern:
Oft wird ein *zentrales Motiv* oder auch *Leitmotiv* im Gedicht verarbeitet, das Veränderungen erfährt oder zumindest Präzisierungen (z. B. unerfüllte Liebe). Die Worte, die zu diesem Motiv in Beziehung stehen, zeigen die Motiventwicklung an. Damit eng zusammenhängend ist das Thema des Gedichts, auf das häufig auch der Titel hinweist. Dieser Titel bzw. diese Überschrift, wenn sie nicht dem Eingangsvers entspricht, hat eine Hinweisfunktion, die in der Analyse zu klären ist.

Das Gedicht als Kommunikationsangebot

Sprecher (im Gedicht)

Wie im Bereich der Epik kann die Autorin bzw. der Autor nicht mit dem – ausdrücklich oder unmerklich – Sprechenden im Gedicht gleichgesetzt werden. Eine Nähe oder gar Übereinstimmung zwischen dem, der im Gedicht seine Stimme erhebt, und der Verfasserin bzw. dem Verfasser des Gedichts ist im Einzelnen nachzuweisen. Gelegentlich wird der Begriff *lyrisches Ich* als Synonym für jedes Sprechen im Gedicht benutzt. Als eine Art Oberbegriff für dieses Sprechen – unabhängig von seiner konkreten Ausprägung – setzt sich aber zunehmend der Terminus *Sprecher im Gedicht* oder nur Sprecher durch. Damit werden sowohl die identifizierbaren Sprechrollen (zumeist eine) als auch ein gestaltloses Sprechen (das Fehlen eines erkennbaren Sprechers) benannt.

Sprechweise

Der Sprecher im Gedicht kann in ganz unterschiedlicher Weise kommunizieren: Trotz der subjektiven Färbung und der häufig erkennbaren Selbstäußerung in vielen Gedichten ist auch ein *sachliches Sprechen* möglich. Hilde Domins Gedicht „Nicht müde werden“ kann als Appell verstanden werden, als Aufforderung des Sprechers an sich selbst oder an andere.
Eine ironische Aussage ist im Gedicht ebenfalls möglich; die Kurzform des Epigramms (→ S. 165) gilt als geradezu prädestiniert für Ironie. Ein Beispiel:

Der Deutsche Krieg (um 1628) *Friedrich von Logau (1604 – 1655)*

Was hat doch bracht das deutsche Kriegen?
Dass wir nun ruhn, weil wir ja liegen.

Friedrich von Logau: Der Deutsche Krieg. Aus: Heinz Ludwig Arnold (Hg.), Deutschland! Deutschland? Texte aus 500 Jahren von Martin Luther bis Günter Grass. Frankfurt a. M.: S. Fischer 2002, S. 73

Vers – Metrum – Reim

Vers und Zeilenumbruch

In Gedichten wird der Zeilenumbruch, die Anordnung der Textzeilen auf einer Druckseite, in besonderer Weise genutzt. Dieser Umbruch kann in drei Erscheinungsformen beschrieben werden:

Enjambement (Zeilensprung)	Der Satz- und Sinnzusammenhang reicht über das Vers- oder Strophenende hinaus. Das Enjambement hebt vor allem Begriffe am Versende hervor.	Über allen Gipfeln / Ist Ruh … (J. W. Goethe, *Ein gleiches / Wandrers Nachtlied*)
Hakenstil	In dieser Folge von Enjambements erscheinen die Verse durch die übergreifenden Satzbögen wie verhakt.	Danke ich brauch keine neuen / Formen ich stehe auf / festen Versesfüßen und alten / Normen Reimen zu Hand … (Ulla Hahn, *Ars poetica*)
Zeilenstil	Satz- und Versende fallen zusammen.	Wer reitet so spät durch Nacht und Wind? / Es ist der Vater mit seinem Kind; / Er hat den Knaben wohl in dem Arm, / Er fasst ihn sicher, er hält ihn warm. … (J. W. Goethe, *Erlkönig*)

Metrum

Die Betonungsverhältnisse im Gedicht werden, wenn sie regelmäßig sind, als *Metrum* oder *Versmaß* bezeichnet. Dabei unterscheidet man die Silbenabfolge, die sogenannten *Versfüße*, in *betonte* x̂ und *unbetonte* Silben x.
Davon unterscheidet man den *Rhythmus*, der zwar diese Betonungen beim Sprechen berücksichtigt, aber dem Sinn der Worte und Sätze folgt.
Die Begriffe für das Versmaß und die regelmäßigen Strophenformen stammen aus der griechischen Antike.

Die wichtigsten Fachbegriffe zur Lyrik

Begriff	Erläuterung	Beispiel
Metrum	Versmaß mit Versfüßen als kleinsten Einheiten	betonte Silbe: x̂ unbetonte Silbe: x
Hebungen	betonte Silben im Vers: Je nach Zahl der Hebungen im Vers kann etwa vom jambischen Fünf- oder Sechsheber als Versmaß gesprochen werden.	Vor grauen Jahren lebt' ein Mann in Osten ... (G. E. Lessing) x x̂ x x̂ x x̂ x x̂ x x̂ x (Blankvers: 5-hebig) Du siehst, wohin du siehst, nur Eitelkeit auf Erden (A. Gryphius) x x̂ x x̂ x x̂ x x̂ x x̂ x x̂ x (Alexandriner: 6-hebig)
Senkungen	unbetonte Silben im Vers	
Versfüße		
Jambus	zweihebiger Versfuß: unbetont – betont	Der Mond ist aufgegangen x x̂ x x̂ x x̂ x
Trochäus	zweihebiger Versfuß: betont – unbetont	Nacht ist wie ein stilles Meer x̂ x x̂ x x̂ x x̂
Daktylus	dreihebiger Versfuß: betont – unbetont – unbetont	Leidenschaft führt mir die ... x̂ x x x̂ x x
Anapäst	dreihebiger Versfuß: unbetont – unbetont – betont	Aus der Hand frisst der Herbst ... x x x̂ x x x̂
Versformen		
Hexameter	epischer Vers aus sechs Versfüßen (meist Daktylen) um eine Silbe gekürzter letzter Versfuß	Hûrtig mit Dônnergepôlter entrôllte der tûckische Mârmor (Homer)
Alexandriner	sechshebiger Vers mit 12 oder 13 Silben	→ Hebungen
Knittelvers	vierhebiger, unregelmäßiger Vers	Hâbe nun, âch! Phîlosophîe, Jûristerêi und Mêdizîn ... (J. W. Goethe)
Blankvers	fünfhebiger Jambus	→ Hebungen
Distichon	Kombination von zwei Versen: ein daktylischer Vers mit sechs bzw. fünf Versfüßen (Hexameter, Pentameter	Wanderer, kommst du nach Sparta, verkündige dorten, du habest / uns hier liegen gesehn, wie das Gesetz es befahl. (griech. Grabinschrift – Epitaph – übersetzt von F. Schiller)

Strophenformen		
einfache Liedstrophe	vierzeilige Strophe mit häufig regelmäßigem Wechsel betonter und unbetonter Silben (alternierendes Metrum) und Endreim mindestens zweier Verse	Wie herrlich leuchtet Mir die Natur! Wie glänzt die Sonne! Wie lacht die Flur! (J. W. Goethe, *Mailied*)
Sestine	sechszeilige Strophe mit regelmäßigem Reimschema	*aabbcc* oder auch: *ababcc*

Reim

Das klangliche Element des Reims prägt traditionell gebaute Gedichte. Mithilfe des Reims sind zahlreiche Möglichkeiten dichterischen Ausdrucks verbunden:

Reim	Gleichklang zweier oder mehrerer Lautgruppen	
Reimarten	– *Stabreim:* anlautende Konsonanten (Alliteration) – *Endreim:* auslautende Vokale und Konsonanten – *Assonanz:* gleichlautende Vokale – *Binnenreim:* zwei oder mehr Wörter in einem Vers reimen sich	Man(n) merkt manches Strand – Sand Zug – Buch Oh Holpern und Stolpern
Reimschema/ Reimstellungen	Darstellung der verschiedenen Endreimformen durch Kleinbuchstaben	– *Paarreim:* aabbcc ... – *Kreuzreim:* abab ... – *umarmender Reim:* abba
Versende		
Kadenz	Form des Versendes: – *klingende oder weibliche Kadenz:* Abschluss mit betonter und unbetonter Silbe (x̂ x) – *stumpfe oder männliche Kadenz:* Abschluss mit einer betonten Silbe (x x̂)	Fest gemauert in der Erden x̂ x x̂ x x̂ x x̂ x Steht die Form, aus Lehm gebrannt. x̂ x x̂ x x̂ x x̂ (F. Schiller, *Das Lied von der Glocke*)

Wortwahl und Satzbau

Eine ungewöhnliche Satzstellung ist vielen Gedichten eigen, auch unvollständige Sätze oder gar Satzfetzen finden sich in moderner Lyrik häufiger. Damit kann z. B. ein pathetischer Ton verbunden sein; Ungewohntes und damit Ungewöhnliches wird erzeugt. Ein Beispiel:

Erinnerung an die Marie A. (1924)
Bertolt Brecht (1898 – 1956)

1
An jenem Tag im blauen Mond September
Still unter einem jungen Pflaumenbaum
Da hielt ich sie, die stille bleiche Liebe
In meinem Arm wie einen holden Traum.
[...]

Bertolt Brecht: Erinnerung an die Marie A. Aus: Ders., Werke. Große kommentierte Berliner und Frankfurter Ausgabe, Bd. 11: Gedichte 1. © Bertolt-Brecht-Erben, Suhrkamp Verlag 1988, S. 92

Mit Ellipsen, Wiederholungen (Anapher, Parallelismus) von Wörtern oder Satzteilen erzeugen Gedichte ihre je eigene Stimmung. Diese Mittel sind auch in der Rhetorik gebräuchlich.

Sprachliche Bilder/Bildlichkeit

Sprachliche Bilder werden in allen mündlichen und schriftlichen Kommunikationssituationen gebraucht. Wenn ein Baby als *Sonnenschein* bezeichnet wird, ist das Alltagssprache. Das *sprachliche Bild* ist der Oberbegriff zu Metapher, Vergleich, Metonymie, Allegorie und Symbol (→ rhetorische Mittel, S. 172 ff.). All diese Bilder sind auch außerhalb von Lyrik zu finden; viele werden oft unbewusst angewendet. Manche Bilder sind im Sprachgebrauch bereits so etabliert, dass sie gar nicht mehr als solche erkannt werden (*Ich habe einen Berg von Aufgaben.*).
In der modernen Dichtung sind Verrätselungen in sprachlichen Bildern zu finden; man bezeichnet sie als *Chiffren*. Ursprünglich meint Chiffre ein Geheimzeichen, das nur durch Kenntnis eines „Schlüssels" entziffert, also: dechiffriert, werden kann. In der Lyrik geht es um Worte und Wörter, die – abgelöst von ihrer ursprünglichen Bedeutung – ihren Sinn erst im vom Dichter geschaffenen Assoziationsraum gewinnen. In Paul Celans *Todesfuge* handelt es sich bei der Wendung von der „schwarzen Milch der Frühe" um eine solche Chiffre; in der Lyrik des Expressionismus steht die Farbe „blau" für einen solchen neu geschaffenen Assoziationsraum.

Rhetorische Mittel

Folgende rhetorische Figuren und Fachbegriffe können Ihnen als Hilfsmittel für die Textanalyse sehr von Nutzen sein:

Fachbegriff/ rhetorische Figur	Erklärung	Beispiel
Allegorie	Sinnbild für einen abstrakten Begriff	*Justitia* als Frau mit verbundenen Augen; Waage und Schwert als Sinnbild für *Gerechtigkeit*
Alliteration	Wiederkehr desselben Anlauts bei mehreren aufeinanderfolgenden Wörtern	Milch macht müde Männer munter.
Anakoluth	grammatisch fehlerhafte Satzkonstruktion, Satzbruch	Es ist zwar teurer und es ist klein.
Anapher	Wiederholung mindestens eines Wortes am Vers- oder Satzanfang	Es zu kämmen gegen den Strich/ Es zu paaren widernatürlich / Es nackt zu scheren (M. L. Kaschnitz, *Ein Gedicht*)
Antithese	Gegenüberstellung gegensätzlicher Aussagen	Tages Arbeit; abends Gäste; / Saure Wochen, frohe Feste! (J. W. Goethe)
Apostrophe	Form der Anrede: Abwendung vom Publikum, Hinwendung zu anderen Ansprechpartnern	Ihr Götter, steht mir bei!
Assonanz	Reim nur der Vokale, nicht der ganzen Silbe	Romanzen vom Rosenkranz (C. Brentano)
Asyndeton / asyndetische Reihung	Aneinanderreihung ohne beiordnende Konjunktion (Gegenteil → Polysyndeton)	Falschgeldprägen, Lichtausknipsen, Zähneputzen, Totschießen. (G. Grass, *Die Blechtrommel*)
Chiasmus	kreuzweise bzw. spiegelbildartige Stellung von Satzgliedern	Die Kunst ist lang! / Und kurz ist unser Leben. (J. W. Goethe, *Faust I*)
Ellipse	unvollständiger Satz	Wohin gehst du? *Nach Hause.*
Enumeratio	Aufzählung	Alles rennt, rettet, flüchtet. (F. Schiller, *Die Glocke*)
Epipher	Wiederholung desselben Worts / derselben Wörter am Schluss parallel gesetzter Wortgruppen oder Sätze	Doch alle Lust will *Ewigkeit,* / will tiefe, tiefe *Ewigkeit!* (F. Nietzsche, *Also sprach Zarathustra*)

Euphemismus	Untertreibung, mildernder oder beschönigender Ausdruck	*ein kleines Problem* (statt: *eine schwierige Situation*)
Hyperbel	Übertreibung	blitzschnell; Schneckentempo
Inversion	Umstellung von Wörtern im Gegensatz zur üblichen Syntax	Einen Krimi lese ich gern.
Ironie	Es wird das Gegenteil von dem gesagt, was gemeint ist.	Ich finde es prima, dass du heute wieder zu spät kommst.
Klimax	Höhepunkt, steigernde Reihung	Heute back' ich, morgen brau' ich, übermorgen hol' ich der Königin ihr Kind. (*Rumpelstilzchen*)
Litotes	Verneinung oder Abschwächung des Gegenteils	*nicht hässlich* (statt: *schön*); *nicht übel* (statt: *gut*)
Metapher	Bedeutungsübertragung in der Beziehung der Ähnlichkeit, sprachliches Bild	Mauer des Schweigens; Licht der Wahrheit; *Durchbohrt* hat mich der Läst'rung *giftiger* Speer. (F. Schiller)
Metonymie	Ersetzung eines Wortes durch ein anderes, das mit ihm in einer logischen Verbindung steht	*Das Weiße Haus meldet* ... (statt: *Der amerikanische Präsident* ...)
Neologismus	Wortneuschöpfung	schwerschwarz (G. Grass, *Die Blechtrommel*)
Onomatopoesie	Lautmalerei	grrrrmpft!; knistern und knastern
Oxymoron	Verbindung zweier sich widersprechender Begriffe	bittersüß; schwarze Milch (P. Celan, *Todesfuge*)
Paradoxon	(scheinbarer) Widerspruch	Die Tragödie des Alters ist nicht alt zu sein, sondern jung. (O. Wilde)
Parallelismus	Wiederholung derselben Wortstellung bei nebeneinandergereihten Satzgliedern oder Sätzen	Heiß ist die Liebe, kalt ist der Schnee. Wie ist das Wetter, wie ist die See?
Parenthese	Einschub, Schaltsatz	Ich möchte dir – ich fasse mich kurz – von den Ereignissen erzählen.
Personifikation	Vermenschlichung von Tieren, Gegenständen oder abstrakten Begriffen	Väterchen Frost; die Sonne lacht

Pleonasmus	überflüssige Verbindung von Wörtern mit gleicher Bedeutung zur Verstärkung	schwarzer Rappe; weißer Schimmel
Polysyndeton	Reihung von beiordnenden Konjunktionen (Gegenteil → Asyndeton)	*Und* es wallet *und* siedet *und* brauset *und* zischt. (F. Schiller, *Der Taucher*)
Prämisse	Grundannahme, auf der weitere Überlegungen aufbauen	Ich glaube an den Menschen und das heißt, ich glaube an seine Vernunft! (B. Brecht, *Leben des Galilei*)
Refutatio	Vorwegnahme eines möglichen Einwands, der sogleich widerlegt wird	Sie werden sagen, dass ..., aber ...
rhetorische Frage	Frage, auf die keine Antwort erwartet wird oder deren Antwort bereits feststeht	Möchten Sie gerne Ferien?
Suggestivfrage	Frage, die eine bestimmte Auslegung durch den Zuhörer nahelegt	Könnte es vielleicht sein, dass Ihnen Hausarbeiten lästig sind?
Syllogismus	logische Denkfigur, bei der aus zwei Prämissen ein Schluss gezogen wird	Stimmbänder sind notwendig, um sprechen zu können. Fische haben keine Stimmbänder. Also können Fische nicht sprechen.
Symbol	ein konkretes Zeichen für ein bestimmtes Handeln oder einen bestimmten Gegenstand	*Kreuz* als Symbol des christlichen Glaubens; *Taube* als Symbol für Frieden
Synästhesie	Vermischung verschiedener Sinneseindrücke	heiße Musik; schreiende Farben
Synekdoche	Bezeichnung, die einen Teil für das Ganze setzt (Pars pro Toto) oder das Ganze durch einen Teil wiedergibt (Totum pro Parte)	Wir flehen um ein *wirtlich Dach* (für: *gastfreundliches Haus*) (F. Schiller)
Tautologie	Doppelaussage, oft synonym zu → Pleonasmus gebraucht	nackt und bloß; einzig und allein; alter Greis
Trikolon	dreigliedriger Ausdruck	Und wiegen und tanzen und singen dich ein. (J. W. Goethe, *Erlkönig*)
Vergleich	bildhafter Hinweis auf einen anderen Bereich	Er ist schlau wie ein Fuchs.
Wortspiel	geistreich-witzige Verwendung von Wörtern	Entrüstet Euch! (Wahlspruch der Friedensbewegung)

Rahmenthema 5: Literatur und Sprache von 1945 bis zur Gegenwart

Geschichte, Politik und Gesellschaft

Die Nachkriegszeit von 1945 bis 1949

1945 – 1949 Aufteilung Deutschlands in vier Besatzungszonen, Sonderstatus Berlins, Kriegsverbrecherprozesse in Nürnberg

1947 amerikanische Wirtschaftshilfe durch den „Marshall-Plan" zum Aufbau Westdeutschlands und Europas

1948 Währungsreform

1948 – 1949 Blockade Berlins, zunehmend Politik des Kalten Krieges

Aufbruch zweier deutscher Staaten

1949 Gründung der Bundesrepublik Deutschland und der Deutschen Demokratischen Republik; Beginn der „Ära Adenauer" (CDU)

1950 – 1953 Koreakrieg

1952 regelmäßige Fernsehsendungen; Watson und Crick entdecken die Struktur der DNA

1953 Arbeiteraufstände in der DDR am 17. Juni

1955 Beitritt der Bundesrepublik zur Nato, Beitritt der DDR zum Warschauer Pakt

1956 Ungarnaufstand, Unruhen in Polen, Verbot der KPD in der Bundesrepublik

1957 Sowjetunion startet den Satelliten „Sputnik"; Gründung der Bundeswehr; in der Bundesrepublik zunehmender Wohlstand

1961 Bau der Berliner Mauer; Eichmann-Prozess in Frankfurt

1962 Kuba-Krise (Streit um russ. Raketenstützpunkt unmittelbar zu den USA)

1963 Besuch des amerikanischen Präsidenten John F. Kennedy in Berlin

1964 Eskalation des Vietnam-Krieges

1966 Große Koalition, Entstehen der APO (Außerparlamentarische Opposition)

1968 Studentenunruhen (USA, Frankreich, BRD), „Prager Frühling", von den Truppen des Warschauer Pakts niedergeschlagen

1969 Mondlandung der Amerikaner

Offenere Gesellschaft – Bedrohung von innen

1970 neue Ostpolitik Bundeskanzler Brandts (SPD), deutsch-polnischer Vertrag in Warschau

1971 Machtwechsel in der DDR: Erich Honecker wird Nachfolger Walter Ulbrichts

1972 Unterzeichnung der Ost-Verträge: Verpflichtung auf Gewaltverzicht

1973 Aufnahme der BRD und DDR in die UNO, Waffenstillstand in Vietnam

1975 Unterzeichnung der KSZE-Akte in Helsinki, Höhepunkt der Ost/West-Entspannung

1977 „Deutscher Herbst": RAF verübt zahlreiche terroristische Anschläge in der Bundesrepublik; erster „Personal Computer"

1979 erster großer Atomkraftwerkunfall in Harrisburg/USA

1982 erfolgreiches Misstrauensvotum gegen Helmut Schmidt (SPD), danach wird Helmut Kohl (CDU) neuer Bundeskanzler

Auf dem Weg zur deutschen Einheit

1985 Gorbatschow wird Generalsekretär der UdSSR, Beginn der Liberalisierung Osteuropas, Schlagwörter: Glasnost (Transparenz), Perestroika (Umgestaltung)

1986 Atomkraftwerkunfall in Tschernobyl/UdSSR

1989 Flucht von DDR-Bürgern über Ungarn, nach friedlicher Revolution ausgehend von Montagsdemonstrationen in der Leipziger Friedenskirche am 9. November Grenzöffnung

1990 „Wiedervereinigung": Beitritt der neuen Bundesländer zur Bundesrepublik

1991 Golfkrieg, Proteste in Bundesrepublik

1997 geklontes Schaf Dolly

1999 erste Klonierung menschlicher Zellen

2005 Angela Merkel (CDU) wird erste Bundeskanzlerin

Literatur von der Nachkriegszeit bis zur Gegenwart unter besonderer Berücksichtigung des Aspekts „Wirklichkeitserfahrungen und Lebensgefühle Jugendlicher“

Literatur der Nachkriegszeit

Für die Literatur in den ersten Jahren nach Kriegsende etablieren sich die Begriffe „Kahlschlagliteratur“ (Weyrauch), „Literatur der Stunde Null“ und „Trümmerliteratur“ (Böll). Sie bezeichnen Werke der Emigranten und Heimkehrer nach dem Krieg. In ihnen manifestiert sich ein Misstrauen gegenüber dem unter den Nationalsozialisten zu Propagandazwecken missbrauchten emotionalisierenden, pathetischen Sprachgebrauch.

Die Autoren sind auf der Suche nach neuen adäquaten Ausdrucksformen und Ausdrucksmitteln der Literatur. Sie verwenden eine karge, schmucklose Sprache, und es entsteht „hermetische Lyrik“. In der Auseinandersetzung mit dem Nationalsozialismus fordern sie Wahrheit und Mitmenschlichkeit. Themen ihrer Literatur sind die Sinnlosigkeit des Krieges, andererseits erfahrene Menschlichkeit, daneben Not, Gefangenschaft, Heimkehrerschicksale.

Markantes Ereignis ist die Gründung der „Gruppe 47“ (Böll, Grass, Koeppen, Johnson, Walser), die eine realistische Schreibweise fordert und eine sozialkritische Grundhaltung hat. Vor allem in Kurzgeschichten und Erzählungen gelingt es den Autoren, die Nachkriegsnot auf die Perspektive junger Menschen hin zu verdichten.

Luise Rinser balanciert in der unmittelbar nach dem zweiten Weltkrieg verfassten Kurzgeschichte *Die rote Katze* das moralische Dilemma existenzieller Not aus, das einen Jungen zum Mörder macht. Um zu unterbinden, dass seine Familie weiterhin eine Katze durchfüttert, obwohl nicht genug zu essen da ist, tötet der Junge das Tier und gehorcht damit der Vernunft statt seinem Gefühl.

Wolfgang Borchert knüpft in seiner wohl Anfang 1947 verfassten Kurzgeschichte *Die Küchenuhr* das Gefühl völliger Fassungslosigkeit angesichts des Verlusts der Eltern und der Zerstörung des Zuhauses an den titelgebenden Alltagsgegenstand. Dass die Küchenuhr zu einer symbolträchtigen Zeit stehen bleibt und bei dem Er-Erzähler das frühere Nachhausekommen und Empfangenwerden von seiner Mutter lebendig werden lässt, ist Ausdruck der Lebenssituation einer ganzen Generation junger Menschen, der die Jugend und die Hoffnung auf die Zukunft genommen worden sind.

Heinrich Böll führt in der 1950 veröffentlichten Kurzgeschichte *Wanderer kommst du nach Spa...* das Bildungsethos der Nazis ad absurdum. Er tut dies ganzheitlich über den gewählten Ort der Handlung, ein früheres Gymnasium, das in Kriegszeiten zum Lazarett umfunktioniert ist, und in der Figurenzeichnung des jungen Ich-Erzählers, der ironischerweise vor drei Monaten noch Schüler der Schule war und nun schwer verletzt durch den Schulraum getragen wird, vorbei an formvollendeten antiken Statuen. Mit Zynismus wird so die Ideologie in deren Konsequenzen deutlich gemacht: Ohne Arme und mit nur noch einem Bein ist der Protagonist sämtlicher erlernter Fähigkeiten beraubt.

Zwei deutsche Literaturen

In der **Zeit von 1949 bis zur Wende 1989** gibt es zwei deutsche Literaturen, die sich aufgrund der stark divergierenden politischen und gesellschaftlichen Rahmenbedingungen jeweils unterschiedlich entwickeln.

In der **Bundesrepublik** treten die Autoren konsequent für Demokratie ein; zunehmend geraten sie in Spannung zur offiziellen Politik der Adenauer-Ära und kritisieren Wohlstandsgesellschaft, Remilitarisierung, Spießertum. Literarisch verdichtet wird vom Wiederaufstieg alter Nazis oder auch dem Einfluss von Unternehmen und Kirchen nach dem Krieg erzählt.

Die nonkonformistische Haltung gegenüber der bundesdeutschen Wirtschaftswundergesellschaft führt verstärkt zur Politisierung der bundesrepublikanischen Literatur, für die das Jahr 1960 wie die folgenden Jahre insofern einen Einschnitt bilden, als sie in dieser Zeit mit Autoren wie den Schweizern Friedrich Dürrenmatt und Max Frisch, der Österreicherin Ingeborg Bachmann sowie mit Heinrich Böll, Günter Grass, Uwe Johnson, Wolfgang Koeppen, Siegried Lenz und Martin Walser Anschluss an die Weltliteratur findet. Themen der Romane sind die Vergewisserung der eigenen Identität, kritische Distanz zu den gesellschaftspolitischen Entwicklungen in der Bundesrepublik, auch Modellentwürfe einer humanitären Gesellschaft.

> **Günter Grass'** Novelle *Katz und Maus,* 1961 publiziert, macht das titelgebende Spiel zu einem Grundmotiv. Die Novelle fragt u. a. nach der Verantwortung für die Deportation eines Lehrers in der Nazizeit. Erzählt wird im Rückblick aus der Perspektive eines Jungen, der nuanciert von den Schwierigkeiten seiner ambivalenten Freundschaft zu einem Schulkameraden und von vermisster Zuverlässigkeit berichtet.

Auch in dieser Zeit bedienen sich Schriftsteller explizit der Perspektive Jugendlicher, schreiben so noch einmal unmittelbarer.

Ende der 1960er-Jahre entwickelt sich, analog zum kritischen Zeitgeist, eine engagierte Literatur der Arbeitswelt sowie der Alltagskultur, ebenso ist die Politisierung der Literatur im Zuge der Studentenrevolte von 1968 und die Hinwendung zum Dokumentarischen zu beobachten. Diese Literatur (Theaterstücke, Gedichte, auch Romane) arbeitet häufig mit Tatsachenmaterial, wie z. B. Zeitungsmeldungen, Reportagen, Prozessakten, Protokollen, Interviews, und verarbeitet diese Sachtexte z. T. in Form von Collagen und mithilfe der Montagetechnik. Beispiele dafür sind: Günter Wallraff *Der Aufmacher, Ganz unten,* Rolf Hochhuth *Der Stellvertreter,* Heinar Kipphardt *In der Sache J. Robert Oppenheimer,* Peter Weiss *Die Ermittlung* und als Vertreter der politischen Lyrik, anknüpfend an die Tradition Bertolt Brechts, Hans Magnus Enzensberger. Der Beginn der 68er-Ära fällt mit dem Ende der „Gruppe 47" zusammen. Es gibt nicht viele

> **Uwe Timm** verknüpft in seinem Roman *Heißer Sommer,* erschienen 1974, die persönliche Geschichte eines Studenten mit dem Zeitgeschehen (Studentenrevolte). Er macht die Spirale wachsender Radikalität und Gewaltbereitschaft verstehbar, zeigt aber auch einen neuen gangbaren Ausweg auf: Der Protagonist findet, als er mit der Bereitschaft zu Waffengewalt gegen „das System" konfrontiert ist, seinen Weg zurück zum Studium – er möchte Lehrer werden und auf diese Weise gesellschaftlich etwas bewegen.

literarische Texte, die sich im Kontext der Lebenssituation von Jugendlichen explizit mit der Studentenbewegung auseinandersetzen.
Für die Literatur der 1970er-Jahre, nach den Studentenunruhen und der APO-Zeit, setzt sich „Neue Subjektivität" als Sammelbegriff durch. Die Literatur, die unter diesem Begriff subsumiert wird, ist gekennzeichnet durch die Abkehr von der politischen Literatur der 1960er-Jahre. Sie wendet sich (wieder) stärker der Verarbeitung individueller Erfahrungen und der Auseinandersetzung mit der unmittelbaren Umgebung, mit der eigenen Lebenssituation und ihrer Krisen, mit Beziehungsproblemen zu. Entsprechend dem individuellen Anspruch auf Authentizität ohne verbindliche Leitvorstellung ist häufig die Ich-Erzählung zu finden. In diesem Zusammenhang sei auch die Frauenbewegung genannt, die Emanzipationsprozesse provoziert und vorantreibt, Bewusstseinsänderungen anstößt und auch der Literatur neue Impulse verleiht. Erwähnt werden sollte die Gründung der Zeitschriften *Courage* (1976) und *Emma* (1977). Bekannte Autorinnen sind Ingeborg Bachmann, Ulla Hahn, Elfriede Jelinek, Sarah Kirsch, Brigitte Kronauer, Christa Reinig, Karin Struck, Gabriele Wohmann; für die DDR Brigitte Reimann, Maxie Wander und Christa Wolf.
Die Diskussion Mitte der 1980er-Jahre unter dem Stichwort „Multikultur" eröffnet den Blick für eine deutschsprachige Literatur ethnischer und kultureller Minoritäten, die die Dominanz der deutschen Perspektive durchbricht zugunsten einer differenzierten Sichtweise des Eigenen durch die Konfrontation mit dem Fremden. Eine eigenständige Migrantenliteratur gewinnt seit Ende der 1970er-Jahre zunehmend an Kontur, wird Bestandteil der deutschen Gegenwartsliteratur und thematisiert Erfahrungen der Zerrissenheit und Heimatlosigkeit, das Leben zwischen den Kulturen, Parallelwelten innerhalb der deutschen Gesellschaft sowie Auseinandersetzungen mit der deutschen Sprache, mit positiv genutzter Zweisprachigkeit sowie Sprachverlust.

> **Feridun Zaimoğlu**, deutscher Schriftsteller türkischer Herkunft, wurde zunächst, als 1995 sein Buch *Kanak Sprak – 24 Misstöne vom Rande der Gesellschaft* erschien, als „Bürgerschreck" abgetan, bevor er 2003 für seine Erzählung *Häute* in seinem literarischen Anspruch gewürdigt wurde. Zaimoğlu wendet die diskriminierenden Neologismen des Titels ins Gegenteil. Hatten die Deutschen früher Gastarbeiter als „Kanaken" herabgewürdigt, macht er diesen Ausdruck mutig zu einem kulturellen Kennzeichen und entwickelt eine „Kunstsprache" für seine 24 konstruierten Interviews mit realem Gehalt, die einen eigenen Blick auf Deutschland werfen.

In der **DDR** gestaltet sich die anfängliche Entwicklung anders. In der kritischen Auseinandersetzung mit der Zeit des Nationalsozialismus wird Exilliteratur stark rezipiert; der in der DDR aufgelegte KZ-Roman *Das siebte Kreuz* (1942/46) von Anna Seghers findet besondere Beachtung. Rasch erfolgt die Einbürgerung der Elite der antifaschistischen Literatur, denn diese wird als Instrument zum Aufbau des Sozialismus verstanden. Die Literatur der DDR ist in erster Linie kulturpolitisch gesteuert. So entsteht Preislyrik auf Lenin und Stalin; die polemische Abgrenzung zur BRD ist wichtig. Man benutzt den Terminus „Ankunftsliteratur" (nach dem Roman *Ankunft im Alltag* von Brigitte Reimann). 1959 wird die erste Bitterfelder Konferenz mit dem Motto „Greif zur Feder, Kumpel" abgehalten: Arbeiter werden aufgefordert, ihren sozialistischen Arbeitsalltag literarisch umzusetzen, Schriftsteller gehen in die Produktion. Die Literatur der DDR ist bis zum Ende der 1960er-Jahre eng verbunden mit dem in der Sowjetunion entwickelten Schreibkonzept des „Sozialistischen Realismus“, das auf den beiden Bitterfelder Konferenzen 1959 und 1964 programmatisch formuliert wird. Das gesellschaftspolitische Ziel dieses Schreibkonzepts ist es, die Erziehung zur sozialistischen Persönlichkeit, die Identifikation mit den Zielen des politischen Systems, ein positives Handeln (literarische Figuren als Vorbilder) zur Beschleunigung des politisch-ökonomischen Fortschritts zu ermöglichen. Beispiele hierfür sind u. a. Christa Wolfs 1963 erschienene Erzählung *Der geteilte Himmel* und Erik Neutschs Roman *Spur der Steine* aus dem Jahr 1964. Formexperimente und das Bemühen um den Anschluss an die literarische Moderne, wie sie die Literatur der Bundesrepublik der 1960er-Jahre kennzeichnet, werden in der DDR als „Formalismus“ oder „Subjektivismus“ von der offiziellen Kulturpolitik abgelehnt.

Die von Partei und Regierung gesetzten Vorgaben wirken sich unterschiedlich auf das künstlerische Schaffen aus: Neben affirmativen Grundhaltungen (Johannes R. Becher, Hermann Kant) zeigen sich auch Tendenzen, die Widersprüche, Risse, Brüche in der Gesellschaft anhand der Auseinandersetzung des Individuums mit den gesellschaftlichen Rahmenbedingungen aufzuzeigen (u. a. Volker Braun, Stefan Heym, Günter Kunert, Reiner Kunze, Erich Loest, Ulrich Plenzdorf, Brigitte Reimann, Christa Wolf).

Nach der Ablösung des Staatsratsvorsitzenden Walter Ulbricht durch Erich Honecker sind Liberalisierungstendenzen zu bemerken. Honeckers Aussage vom „Ende aller Tabus in der Kunst“ fördert eine lebhafte Diskussion um die Möglichkeiten und Grenzen der schriftstellerischen Arbeit.

In dieser Zeit finden sich auch in der DDR Schriftsteller, die die Perspektive Jugendlicher einnehmen und deren Recht auf eigene Lebensgestaltung reklamieren. Dabei wird anhand elementarer Alltagssituationen das Leben Jugendlicher in der DDR widergespiegelt.

Andere kritische Autoren werden mit Schreibverbot belegt und vom Staatssicherheitsdienst überwacht. Spektakular ist die Ausburgerung Wolf Biermanns 1976 nach einem Konzertauftritt in Köln, die eine gemeinsam unterzeichnete Protestaktion von über 70 Kulturschaffenden nach sich zieht. Als Reaktion darauf folgen Repressalien gegen die Protestierenden in Form von Hausarresten, Verhaftungen, Publikationsverboten, Ausschlüssen aus dem Schriftstellerverband.

Über 100 Künstler verlassen in dieser Zeit freiwillig oder unfreiwillig die DDR, unter ihnen sind Jurek Becker, Peter Huchel, Uwe Johnson, Reiner Kunze, Günter Kunert, Erich Loest, Monika Maron, Sarah Kirsch.

> In **Ulrich Plenzdorfs** 1978 verfasster Erzählung *kein runter kein fern,* die 1984 veröffentlicht wurde, ist die grundlegende Problematik des repressiven Staates in der individuellen Geschichte eines jungen Protagonisten gefasst. Dieser hat unter den Disziplinierungsmethoden seines autoritären Vaters, Mitarbeiter bei der Staatssicherheit, zu leiden und darf zur Strafe nicht runter zum Spielen und auch nicht fernsehen. Am zwanzigsten Jahrestag der Gründung der DDR gerät er irrtümlich in eine Demonstration, die ihn an der Berliner Mauer mit seinem älteren Bruder konfrontiert, der als „Grenzschützer“ einem Schießbefehl zu folgen hat.
>
> In Plenzdorfs Roman *Die neuen Leiden des jungen W.* wird mit montageartigem Rückbezug auf den Goethe’schen Briefroman die Geschichte eines nonkonformistischen, tabuüberschreitenden jungen Mannes erzählt.

Einer der Protestierenden ist **Volker Braun**, lange Jahre beim Berliner Ensemble. In der Erzählung *Unvollendete Geschichte* zeichnet er die Geschichte einer jungen Frau namens Karin nach, die er 1973 in Magdeburg interviewt hat. Literarisch verdichtet zeichnet er ihren Erkennensprozess nach, während dessen ihr die hermetische Enge der sozialistischen Verhältnisse deutlich wird und sie in eine tiefe Lebenskrise gerät.

Reiner Kunze wurde ausgewiesen, nachdem er das Manuskript seiner 1975 entstandenen Prosasammlung mit dem ironisch gemeinten Titel *Die wunderbaren Jahre* 1976 in den Westen hatte schmuggeln und veröffentlichen lassen. In seinen Texten fordert er für Jugendliche letztendlich immer wieder die Freiheit zu individueller Entwicklung ohne den politischen Druck, sich um die Gesellschaft „verdient" zu machen.

Stellt man die zwei deutschen Literaturen der 1970er-Jahre gegenüber, fallen gemeinsame Grunderfahrungen auf: Adoleszenz-Probleme, die in der eigenen Persönlichkeit bis hin zum Äußeren begründet sind, die Brüchigkeit von Freundschaft in dieser Zeit, das Leben in einem ganz eigenen „Mikrokosmos" und ein entsprechendes Lebensgefühl (in Abgrenzung zur Erwachsenenwelt), daneben Probleme in der Beziehung zum anderen Geschlecht. Dies sind gemeinsame Lebensgefühle, die im Kontext unterschiedlicher politischer Rahmenbedingungen und damit Wirklichkeitserfahrungen stehen.

In der Thematik nähern sich die beiden Literaturen ab Anfang der 1980er-Jahre einander an: wachsendes Katastrophenbewusstsein, Angst vor atomarer Bedrohung, Rückzug in die Innerlichkeit (Volker Braun, Christoph Hein, Irmtraut Morgner, Christa Wolf) prägen die Literatur. Auch die neue Lyrikgeneration zeigt sich kritisch gegenüber dem Staat (Stefan Döring, Reiner Kunze, Lutz Rathenow). Emotionen werden zentrales Gestaltungsmoment.

Mitte der 1980er- bis in die 1990er-Jahre hinein wird der aus der Kunsttheorie stammende und ebenfalls von der Architektur besetzte Begriff der „Postmoderne" populär. Im Rückgriff auf traditionelle literarische Erzähltechniken (z. B. das auktoriale Erzählen, die chronologisch aufgebaute, geschlossene Erzählung), konventionelle Themen (Entwicklungs- und Bildungsroman des 18. und 19. Jahrhunderts) und historische Aspekte setzt sich diese Literatur mit der Moderne (1880 – 1925) kritisch auseinander. Die Vielzahl der Stile und Stilmischungen, die ironische Brechung der konventionellen Erzählerfigur und Thematik kennzeichnen diese Literatur, die mit der Tradition spielt; unzählige Anspielungen auf bekannte Werke, die in Form der Intertextualität in den Werken wiederzufinden sind, setzen einen gut informierten Leser voraus.

Ein literarisch verdichteter Spiegel des Familienzerfalls, entstanden zur Zeit der zerfallenden DDR, ist die Erzählung *Das Muschelessen*, mit der **Birgit Vanderbeke** 1990 ihr literarisches Debüt gab. Szenario ist eine Wartesituation vor dem titelgebenden Miesmuschelessen: Über etwa vier Stunden erwartet eine Mutter mit ihren beiden bereits volljährigen Kindern die Rückkehr des Vaters von einer Dienstreise. Im Laufe dieser Wartezeit erfahren Tochter und Sohn wie der Leser von der Ich-Erzählerin viel über den Vater, dessen Familiengeschichte, der Flucht aus der DDR kurz vor dem Mauerbau, seinen persönlichen Werdegang im Westen und den Hintergrund der gelebten autoritären, an seinen Bedürfnissen ausgerichteten Familienstrukturen.

Literatur nach der Wende

Die 1990er-Jahre werden oft als Zeit der „Spaßgesellschaft“ bezeichnet, die sich durch Illusionsverlust und Gleichgültigkeit auszeichne.

Entscheidendes Ereignis für neue Themen innerhalb der Gegenwartsliteratur ist die „Wende“ 1989/90 mit der Wiedervereinigung der beiden deutschen Staaten. Die Auseinandersetzung mit der jeweiligen Vergangenheit, historische Erinnerungen, geistige, politische und finanzielle Probleme der Vereinigung, Berlin als neue Hauptstadt, persönlicher und kultureller Identitätsverlust, hohe Arbeitslosigkeit, Fremdenhass werden zu zentralen Themen. Die Authentizitätssuche dauert bis in das neue Jahrtausend hinein.

Trotz der vielen Autobiografien, Tagebücher, Essays und Romane als vielfältige literarische Formen der 1990er-Jahre schreiben Literaturwissenschaftler der Literatur dieser Zeit Zeichen der Krise zu: Ihr wird Langeweile, wenig Talent vorgeworfen. Literaturdebatten lösen immer noch maßgebliche Autoren der „Gruppe 47“ aus, so Günter Grass mit *Ein weites Feld* (1995) und Martin Walser mit *Tod eines Kritikers* (2002).

Sibylle Berg zeichnet dieses Lebensgefühl in ihrem Roman *Ein paar Leute suchen das Glück und lachen sich tot* (1997) plastisch nach. Ihre zehn in fast sezierenschem Stil profilierten Protagonisten haben alle etwas Zeittypisches gemeinsam: ihre Empfindungen und ihre Worte bleiben schal, ihre Sehnsüchte unerfüllt.
Die Diskrepanz von Ersehntem und dann Erlebtem thematisiert sie auch in ihrer Kurzgeschichte *Hauptsache weit* aus dem Jahr 2001, in der sie die Geschichte eines jungen Mannes erzählt, der eine dreimonatige Asienreise macht. Wirkungsvoll vermittelt die Autorin Wahrnehmungen, Gefühle und Gedanken des Protagonisten in der empfundenen Einsamkeit, die sich nur in Momenten der Kommunikation mit den Daheimgebliebenen aufhellen.

Jakob Hein repräsentiert diese Tendenz mit seiner kritischen Rückerinnerung an die eigene Jugend in der DDR in seinem Roman *Neue T-Shirts und alte Klamotten* (2003) und ganz besonders anschaulich in dem Kapitel „Nu werdense nich noch frech“ erzählt: Aus der Ich-Perspektive, dabei mit ironischer Distanzierung, wird die vermeintlich belanglose Situation erzählt, wie ein Personalausweis überreicht wird. Es zeigt sich darin aber die mit der neuen Freiheit verknüpfte, hoffnungsvolle Erwartung.

Tendenzen im neuen Jahrtausend

Ein weiterer Umbruch ist beim Übergang vom 20. zum 21. Jahrhundert zu konstatieren: Die neue Informations- und Medienkultur, das Internet, die Globalisierung sowie die Popkultur finden sich als Themen in der Literatur wieder.
Exemplarisch sei hier der Autor und Journalist Benjamin von Stuckrad-Barre genannt, ein Vertreter der sogenannten *Generation Golf* (nach dem gleichnamigen Roman von Florian Illies aus dem Jahr 2000, in dem er typische Attitüden seiner Altersgenossen beschreibt, die in den 1980er-Jahren aufwuchsen). Stuckrad-Barres Debütroman *Soloalbum* (1998) erzählt in Ich-Form von einem namenlosen Protagonisten, der nach einer beendeten Liebesbeziehung sozial verwahrlost. Daneben feiern die Feuilletons der deutschsprachigen Presse Jungautorinnen und rufen das Fräuleinwunder aus für Debütromane von Judith Herrmann, Tanja Duckers, Julia Franck, Juli Zeh, Jenny Erpenbeck, Zoë Jenny, Karen Duve usw.

Neben formalen Experimenten, alternativen Erzählformen ohne Erzählerinstanz oder lineares Erzählen rücken vor allem im multiethnischen Europa Fremdheitserfahrungen und (inter)kulturelle Identitäten sowie Erfahrungen mit der Zweitsprache und sprachspielerischen Experimenten in der Literatur deutschschreibender Literaten anderer Herkunftskulturen in den Fokus. Diese *Migrationsliteratur* bzw. *Interkulturelle Literatur* repräsentieren u. a. Feridun Zaimoğlu, Rafik Schami, Yōko Tawada, Wladimir Kaminer, Terézia Mora, Zsuzsa Bánk, Saša Stanišić und die deutsch-rumänische Literaturnobelpreistragerin Herta Müller.
Zudem verhandelt die Literatur neue Gefahren wie Terrorismus, Finanzkrise, Klimawandel, Umgang mit dem Internet sowie gesellschaftliche Themen wie zerrüttete Familienverhältnisse, Mobbing, Armut durch sozialen Abstieg oder Ausgrenzung. Die Autoren verarbeiten aktuelle gesellschaftspolitische, auch regionale Themen, auch in der boomenden *Kriminalliteratur*.

Die neuen technischen und gestalterischen Möglichkeiten durch das Internet verändern zum einen die Schreibweisen in der gedruckten Literatur, zum andern tritt das Internet als Ort der Veröffentlichung mit Weblogs, E-Mail-Romanen, der sogenannten Netzliteratur, in Konkurrenz dazu. Die digitale Technologie ermöglicht literarische Verfahren, die so nur im Netz möglich sind. Interaktivität, Hypertextstrukturen/Verlinkungen, Intermedialitat, z. B. durch visuelle Reize, schaffen „netzförmige Texte", die konventionelles Erzählen ablösen, neue Erzählräume eröffnen und den Leser zum Co-Autor machen bzw. Autorenkollektive generieren.
Insgesamt ist die literarische Gegenwart von einer zyklischen Bewegung zum Teil gegenläufiger Tendenzen geprägt: von Politisierung über neue Subjektivität und Ästhetisierung zu experimenteller Literatur von sogenannten *Hybridtexten* durch Digitalisierung und zunehmender Visualisierung wie in der *Graphic Novel*.

Im deutschen Markt definiert man eine Distanz zwischen der „anspruchsvollen" Literatur, die mit Literaturpreisen ausgezeichnet wird, und der kommerziell erfolgreichen „leichten" Literatur. Nur wenigen Autoren gelingt der Spagat, wie etwa Wolfgang Herrndorf mit seinem Jugendroman *Tschick* (2010), für den er 2011 den Deutschen Jugendliteraturpreis bekam, oder Daniel Kehlmann. Dessen Roman *Die Vermessung der Welt* (2005) stand 2006 auf Platz zwei der weltweit am meisten verkauften Bücher. Es wurde in 40 Sprachen übersetzt und mit dem Literaturpreis der Konrad-Adenauer-Stiftung und dem Kleist-Preis ausgezeichnet. Beide Romane wurden erfolgreich verfilmt.
Typisch ist das Nebeneinander vieler verschiedener Stilarten, Schreibweisen und Textsorten, man spricht von einer „Gleichzeitigkeit des Ungleichzeitigen" oder der „Demokratisierung" des Literatur- oder Kunstbegriffs. Im Zuge dessen sind neue Formen des Schreibens erfolgreich, so z. B. das Bloggen, das Schreiben einer Art Tagebuch im Internet, das jeder verfassen und jeder lesen kann. Populär sind *Poetry Slams*, Dichterwettbewerbe, bei denen Autoren ihre Texte mündlich vortragen und neben dem Text auch die Performance des Autors entscheidend ist, also die künstlerische Gestaltung des Vortrags mit Gesang, Tanz usw.

Die **Gegenwartslyrik** zeigt ein genauso uneinheitliches Bild: Da es keine verbindliche oder verbindende Poetik gibt, aber eine Vielzahl von theoretischen Texten, in denen die Lyriker Auskunft geben, kann man von einer Diversifizierung in unterschiedliche Lyrikszenen sprechen, zu denen die Poetry Slammer gehören. Experimentelle Formen wie Lautgedichte, visuelle Gedichtkonstruktionen (etwa die Wortlisten und Faux Amis von Uljana Wolff) oder intertextuelle Sprachspielereien (Ann Cotten, Dagmara Krauss) setzen zum einen die Tradition der konkreten Poesie der 1960er-Jahre (u. a. Ernst Jandl) fort. Zum anderen werden in Auseinandersetzung mit traditionellen Formen (Sonett, Ode, Elegie) und Bildern sowie persönlichen Erfahrungen (Erlebnislyrik des 18. Jahrhunderts vs. Selbstinszenierung oder Ereignislyrik) neue poetische Ausdrucksvariationen entwickelt. Mehrsprachigkeit ist ein wichtiges Thema und hängt mit der multikulturellen Sozialisation der Autoren sowie mit ihrer Übersetzertätigkeit, der Personalunion Lyriker/Übersetzer, zusammen. Die Gedichte experimentieren mit Sprache, reflektieren Möglichkeiten eigenen Sprechens und hinterfragen analog eigene poetische Wirklichkeitskonstruktionen.
Weiterhin geht es um konventionelle, alltägliche, aber auch gesellschaftskritische Themen, Kommunikationsformen mit, durch und über Medien sowie digitale Informationstechnologien.

Die **Gegenwartsdramatik** präsentiert sich mit einer Vielzahl von Stilen, Formen und Themen. In der Theaterwissenschaft wird das moderne Theater mit den Etiketten „dramatisches“ oder „postdramatisches“ Theater versehen. Im Zentrum steht nicht mehr das theatrale Agieren, der Text selbst, sondern Theaterformen, die als einer Performance nahe beschrieben werden können. Das moderne Theater gilt nicht als Lesetext, sondern existiert vor allem in der Umsetzung auf der Bühne (z. B. das Theater von René Pollesch). Zudem experimentiert das Theater wieder viel, sprachlich und formal, indem z. B. der Entstehungsprozess der Texte im Vordergrund steht.
Thema sind des Öfteren gestörte Familien- bzw. Freundesbeziehungen (Lutz Hübner, Yasmina Reza) sowie gestörte bzw. sich verändernde Kommunikationsformen durch soziale Netze und Internet (Igor Bauersima *norway.today*, Yasmina Reza, Dea Loher) oder durch Verunsicherung gescheiterte Lebensentwürfe. Seit 2014 kommen zunehmend Dramen zur Aufführung, die politische Krisen, Krieg, Vertreibung, Flucht, Identitätsproblematik thematisieren und politisch motivierten und agierenden Schriftstellern und Dramaturgen sowie dem an aktuellen Zeitthemen interessierten Publikum ein Forum bieten. Diese Stücke sind oft dokumentarische Fiktionen und das kreative Material entstammt der aktuellen Wirklichkeit.

Rahmenthema 6: Reflexion über Sprache und Sprachgebrauch

Tendenzen in der deutschen Gegenwartssprache

Die zunehmende Globalisierung und die dabei vermehrt entstehenden multikulturellen Gesellschaftsformen ebenso wie der Einzug der neuen Medien in unser Alltagsleben fordern und fördern gegenwärtig interlinguale, also sprachübergreifende Entwicklungsprozesse. Unterschiedliche Kulturen und Sprachräume wachsen enger zusammen, sodass sich Sprachen stärker mischen. Zugleich wandeln sich die Kommunikationsformen in unserer Gesellschaft rasant.

Blick zurück in die Sprachgeschichte

Sprache kann zu keinem Zeitpunkt als fertiges Gebilde verstanden werden. Alle Sprachen unterliegen einem kontinuierlichen Entwicklungsprozess. Veränderungen der Sprache stehen in der Regel in einem Bezug zu gesellschaftlichen Veränderungen. Sprache ist gleichsam als ein lebendiger Organismus zu betrachten, der auf gesellschaftliche Verhältnisse reagiert, aber diese auch beeinflussen kann. Unter phylogenetischem (stammesgeschichtlichem) Blickwinkel geht man davon aus, dass die Sprachentwicklung der einzelnen Sprachen ein Prozess ständiger Bereicherung bei zunehmender Komplexität des Systems ist. Veränderungen der Sprache vollziehen sich im Allgemeinen fließend über einen längeren Zeitraum hinweg bei Verwendung in der Praxis durch „Selbstregulation".

Einfluss der Anglizismen auf die deutsche Sprache

Sprachschützer bzw. -pfleger sahen und sehen in dem Einfluss fremder Sprachen, so im zunehmenden Anteil an Anglizismen in der deutschen Sprache, einen Verlust der Identität. Diese sprachpuristischen Tendenzen werden häufig als Ausdruck des Nationalstolzes interpretiert. So ist beispielsweise zu erklären, warum in Frankreich der Computer als „ordinateur" bezeichnet wird. Deutsche Sprachgesellschaften wie der 1997 gegründete „Verein Deutsche Sprache e. V." setzen sich für die Pflege der deutschen Sprache ein, indem sie z. B. einen Anglizismenindex als Nachschlagewerk veröffentlichen, dem deutsche Entsprechungen entnommen werden können. Mit Nachdruck wird betont, dass dieser Index weder fremdenfeindlich noch sprachpuristisch motiviert sei, sondern lediglich dazu anrege, deutsche Ausdrücke zu verwenden, um einer Durchmischung der deutschen Sprache entgegenzuwirken.
Kritiker setzen dagegen, Sprachen an sich könnten nicht zerstört werden, seien vielmehr einem ständigen Wandel der Zeit unterworfen und besäßen einen Mechanismus der Selbstregulation. Interlinguale Entwicklungsprozesse werden hier vielmehr als eine Bereicherung verstanden und sind für sie Anlass zu einer fruchtbaren Auseinandersetzung mit Bedeutungsverschiebungen.

Einebnung von Unterschieden zwischen den Varietäten

„Varietäten" nennt man solche Sprachformen, deren Gebrauch durch Einflussfaktoren geprägt ist, die außerhalb der Sprache selbst liegen. Dies sind vor allem Zeit, Raum, Schicht, Situation u. a., die in den verschiedenen Bereichen der Sprechgestaltung

(Phonetik, Wortschatz, Syntax ...) zu unterschiedlichem Sprachgebrauch führen. Varietäten stehen nicht klar abgegrenzt nebeneinander, sondern besitzen Teilschnittmengen. Sprecher besitzen zumeist eine „innere Mehrsprachigkeit“, d. h. ein gewisses Repertoire an Varietäten und wählen daraus, wenn auch nicht unbedingt bewusst gesteuert, je nach Gesprächspartner und situativem Kontext.
Exemplarisch als Einebnungstendenz ist im KC II der Rückgang der regional begrenzten Dialekte benannt. Daneben wird auf die Assimilation fachsprachlicher Termini in der Allgemeinsprache hingewiesen, die nicht nur an den Bereich der neuen Medien gebunden ist.

Einebnung von Unterschieden zwischen geschriebener und gesprochener Sprache

Während mit der Schriftlichkeit einerseits und der Mündlichkeit andererseits traditionell zwischen zwei medialen Erscheinungsformen der Sprache unterschieden wird, findet sich in der geschriebenen Umgangssprache im Kontext der Verwendung neuer Medien heute ein sich rasant ausbreitendes Phänomen, das diese klare Grenzziehung überschreitet.
Charakteristisch für die Rahmenbedingungen der schriftlichen Kommunikation ist ursprünglich die raumzeitliche Distanz zwischen Sender und Empfänger. Für die Kommunikation bedeutet dies zunächst, dass nonverbale und paraverbale Mittel (wie etwa Mimik und Gestik bzw. Modulationen der Stimme und der Sprechlautstärke) im Prozess des Schreibens nicht zur Verfügung stehen. Da eine direkte Rückmeldung oder Rückfragen des Empfängers nicht möglich sind, ist schriftsprachliche Kommunikation primär monologisch, was wiederum bedeutet, dass die entsprechende sprachliche Äußerung im Vorfeld sehr genau geplant werden muss, um Missverständnisse zu vermeiden und um sicherzustellen, dass der Empfänger alle zum Verständnis notwendigen Informationen erhält. Klassischerweise wird dabei zum Abfassen von Briefen, Mitteilungen, Protokollen usw. die standardsprachliche Varietät gewählt, deren ursprüngliche Funktion auch darin bestand, schriftliche Kommunikation über nationale Dialektgrenzen hinweg zu ermöglichen.
Die fortschreitende Entwicklung der Kommunikationstechnologie führt in vielen Zusammenhängen zur Verwendung der Umgangssprache auch in schriftlichen Mitteilungen, wie hauptsächlich in Kurznachrichten via WhatsApp oder Facebook Messenger. Da hier eine raumzeitliche Distanz zwischen Sender und Empfänger besteht, wird versucht, non- und paraverbale Informationen etwa mittels sogenannter Emojis (Smileys, die die jeweilige Befindlichkeit des Senders ausdrücken sollen) zu kommunizieren.

Einebnung von Unterschieden zwischen den Stilebenen

Im schriftlichen wie mündlichen Sprachgebrauch zu findende Ausdrucksformen bezeichnet man auch als Stile. Ein Stil wird dadurch charakteristisch, dass spezifische, an einen Mitteilungszweck geknüpfte Stilmittel, zu denen auch die „rhetorischen Figuren“ zählen, verwendet werden. Unterschieden werden
- **Zeitstil,** der erkennbar zeittypische Gestaltungsmerkmale aufweist und besonders in schriftlich verfassten Texten deutlich wird,

- **Funktionalstil,** der je nach kommunikativer Funktion in bestimmten gesellschaftlichen Bereichen, z. B. in der Presse und der Verwaltung, aber auch im Alltag verwendet wird,
- **Gruppenstil,** der sich vor allem in berufs- und altersspezifischen Stilelementen manifestiert,
- **Individualstil,** mit dem die typischen sprachlichen Eigenheiten eines einzelnen Sprechers/Autors klassifiziert werden.

Die Grenzen zwischen den einzelnen Stilebenen verschwimmen jedoch zunehmend. Auf die Verwendung gehobener Sprachstile wird im alltäglichen Sprachgebrauch immer häufiger verzichtet. Solche Veränderungen betreffen nicht nur die Schreibweise und den Wortbestand, sondern auch die Grammatik, wie z. B. die Ersetzung des Genitivs durch Dativkonstruktionen zeigt („der Hut vom Mann" statt „der Hut des Mannes") oder der weitgehende Verzicht auf die Verwendung des Konjunktivs I bei der indirekten Rede.

Sprachwandel oder Sprachverfall?

Durch Untersuchungen gerade auf der Stilebene sehen sich die Sprachkritiker in ihrer Position gestützt, dass die Sprache verfalle. Es ist Arbeitsfeld der sogenannten **Sprachkritik** im Sinne der **Sprachpflege** bzw. **Stil-/Textkritik,** sich mit bestehenden Sprachnormen auseinanderzusetzen, um diese zu bewerten und auf unangemessenen Sprachgebrauch aufmerksam zu machen. Im Zentrum des Interesses stehen dabei in erster Linie das gesprochene (und geschriebene) Wort in öffentlichen Institutionen (Politik, Medien usw.), aber auch das sich verändernde Sprechen überhaupt. Erklärtes Ziel ist es, durch das Aufzeigen von Missständen (z. B. Bürokratensprache, Häufung von Fremdwörtern, falsche Verbstellung im Kausalsatz, falscher Kasusgebrauch, Häufung von Anglizismen und Wörtern aus anderen Sprachen, sexistischer Sprachgebrauch) einen Beitrag zu Bewusstwerdung und so zur Verbesserung der Sprachkultur zu leisten.
Vor diesem Hintergrund ist die jährliche Wahl **Unwort des Jahres** durch die Jury „Sprachkritische Aktion: Unwort des Jahres" zu verstehen. In den ausgesuchten Unworten spiegeln sich gesellschaftliche Veränderungen und damit einhergehende problematische Haltungen. Durch die Veröffentlichung des z. T. inhumanen Sprachgebrauchs sollen diese Mechanismen bewusst gemacht werden. Während z. B. „Klimahysterie" zum Unwort des Jahres 2019 gewählt wurde, ist „Menschenmaterial" das Unwort des 20. Jahrhunderts. Den umgekehrten Weg beschreitet die „Gesellschaft für deutsche Sprache", die für das **Wort des Jahres** Positivbeispiele auswählt. So wurde z. B. „Respektrente" das Wort des Jahres 2019, da der Ausdruck ein politisches Projekt bezeichnet, das nicht nur zur Bekämpfung der Altersarmut beitragen soll, sondern vor allem um Anerkennung und Respekt wirbt. In diesem Fall betrifft das diejenigen, die mindestens 35 Jahre erwerbstätig waren, deren eigentliche Rente sich dennoch unterhalb des Existenzminimums befindet. Gegen derlei Aktionen steht die Position anderer Sprachforscher, die bei der Sprachentwicklung von den wirksamen Kräften der Selbstregulation, entsprechend eher neutral von einem **Sprachwandel** statt von einem Sprachverfall sprechen.

Sprachliche Vielfalt: Der multidimensionale Varietätenraum der deutschen Sprache

Innere Mehrsprachigkeit: Varietäten und Stile der deutschen Gegenwartssprache

Der Blick öffnet sich mit diesem Unterrichtsaspekt auf die deutsche Standardsprache und ihre Varietäten. Die **Standardsprache,** auch als „Hochdeutsch" bezeichnet, ist von überregionaler Geltung und wird besonders in der Schriftsprache, in den Medien sowie in allen Zusammenhängen benutzt, in denen Sprecher Wert auf eine normierte, schriftnahe Ausdrucksweise legen. Der, wenn auch keineswegs konsensfähige, Terminus der (regionalen) **Umgangssprache** bezeichnet demgegenüber die im Alltag gesprochene Sprache. Auf der Wort- und Satzebene finden sich hier sogenannte Regelaufweichungen (beispielhaft haben Sie sich möglicherweise mit der Konjunktion „weil" befasst), daneben besondere Auffälligkeiten in der Aussprache, die teils aus dem Dialekt abgeleitet sind, zudem häufig Füllwörter usw.
Spezifischer wird der Begriff des **Soziolektes** verwendet, der unterschiedlich definiert, teils auch als Synonym für „Gruppensprache" gebraucht wird, im engeren Sinne aber als an eine soziale Schicht gebunden verstanden werden kann, der ein Sprecher angehört. Sogenannte **Sondersprachen** sind an eine definierte Gruppe gebunden, die etwas gemeinsam hat (z. B. Alter, gemeinsames Hobby) und über die Sprache ihre Zusammengehörigkeit stärkt. Dies kann auch eine Geheimsprache sein. Die **Fachsprache** teilen sich Sprecher von Berufsgruppen. Da sie teils nicht mehr für die Allgemeinheit verständlich ist, wird (abwertend) vom „Jargon" (z. B. Jägerjargon) gesprochen.

Zwei weitere Varietäten seien abschließend angeführt: der **Genderlekt** als spezifischer Sprachgebrauch von Männern bzw. Frauen, der aktuellen Forschungsergebnissen zufolge sozialisationsgeprägt und nicht durch das biologische Geschlecht bestimmt ist, und schließlich der **Idiolekt** (griechisch: „eigentümlich Gesagtes"), der die individuelle Sprachverwendung einer einzelnen Person fasst. Er wird unter Berücksichtigung der Herkunft, Sozialisation und Bildung des Sprechers analysiert und ist in Bezug auf die jeweilige(n) Sprechergruppen, zu denen der Sprecher gehört, zu verstehen.

Jugendkulturen und Sprachstile Jugendlicher

Vielfältig verknüpfbar auch mit den anderen Rahmenthemen ist das Thema **Jugendsprache.** Die Jugendsprache ist eine zumeist mündliche, aber in modernen medialen Kommunikationsformen durchaus auch schriftlich verwendete, altersspezifische Gruppensprache, die identitätsstiftende Interaktion ermöglicht. Sie unterliegt einem besonders raschen Wandel, der sich vor allem auf der Ebene der Sprechweise (Lautkürzungen, -schwächungen, -abwandlungen wie bei dem Gebrauch des Substantivs „Alter") vollzieht. Im Bereich der Lexik zeichnet sich die Jugendsprache durch Wortneuschöpfungen und Übertragungen aus dem Englischen aus, in der Phraseologie durch feststehende Formulierungen und Redensarten, in der Semantik durch Neubedeutungen wie bei „ätzend" und in der Syntax beispielsweise durch verkürzten Satzbau und Ähnliches. Die Jugendsprache wird einerseits für ihre Kreativität und Innovation gelobt, andererseits aber auch als Beispiel des Sprachverfalls beklagt. Diese Klage wird verstärkt laut, seit die Jugendsprache aufgrund der neuen Medien verstärkt Einzug in die Schriftsprache gehalten hat und z. B. auch in die Jugendliteratur übernommen wird.

Übergangsvarietäten: Migration und Sprachgebrauch

Die sogenannte **Kanak Sprak** (hawaiian. „kanaka“ = „Mensch“, Ende des 18. Jahrhunderts wurde das Wort negativ konnotiert) ist als **Übergangsvarietät,** gesprochen von Menschen mit Migrationshintergrund, zu verstehen. Sie besitzt Besonderheiten in der Wortwahl, Wortbildung und Syntax und wird heute überwiegend von türkischstämmigen Jugendlichen gesprochen. Aber auch deutsche Jugendliche, besonders in Großstädten, verwenden sie zum Teil. Man spricht in diesem Fall von Transgression.

Die deutsche Sprache unter dem Einfluss der digitalen Medien

Die Sprachverwendung in SMS-, E-Mail- und Messengerdienst-Nachrichten bewegt sich, je nach Grad der Privatheit und der Adressatenbezogenheit, in einem Kontinuum zwischen Standard- und Umgangssprache. Die Sprachverwendung in Onlinechats, auch als **Internetslang** oder **Netspeak** bezeichnet, ist im Wesentlichen durch die gleichen Merkmale geprägt, wobei hier, anders als bei den oben genannten Sprachverwendungsformen über neue Medien, die Kommunikationssituation sowohl synchron als auch dialogisch und somit der echten Mündlichkeit vergleichbar ist. Dies wiederum führt zu einer relativ geringen Distanz zwischen Sender und Empfänger und zu einem ausgeprägten Grad an Spontaneität der Kommunikation. Dadurch ist eine hohe Frequenz von Regelverstößen hinsichtlich Orthografie und Grammatik bedingt, die in der Standardsprache inakzeptabel wäre, jedoch in der Privatheit des Chats als Form der geschriebenen Umgangssprache die Regel ist. Eine sprachliche Sonderform der Chatkommunikation stellt die sogenannte **Leetspeak** dar, bei der die Mitteilungen verschlüsselt werden, indem Buchstaben durch Zahlen oder Sonderzeichen ersetzt werden, um so etwa in öffentlichen Chaträumen unerwünschte Zuhörer von der eigenen Kommunikation auszuschließen. Die Möglichkeiten heutiger Smartphonenutzung eröffnen der mündlichen Kommunikation neben dem schriftlichen Austausch wieder mehr Raum.

Rahmenthema 7: Medienwelten

Der Einfluss und der Konsum von Medien sind omnipräsent. Täglich greifen wir zum Smartphone, Tablet oder zur Zeitung, surfen im Internet, hören Radio oder schauen Filme. Globale Krisensituationen, z. B. bei den Themen Klimawandel und Corona, zeigen uns, dass wir u. a. bildungspolitisch und sozial auf Medien angewiesen sind. Um sich in unserer Medienwelt zurechtzufinden, bedarf es jedoch einer sachgerechten und reflektierten Auseinandersetzung. Die Fähigkeit, Text-Bild- bzw. Text-Bild-Ton-Beziehungen zu untersuchen (auch über die Gestaltung eigener Produkte), die Bedingungen der Medienvermittlung einzubeziehen, ihre Wirkungsmöglichkeiten im selbstreflexiven Zugang einzuschätzen (wozu auch der Datenschutz gehört), sind unabdingbar. Damit kommt die Schule mit dem Rahmenthema 7 und seinen Wahlpflichtmodulen einem wichtigen und notwendigen Bildungsauftrag nach.

Das Pflichtmodul **Medien im Wandel** fordert dazu auf, sich vorerst mit dem Medienbegriff zu beschäftigen, um eine gemeinsame Terminologie festzulegen, denn im Alltag oder in den Wissenschaften wird dieser unterschiedlich verwendet. Um einer Beliebigkeit in der Begriffsnutzung zu begegnen, gibt es mögliche Unterrichtstexte wie *Mediendefinitionen* von Jochen Hörisch, der meint, Medien „speichern und/oder transportieren über unterschiedliche Kanäle [...] Mitteilungen und Informationen". Ergiebig kann ebenso der Text *Kommunikationswissenschaft im Überblick* des Kommunikationswissenschaftlers Maletzke sein, der die Merkmale traditioneller Massenmedien bestimmt. Je nach Medienbegriff ergibt sich auch eine andere Mediengeschichte (z. B. beginnend mit dem Buchdruck oder mit Entwicklung elektronischer Medien), die in dem Pflichtmodul samt Medienrevolutionen thematisiert werden soll. So begreift beispielweise Werner Faulstich Mediengeschichte als Kulturgeschichte.
Vorangehendes mündet in der kritischen Auseinandersetzung der heutigen Mediennutzung. Hierzu bieten sich sowohl die JIM-Studien (aktuelle und ältere) sowie Bilder und Karikaturen an, die nicht nur die Lust auf unsere Medienwelt verdeutlichen, sondern auch die Schwierigkeiten, die mit dieser verbunden sind. Die Auswirkungen medialer Alltagspräsenz auf das Individuum in der westlichen Gesellschaft kann einen Schwerpunkt bilden.

Kurse auf dem erhöhten Anforderungsniveau vertiefen die gewonnenen Einsichten über den Unterrichtsaspekt „Medienkritik". Zur Diskussion zum Verfall der Moral oder der Kommunikation lädt beispielsweise der Text *Das digitale Evangelium* von Hans Magnus Enzensberger ein. Der Essay thematisiert u. a. die Seite der „Propheten", die alle Probleme der Zukunft durch digitale Medien gelöst sehen. Eine weitere Position eröffnet der Text *Standardsituationen der Technologiekritik* von Kathrin Passig, die ausführt, dass sich das Potenzial eines Mediums nur im zeitlichen Verlauf ersehen lasse.

Prüfungsrelevantes Wahlpflichtmodul: „Zeitung“ (Abitur 2021)

Für die Abiturprüfung 2021 ist im Rahmenthema 7 „Medienwelten“ das Wahlpflichtmodul 2 „Zeitung“ obligatorisch zu behandeln. Aufgrund seiner Prüfungsrelevanz ist es daher im Rahmen der Vorbereitung auf das Abitur besonders zu berücksichtigen.
Als verbindliche Lektüren für das grundlegende und das erhöhte Anforderungsniveau wurden die Texte *Alle müssen Journalisten sein* (Bernhard Pörksen) und *Heute sind Journalisten als Barkeeper gefragt* (Jochen Hörisch im Interview mit Joachim Frank) sowie die vom Medienpädagogischen Forschungsverbund Südwest herausgegebene aktuelle JIM-Studie zum Medienumgang gewählt. Die Texte zielen ab auf den verbindlichen Unterrichtsaspekt, der Frage nach der **Zukunft der Zeitung** bzw. der **Zeitung der Zukunft** nachzugehen. Damit zusammenhängend gilt es, eine **Analyse der Aufbereitung eines selbst gewählten aktuellen Themas in verschiedenen Medien** (verbindlich) vorzunehmen. Die vorliegenden Texte (besonders auf dem erhöhten Anforderungsniveau) verweisen dabei auf mögliche Themen, z. B. die Flüchtlingsberichterstattung. Für die Kurse auf erhöhtem Anforderungsniveau sind die Unterrichtsaspekte „Qualitätsjournalismus im digitalen Zeitalter“ und „Zeitung als Medium der Aufklärung“ verbindlich, was dazu führt, dass kontroverse Texte gelesen und bewertet werden müssen. Obligatorisch sind die publizistischen Grundsätze (Pressekodex), Michael Hallers *Fehler im System,* Franka Queckes *Weniger ‚Lügenpresse‘, mehr Vertrauen* und die Laudatio des Bundespräsidenten Frank-Walter Steinmeier zur Verleihung des Marion-Dönhoff-Preises an die „New York Times“.

Zukunft der Zeitung – Zeitung der Zukunft

Im Rahmenthema 7 liegt der Schwerpunkt auf der Frage nach der Qualität journalistischer Arbeit im Zeitalter der digitalen Medienwelt. Einerseits werde der journalistischen Tätigkeit die Qualität und Wertschätzung abgesprochen, da jeder sich berufen fühle, Nachrichten zu publizieren. Andererseits bestehe aber Vertrauen in die Arbeit der Profis, besonders weil die Leser im Rahmen der medialen Informationsflut, hervorgerufen durch das Internet, mit vielen falschen, manipulativen Informationen einer Orientierung bedürfen. Es bestehe demnach ein relativ hohes Medienvertrauen (weil journalistische Qualität auch erkannt werde), zugleich aber eine hohe Skepsis, die vor allem durch wenig Medienwissen hervorgerufen werde. Daher lautet der Appell (Pörksen), mediale Aufklärungsarbeit – auch in der Schule – zu leisten und für Qualität in der Medienwelt zu werben (Frank).
Insgesamt stelle die Zeitung ein wichtiges Kulturgut dar, welches mit den neuen Medien mitgehen müsse. Im Zuge dessen müsse, u. a. aufgrund der geringeren Zahlungsbereitschaft der Kunden, neu gedacht werden.

Qualitätsjournalismus im digitalen Zeitalter / Zeitung als Medium der Aufklärung (e. A.)

Der Pressekodex gibt vor, was die Qualität journalistischer Texte auszeichnet, so z. B. die Achtung vor der Wahrheit unbeeinflusst von persönlichen Interessen, eine differenzierte Recherchearbeit oder auch die Verantwortung gegenüber der Öffentlichkeit. Dieser normativen Vorgabe werde jedoch besonders im digitalen Zeitalter nicht nachgekommen. Fake News, Sensationsinteressen oder persönliche Gründe der Schreibenden führten zu einem Misstrauen der Menschen gegenüber der Qualität von Journalismus, schwerpunktmäßig gegenüber Onlinemedien. Die Folge sei zugleich, dass das Vertrauen in den öffentlich-rechtlichen Rundfunk und die Tageszeitungen steige (Quecke). Haller setzt dem wiederum entgegen, dass auch die Berichterstattung der Printmedien oftmals auf Grundlage fehlender Informationen erfolge – absichtlich und unabsichtlich. Schnelle Meinungsbildung und vorzeitige Informationsfreigabe seien angeblich (Schuldzuweisung Internet als gebräuchliche Entschuldigung, so Haller) durch die digitalen Medien befördert worden und rückten differenzierte, wertfreie Recherche zu dem, was sich in der Welt ereignet, in den Hintergrund. Darüber hinaus würden viele Journalisten die Nähe zu politischen, wirtschaftlichen und kulturellen Eliten suchen. So schreibt Haller einigen Journalisten auch eine „narzisstische Lust am Machtspiel" zu.

Haller belegt einige seiner Thesen mit einer Studie zum Thema „Flüchtlingsstrom und Willkommenskultur". Eine differenzierte Darstellung habe hier nicht stattgefunden (u. a. Berichterstattung praktisch ohne Flüchtlinge). Vielmehr spielten Verallgemeinerungen, Urteile ohne Sachkenntnisse und manipulative Berichterstattung zum Zweck des Empfangs der Flüchtlinge unter Ausblendung sämtlicher organisatorischer oder kultureller Probleme mit offenen Armen eine Rolle. Kritische Meinungsäußerungen wurden ausgeblendet oder als moralische Verfehlung abgestraft. Dies führt auch zu Hallers Beobachtung einer Entpolitisierung des Nachrichtenjournalismus, der Konflikte scheue. Folglich kämen die meisten Medien ihrer Aufgabe einer breiten, fundierten Berichterstattung nicht nach und entsprächen daher nicht ihrer Funktion, dem Bürger die Möglichkeit zu bieten, sich zu informieren, um zu einer eigenen Meinung zu gelangen. Haller spricht aber ebenfalls von „herausragenden Solisten", die „vom riesengroß gewordenen Medienorchester" zugedröhnt werden. Hier ist die Medienkompetenz des Einzelnen gefragt. Daher rührt u. a. der Appell Queckes, Medienwissen zu vermitteln.

Frank-Walter Steinmeier sieht in der Zeitungslandschaft besonders die „New York Times" als eine „Autorität der Aufklärung". Sie zeige, was Demokratie in einer komplexen Gesellschaft meint: kritisches Hinterfragen eigener Meinungen oder gar eigener Vorurteile und zugleich eine reflektierte Recherchearbeit. Der Leser verschaffe der „New York Times" ihre Autorität, indem er als mündiger Leser immer wieder prüfend verfährt und sich die „New York Times" dem stellt. Daraus folge das Vertrauen in Medien.

Basiswissen

Umgang mit Texten

Epische Texte

Was ist Epik?

Die Begriffe *Epik* und *episch* benennen die Gattung der erzählenden Dichtung (lat. *prosa*) und gehen zurück auf die griechischen Wörter *epos* bzw. *epikos*: das „Gesagte“, „Berichtete“ oder die „Erzählung“. Das griechische Epos, z. B. die *Ilias* von Homer, ist ein umfangreiches Erzählgedicht in Versform, das augenscheinlich für den öffentlichen Vortrag bestimmt war. Mit den Ritterepen des Mittelalters, z. B. das *Nibelungenlied,* hält die Epik Einzug in die frühe deutsche Literaturgeschichte.
Ein epischer Text erzählt eine Geschichte. Dem Erzähltext liegt ein Erzählgegenstand zugrunde, eine Fabel (Story, Plot). Die Fabel stellt die Summe der Handlungen eines Textes in ihrer logischen Verknüpfung dar. Damit ist die Fabel ein geordneter, gegliederter und in Zusammenhänge gebrachter Stoff. Sie braucht nicht vollständig oder linear erzählt zu sein: Rückblenden können Vergangenes, Ausgespartes ergänzen, Vorgriffe können auf Zukünftiges hinweisen, Einschübe können Gedanken und Gefühle verdeutlichen. Manches wird stillschweigend übergangen und konkretisiert sich erst in der Fantasie des Lesers (sogenannte Leerstellen des Textes), anderes bekommt durch die detaillierte Beschreibung besonderes Gewicht.
Das die Gattung bestimmende Element ist das Vorhandensein eines *(fiktiven) Erzählers* als Vermittler der Handlung (Achtung: Der Erzähler ist nicht der Autor!), der in unterschiedlicher Form im Text in Erscheinung tritt. Er kann selbst ein Teil des fiktiven epischen Figurenensembles sein oder auch als engagierter oder distanzierter Beobachter außerhalb der Handlung das Geschehen darbieten.
Im Verlauf der Gattungsgeschichte nimmt der Erzähler in einem epischen Text höchst unterschiedliche Rollen ein, gebunden an den jeweils historischen Kontext, dem ein Text entstammt. So weist der traditionelle *Entwicklungs- und Bildungsroman* des 18. und 19. Jahrhunderts vor allem das auktoriale Erzählverhalten (→ S. 194) auf, während bereits am Ende des 19. Jahrhunderts und vor allem im 20. Jahrhundert das personale bzw. neutrale Erzählverhalten (→ S. 194) überwiegt.
In der Literatur der 1970er-Jahre und vor allem der *Gegenwartsliteratur* (→ S. 181 ff.) findet man vor allem die Erzählform des Ich-Erzählers, während die *Literatur der Postmoderne* (1980er- und frühe 1990er-Jahre) mit den Erzählhaltungen und Erzählformen der traditionellen Epik spielt und das auktoriale Erzählverhalten in ironischer Weise bricht.

Ein kurzer Abriss zur Geschichte der Gattung

Die ersten Romane unseres Kulturkreises entstammen der hellenistischen Zeit nach Alexander dem Großen. Der Roman zählte jedoch nicht zur Dichtung, sondern galt als „Unterhaltung“. Die wenigen Romane, die erhalten blieben, wie z. B. der *Alexander-*

roman und der *abenteuerliche Liebesroman*, dienten als Vorlage für die mittelalterlichen Versromane und den Roman im → Barock (H. J. Ch. von Grimmelshausen *Simplicissimus*). Auch die deutsche Poetik nimmt den Roman erst seit dem 18. Jahrhundert ernst. Johann Wolfgang Goethe schuf mit seinem Briefroman *Die Leiden des jungen Werther* den ersten Weltbestseller; auch seine späteren Romane *Wilhelm Meisters Lehrjahre, Wilhelm Meisters Wanderjahre* (Entwicklungs- und Bildungsroman) und *Die Wahlverwandtschaften* sowie der psychologische Roman *Anton Reiser* von Karl Philipp Moritz gelten als Vorzeigemuster ihrer Gattung. Der beliebte Trivialroman des 18. Jahrhunderts nimmt sich hingegen Ritter-, Räuber- und Schauergeschichten zum Thema.
Die Epoche der Romantik ist reich an Romanen von Autoren wie Jean Paul, Novalis, Friedrich Schlegel und E. T. A. Hoffmann und bevorzugt den *Künstlerroman*. Seit 1830 entwickelt sich der *realistische Roman* (Karl Immermann, Otto Ludwig, Friedrich Spielhagen, Wilhelm Raabe, Gottfried Keller, Adalbert Stifter, Theodor Fontane), der sich auch an den großen europäischen Vorbildern (Gustave Flaubert, Leo Tolstoi) orientiert. Im Naturalismus des ausgehenden 19. Jahrhunderts dienen ebenfalls ausländische Autoren wie Émile Zola und Fjodor Dostojewski als Modell.
Die großen Romane des Epochenumbruchs zu Beginn des 20. Jahrhunderts verfassen die Brüder Thomas Mann (*Buddenbrooks*) und Heinrich Mann (*Professor Unrat, Der Untertan*) sowie Hermann Hesse und Joseph Roth mit gesellschaftskritischen Romanen. Sie eröffnen neue Gestaltungsmöglichkeiten, die von Autoren wie Franz Werfel, aber auch expressionistischen Autoren wie Franz Kafka (*Der Prozess, Amerika*) und Alfred Döblin (*Berlin Alexanderplatz*) sowie von Robert Musil (*Der Mann ohne Eigenschaften*) weiterentwickelt werden und schließlich zu einer Formauflösung führen unter Verzicht auf einen stringenten, linearen Handlungsablauf durch Montage von Erlebnissen des Unbewussten (erlebte Rede, innerer Monolog, Stream of Consciousness, → S. 196).
Neue Anregungen nach 1945 erhält der deutsche Roman durch amerikanische Vorbilder (Ernest Hemingway, William Faulkner). Grundthema der Nachkriegsliteratur wird die Orientierung in einer veränderten Welt und die Aufarbeitung der Vergangenheit bei den Mitgliedern der „Gruppe 47", Heinrich Böll (*Ansichten eines Clowns*), Günter Grass (*Die Blechtrommel*), Wolfgang Koeppen (*Tauben im Gras*), Alfred Andersch (*Kirschen der Freiheit*). Charakteristisch jedoch für die Zeit der späten 1950er- und frühen 1960er-Jahre ist der Moment des Aufbruchs, der sich gegen die Erstarrung der sogenannten „Wirtschaftswundergesellschaft" richtet und neues politisch-gesellschaftliches Engagement zeigt und fordert (Uwe Johnson, Martin Walser, Max Frisch, Siegfried Lenz, Peter Handke).
Die Gegenwartsliteratur ist nicht mehr mit der Literatur nach 1945 (Nachkriegsliteratur) identisch, sondern grenzt sich formal und inhaltlich von dieser ab. Sie ist so heterogen, sowohl Brüche als auch Traditionen des Erzählens manifestierend, dass es unmöglich ist, all diese unterschiedlichen Tendenzen in einem Überblick zusammenfassend darzustellen. Als Stichworte seien u. a. genannt: *politisch engagierte Literatur, Arbeiterliteratur, Dokumentarliteratur, Subjektivismus und Rückzug in die Innerlichkeit, Frauenliteratur, experimenteller Roman, Intertextualität, Postmoderne, interkulturelle Literatur, Netzliteratur, Hybridtexte* usw. (→ *Gegenwartsliteratur*, S. 181 ff.).

Formen und Elemente epischer Texte

Zur Epik gehören unterschiedlich lange und unterschiedlich strukturierte Textsorten wie
- der Roman als epische Großform: u. a. *Abenteuerroman, Bildungsroman, Entwicklungsroman, historischer Roman, psychologischer Roman, Zeitroman* sowie
- epische Kleinformen: u. a. *Anekdote, Erzählung, Fabel, Gleichnis, Parabel, Legende, Märchen, Novelle, Kurzgeschichte, Sage*.

Epische Kleinformen bieten dem Leser immer nur einen Ausschnitt aus der Welt, eine pointierte Begebenheit, während der Roman in epischer Breite Anspruch auf die Darstellung eines größeren äußeren oder innerseelischen Zeitraums beansprucht. Jedoch sind weder die oben erwähnten Romanformen und Textsorten noch die dem Text vorangestellten Bezeichnungen immer eindeutig, einheitlich und trennscharf.
Im Folgenden werden aus der Gattungsgeschichte und inhaltsbezogenen Einteilungen Zugriffe auf epische Texte vorgestellt, Grundbegriffe zur Beschreibung und Analyse präsentiert sowie Tipps und Hinweise zur schriftlichen Interpretation unterbreitet.

Grundformen des Erzählens

Erzählsituation	
Erzählverhalten	– **auktorial**: der Erzähler ist allwissend („olympisches Erzählen“), verfügt souverän über alle Momente des epischen Textes, kommentiert, reflektiert, bewertet, blickt zurück oder voraus; das Geschehen und dessen Deutung wird von ihm gelenkt; er führt den Leser durch den Text. – **personal**: aus der Sicht einer Figur, von einem Standpunkt innerhalb des Geschehens, daher eingeschränkte Sichtweise; subjektiv; Leser erhält unmittelbaren Einblick in subjektives Erleben. Um Monotonie zu entgehen und verschiedene Sichtweisen zu verdeutlichen, oft in der direkten Figurenrede die Darstellung mehrerer Figuren (Multi-/Polyperspektivität). – **neutral**: sachlich, unkommentiert, weder aus der Sicht einer Figur noch aus der eines auktorialen Erzählers; Erweckung des Anscheins von größter Objektivität.
Erzählform	– **Er/Sie-Form**: Es wird von anderen erzählt. – **Ich-Form**: Ich-Erzähler: subjektiv, eingeschränkt, authentisch anmutend. – *Erzählerbericht* als Grundform des auktorialen Erzählens. Auch in der Ich-Form kann der Erzähler auktorial als sich erinnerndes, erzählendes Ich rückblickend erzählen. – *Erlebte Rede* und *innerer Monolog* sind Hauptformen des personalen Erzählens.

	– *Sachlicher, dokumentarischer Vergangenheitsbericht* oder *szenisches Erzählen* sind Hauptformen des neutralen Erzählers, z. B. Gesprächswiedergabe ohne Kommentare.
Erzählperspektive	– **Außensicht**: Aussehen, äußerliche Informationen über Figuren, Handlungen, Beobachtungen – **Innensicht**: Gefühle und Gedanken einer Figur, ihre Überlegungen
Erzählstandort	Position des Erzählers zum Erzählten: Nähe/Distanz in räumlicher oder auch zeitlicher Hinsicht
Erzählhaltung	Einstellung des Erzählers zum Erzählten: neutral, ironisch, kritisch, (ab)wertend, ambivalent, zustimmend, euphorisch ...
Figuren	
direkte Figurencharakterisierung	Charakterisierung einer Figur durch den Erzähler selbst (in der Außensicht) oder von anderen Figuren (in der Innensicht), indem z. B. ihr Äußeres näher beschrieben, ihre Beziehungen zu anderen Personen dargestellt, ihr Handeln vor dem Hintergrund bestimmter Situationen thematisiert wird.
indirekte Figurencharakterisierung	Wenn sich die Figuren durch Inhalt und Form ihrer eigenen Äußerungen (z. B. Verhalten, wörtliche Rede, Gedanken) und ihr erzähltes Verhalten selbst charakterisieren.
Figurenkonzeption	– statische, sich nicht verändernde und – dynamische, sich verändernde Figuren – (Zeit-)Typus (eine auf wenig verallgemeinerbare Züge konzentrierte Figur) – Individuum (eine Figur mit individuell ausgestaltetem Persönlichkeitsprofil)
Figurenkonstellation	Das Zusammenwirken der Figuren und ihr Verhältnis zueinander. Aus der Figurenkonstellation ergibt sich meist der zentrale Konflikt des epischen Textes. Prägung durch – die Art der Beziehung der Figuren zueinander je nach: Geschlecht, Alter, Verwandtschaft, Bildung, beruflicher Stellung, Herkunft/Milieu, sozialem Status, Werthaltung, Normorientierung, charakterlicher Einstellung und psychischem Verhalten (z. B. Interessen, Gefühle, Wünsche, Bedürfnisse, Antriebe); – die kompositorische Konstellation der Figuren: *Parallelfiguren* (Wiederholung bestimmter Figurengruppen, z. B. auf einer anderen sozialen Ebene), *Kontrastfiguren* (z. B. bei Entgegensetzung von Lebensentwürfen).

Redeformen	
Erzählerrede	abgegrenzt von der direkten oder Figurenrede: Erzählerbericht, indirekte (Figuren-)Rede, Erzählerkommentar, Beschreibung
direkte Figurenrede	Szenische Darstellung, Dialoge, in denen sich die Figuren unmittelbar mitteilen, in traditionellen Texten durch Anführungszeichen gekennzeichnet. Gibt dem Text einen dramatischen Akzent, bezieht den Leser direkt in das Geschehen mit ein. Der Erzähler tritt hinter die Figuren zurück.
indirekte Figurenrede	oft im Konjunktiv durch den Erzähler wiedergegeben, erzeugt Distanz zum erzählten Geschehen
erlebte Rede	Wiedergabe der Gedanken einer Figur aus der Innensicht; in der Regel im Indikativ Präteritum der 3. Pers. Singular (zu sich selbst Distanz schaffend): Mischung von direkter und indirekter Rede. Oft nicht direkt zu erkennen, wo die indirekte Rede aufhört und die erlebte Rede beginnt, da diese nicht ausdrücklich gekennzeichnet wird.
innerer Monolog	unmittelbare Wiedergabe der Gedanken einer Figur in Form eines Selbstgesprächs; völliges Zurücktreten des Erzählers; in der Regel im Präsens und in der 1. Person Singular
Stream of Consciousness / Bewusstseinsstrom	vielschichtig verflochtene, formlose Aneinanderreihung von Bewusstseinsinhalten (Gedanken, Ideen, Wahrnehmungen, Gefühle, Wünsche, Träume usw.) einer Figur; erzähltechnisch eine Erweiterung des inneren Monologs, da im Stream of Consciousness oft auch Satz- und Wortfetzen vorkommen und Grammatik- oder Syntaxregeln nicht eingehalten werden (müssen); dennoch sind z. B. leitmotivische Wiederholungen durchaus erkennbar
Zeitstrukturen	
Erzähltempus	Im traditionellen Roman das Präteritum, weil nur erzählt werden kann, was bereits geschehen ist. Das sogenannte „historische Präsens“, eingebettet in das Erzähltempus des Präteritums, kann an besonders zentralen Stellen des Textes die Funktion des Präteritums übernehmen. Die Erzählung im Präsens besitzt größere Unmittelbarkeit. Das Präsens suggeriert dem Leser, die erzählte Geschichte sei noch nicht fertig, alles sei noch möglich, jedoch bedeutet die Verwendung des Präsens auch einen Mangel an Illusion und Geschlossenheit.
historische Zeit	Der historische Kontext, in den ein Text eingebettet ist, der die Handlungen der Figuren bestimmt und auf den der Text in vielfältiger Weise (Accessoires, Sprachduktus, Thematik, Topografie, Daten usw.) Bezug nimmt.

Erzählzeit	zeitliche Dauer des Erzählvorgangs
erzählte Zeit	zeitliche Dauer des erzählten Geschehens Das Verhältnis beider Aspekte ist interessant: – sie können in etwa deckungsgleich sein, – die erzählte Zeit kann vielfach gerafft werden, – die erzählte Zeit kann über ihre eigentliche Zeitdauer gedehnt werden. Modernere und experimentellere Umgangsformen mit der Zeit in epischen Texten zielen z. T. auf eine Auflösung der chronologischen Struktur ab. Bei Anwendung der Montagetechnik wird die lineare Zeitstruktur aufgelöst, um Simultaneität vorzuspiegeln.
Motive und Raumgestaltung	
Motiv	Die kleinste strukturbildende und bedeutungstragende Einheit im Werk eines Autors oder in einem Text. Eine spezielle Form ist das *Leitmotiv*, z. B. Farben, Stimmungen, Symbole, Personen, Sätze, Redewendungen und vieles mehr. Ein Leitmotiv kann als sprachliches Bild eine ordnende oder verbindende Funktion innerhalb eines Textes haben oder durch seine häufige Wiederholung die Charakteristika einer Figur, eines Ortes, eines Konflikts betonen.
Raum/ Schauplatz	Der Raum spiegelt nicht immer eine reale Topografie wider. Selbst wenn das fiktive Geschehen an einem in der Realität auffindbaren und konkret benannten Ort spielt, dient dieser vor allem dazu, die Atmosphäre, das soziale Umfeld, das Lokalkolorit zu vermitteln, in denen die Figuren leben und handeln und das sie prägt. Der Text kann von daher ein hohes Maß an Authentizität gewinnen sowie eine Wiedererkennungs- und Identifikationsmöglichkeit für den Leser schaffen (besonders im „Historischen Roman“ bzw. im „Zeitroman“). Die fiktive Topografie eines epischen Textes weist vielseitige gestalterische Funktionen auf, da sie immer in Bezug zum Handeln der Protagonisten entsteht und dieses z. B. beeinflussen, konterkarieren, motivieren kann. Im realistischen Zeit- und Gesellschaftsroman des 19. Jahrhunderts können topografische Besonderheiten leitmotivische Funktion innerhalb des Textes übernehmen. Die Raumgestaltung kann durchaus auch jeden realen Bezug verlieren und der Spiegelung und Vergegenständlichung innerer Zustände und Prozesse (innerseelische Topografie) dienen.

Lyrische Texte

Da die Gattung *Lyrik* den Schwerpunkt eines der sieben verbindlich vorgeschriebenen Rahmenthemen bildet (Rahmenthema 4: Vielfalt lyrischen Sprechens), sind alle wichtigen Grundlagen zur Lyrik im Kapitel „Basiswissen zu den Rahmenthemen“ enthalten. Bitte schlagen Sie auf Seite 162 ff. nach.
Hinweise zu Tendenzen der **Gegenwartslyrik** finden Sie auf Seite 183.

Dramatische Texte

Da die Gattung *Drama* den Schwerpunkt eines der sieben verbindlich vorgeschriebenen Rahmenthemen bildet (Rahmenthema 2: Drama und Kommunikation), sind alle wichtigen Grundlagen zu dramatischen Texten im Kapitel „Basiswissen zu den Rahmenthemen“ enthalten. Bitte schlagen Sie auf Seite 146 ff. nach.
Hinweise zu Tendenzen der **Gegenwartsdramatik** finden Sie auf Seite 183.

Literarische Texte in Prüfungsaufgaben

Aufgabenformate im Überblick

In der Abiturprüfung wird von Ihnen erwartet, dass sie „textbezogen" oder „materialgestützt" einen eigenen zusammenhängenden Text zu der Ihnen gestellten Aufgabe verfassen. Für die Bearbeitung der Aufgabe erhalten Sie in der Regel einen literarischen oder pragmatischen Text, der nicht Gegenstand des Unterrichts war. Je nach Aufgabenformat können Ihnen auch mehrere Texte vorliegen, die Sie entsprechend der Aufgabe zu bearbeiten haben. Ein wesentlicher Bestandteil der Aufgabenstellung sind die **Operatoren** für das Fach Deutsch, denen Sie u. a. entnehmen können, in welchem Anforderungsbereich Sie sich beim Verfassen Ihres Textes bewegen. Generell gilt, dass in der Abiturprüfung alle Anforderungsbereiche abgedeckt sein müssen. Unter https://nibis.de/uploads/1gohrgs/operatoren_2021/DE_2021Abi_Operatoren.pdf finden Sie eine sehr hilfreiche Operatorenliste.
Die folgende Aufzählung stellt die abiturrelevanten Aufgabenformate im Überblick dar. Die einzelnen Formate werden Ihnen nachfolgend erläutert.

1) **Textbezogenes Schreiben**
   - Interpretation literarischer Texte
   - Analyse pragmatischer Texte
   - Erörterung literarischer Texte
   - Erörterung pragmatischer Texte

2) **Materialgestützte Schreiben**
   - Materialgestütztes Verfassen eines informierenden Textes
   - Materialgestütztes Verfassen eines argumentierenden Textes

Epische, lyrische und dramatische Texte in Prüfungsaufgaben

Die Analyse eines Romanauszugs, eines Gedichts oder einer Dramenszene kann prinzipiell in zwei unterschiedlichen Aufgabenformen vorkommen (siehe oben):
- Textinterpretation
- Literarische Erörterung

Aufgrund der Vergleichbarkeit der Prüfungsleistung ist es eher unwahrscheinlich, dass eine Aufgabe gestellt wird, in der eine Szene oder ein Textauszug aus einem der Texte entnommen wird, die obligatorisch im Unterricht behandelt werden mussten. Wahrscheinlicher ist, dass ein anderer literarischer Text ausgewählt wird und erst in einer weiterführenden Aufgabe dazu aufgefordert wird, Bezüge zu einem der im Unterricht behandelten Texte herzustellen. Im Zusammenhang mit einer vergleichenden Textinterpretation oder einer literarischen Erörterung ist es auch möglich, dass ein Auszug aus einem unbekannten Roman, ein unbekanntes Gedicht oder eine Szene aus einem unbekannten Drama analysiert und dabei im Hinblick auf bestimmte Inhalts- oder

Gestaltungsmerkmale mit dem Anfang oder mit einem Textauszug eines bekannten Romans, mit einem bekannten Gedicht oder mit einer Szene aus einem der bekannten Dramen verglichen werden soll. Denkbar ist auch, dass im Rahmen einer Textanalyse zunächst ein Sachtext (Rezension zu einem literarischen Text bzw. einer Inszenierung, ein programmatischer oder theoretischer Text) zu analysieren ist (→ S. 202 ff.) und im nächsten Aufgabenteil Bezüge zu den bekannten Werken hergestellt werden müssen.

Kompetenzen

Der Prüfling muss bei der Bearbeitung zeigen, dass er
- epische, lyrische und dramatische Texte anhand unterschiedlicher Präsentations- und Darstellungsformen unterscheiden und zentrale Merkmale der jeweiligen Gattung bestimmen kann,
- ein Inventar an Begriffen und Methoden zur Untersuchung von literarischen Texten kennt und korrekt anwenden kann,
- Elemente und Strukturen als Möglichkeiten der Handlungsführung erarbeiten, raumzeitliche Verhältnisse analysieren, Motive erschließen kann,
- Motive und Absichten, Haltungen und Verhaltensweisen, Entwicklungen und Diktion von Figuren erschließen kann (bei Lyrik nur bei Figurengedichten),
- unterschiedliche Redeformen (Dialoge, Monologe, Chorlieder im Drama, Erzählerbericht, Beschreibung, Reflexion, lyrischer Sprecher) unter Berücksichtigung kommunikativer und sprachlicher Aspekte untersuchen kann,
- verschiedene Typen des Dramas, des epischen Textes, des Gedichts bestimmen und unterscheiden kann.

Prüfungsaufgabe: Textinterpretation

Bei dieser Aufgabenart wird erwartet, dass Sie – ausgehend von einer Interpretations- bzw. Deutungshypothese – mithilfe analytisch-interpretativer Verfahren sowohl formale als auch inhaltliche Aspekte des gegebenen Textes herausarbeiten. Dabei ist es von besonderer Wichtigkeit, dass Sie die Form und den Inhalt eines literarischen Werkes stets aufeinander beziehen. Der Auftrag kann zum Beispiel „Interpretieren Sie das Gedicht von XY“, „Analysieren und interpretieren Sie das Gedicht von XY“ oder – mit einem besonderen Akzent versehen – „Interpretieren Sie den Romananfang / den Romanauszug / die Dramenszene von XY unter der Berücksichtigung von ABC (dem historischen Entstehungskontext/der Personenkonstellation/der Schauplatzgestaltung/der Verwendung eines bestimmten Motivs usw.)“ lauten.

Im Anschluss an eine Textinterpretation ist – auch als Teilaufgabe – eine gestaltende Interpretation ebenso denkbar wie eine Erörterung als argumentative Stellungnahme.

<u>Beispiel- und Originalaufgaben in *Finale*:</u>
→ S. 44 ff., S. 53 ff. S. 58 ff., S. 65 ff., S. 74 ff., S. 81 ff., S. 126 ff.

Prüfungsaufgabe: Literarische Erörterung

Ausgehend von der analytischen Erschließung eines Textauszugs bzw. eines kompletten kürzeren Texts sollen Sie sich bei dieser Aufgabenart mit bestimmten inhaltlichen oder formalen Aspekten der Vorlage erörternd auseinandersetzen. Vorstellbar ist dabei etwa, dass Sie anhand der Analyse der Textgrundlage die Verwendung eines spezifischen Motivs erarbeiten sollen. In einem zweiten Schritt würden Sie diese Motivverwendung mit der Darstellung des Motivs in anderen Ihnen bekannten Werken zu vergleichen haben. Es wäre aber auch möglich, über die Erarbeitung von Textmerkmalen eine begründete Zuordnung des entsprechenden Texts zu einer Epoche vorzunehmen oder auch generelle gattungspoetische Fragen zu erörtern. Eine mögliche Aufgabenstellung könnte lauten „Erörtern Sie, ausgehend von dem vorliegenden Gedicht, inwiefern das Thema ‚Sehnsucht' charakteristisch für die Literatur der Romantik ist".

Beispielaufgabe in *Finale*:
→ S. 53 ff., S. 81 ff.

Sachtexte

Was ist ein Sachtext?

Unter Sachtexten versteht man in der Regel alle nichtfiktionalen Texte. Das heißt, Sachtexte beziehen sich direkt auf Sachverhalte aus der Wirklichkeit. So ist für den *Reisebericht* der Bezugspunkt das Land, das er beschreibt, für die Gebrauchsanweisung der Gegenstand, den sie erklärt, für die Analyse eines fiktionalen Textes der Text, den sie untersucht. Damit haben Sachtexte in praktischen Handlungskontexten einen Gebrauchswert.
Sachtexte umfassen ein breites Textsortenspektrum. Dabei kann es sich um geschriebene oder gesprochene Sachtexte handeln (z. B. Nachrichten, Wissenschafts- oder Kultursendungen). Darüber hinaus unterscheidet man zwischen *kontinuierlichen* Sachtexten (Fließtexten) und *diskontinuierlichen* Sachtexten (Diagramme, Schaubilder, Tabellen usw.).
Hilfreich ist es, bei der Klassifizierung von der (vermuteten) Intention des jeweiligen Verfassers und der damit verbundenen Funktion des jeweiligen Sachtextes auszugehen.

Welche Funktionen können Sachtexte wahrnehmen?

informieren darstellen instruieren	**argumentieren erörtern**	**appellieren**	**regulieren**
Typische Textsorten – Nachricht – Textanalyse – Wissenschaftliche Untersuchung (z. B. literatur- oder sprachtheoretische Texte) – Gebrauchsanweisung – …	**Typische Textsorten** – Kommentar – Leserbrief – Rezension – Kritiken – …	**Typische Textsorten** – Werbung – Flugblatt – Wahlrede – …	**Typische Textsorten** – Gesetzestext – …

Hinweis
Die meisten Textsorten umfassen sowohl informierende, argumentierende als auch appellierende Elemente. Bei jeder Textsorte steht jedoch eine Funktion im Vordergrund. Wer einen Leserbrief schreibt, will vor allem seine Haltung zu einem Sachverhalt darlegen und nicht in erster Linie sachlich informieren. Dennoch enthält ein Leserbrief selbstverständlich informierende und evtl. auch appellierende Elemente.

Sachtexte – Ein Überblick über wichtige Textsorten

Folgende Textsorten werden im Unterricht der Sekundarstufe II häufig behandelt. Dabei hängt die Wahl der Textsorte maßgeblich von der Intention des Verfassers ab.

Abhandlung (in wissenschaftlicher und populärwissenschaftlicher Form): insbesondere literaturwissenschaftliche oder literaturhistorische Texte, sprachwissenschaftliche oder sprachhistorische Texte, Darstellung von Modellen (z. B. Kommunikationsmodelle)

Essay: geistreiche, anspruchsvolle und persönlich gefärbte Abhandlung zu einem allgemein-gesellschaftlichen Thema

Glosse: satirisch witzige, manchmal auch bissige Auseinandersetzung mit einem aktuellen gesellschaftspolitischen oder kulturellen Thema; die Grenze zwischen Glosse und Kommentar ist fließend

Kolumne: regelmäßig – zumeist unter einer festgelegten Überschrift – erscheinender, kommentierender Kurzartikel, der zu einem aktuellen Problem Stellung nimmt

Kommentar: subjektive, oft analysierende Stellungnahme zu einem politisch-gesellschaftlichen oder kulturellen Thema, Kommentare sollen zur Meinungsbildung anregen

Leserbrief: subjektive persönliche Stellungnahme von Leserinnen und Lesern zu ausgewählten Artikeln und Kommentaren einer Zeitung

Rede: insbesondere politische Reden mit allgemein-gesellschaftlichen bzw. kulturellen Themen

Rezension und Kritik: kritische subjektive Auseinandersetzung mit einer zumeist aktuellen kulturellen Leistung, z. B. Buchbesprechung, Theater- oder Filmkritik; die Sprache der Kritik richtet sich nach dem Adressatenkreis, die Rezension eines Popkonzertes hat einen anderen Stil als eine Theaterkritik

Texte der neuen Medien: insbesondere Auszüge aus Chats und Blogs, in denen mehrere Personen über ein Thema diskutieren; interaktiver Charakter

Elemente von Sachtexten

Die Textstruktur von Sachtexten ist durch immer wiederkehrende Bauelemente gekennzeichnet.

- Bei *informierenden Sachtexten* werden ausgehend von einem Aufhänger, der die Aufmerksamkeit der Leser binden soll, die verschiedenen Teilbereiche eines Themas nacheinander entfaltet. Die Teilbereiche werden häufig mit Zwischenüberschriften gekennzeichnet.
- Bei *argumentierenden Sachtexten* stellt der Verfasser seine Position zu einem bestimmten Thema mittels Thesen, Argumenten und Beispielen dar. Dabei bezieht er mögliche Gegenpositionen und damit verbundene Argumente in seine Überlegungen ein.

Die Übergänge zwischen informierenden und argumentierenden Sachtexten sind fließend. Die Fachbegriffe werden auch bei der Sachtextanalyse zur Kennzeichnung der einzelnen Bauelemente eines Sachtextes unter Angabe ihrer Funktion verwendet.

Informierende Sachtexte	**Bauelemente von Sachtexten**	**Argumentierende Sachtexte**
Information über das Thema des Textes	**Titel**	Information über das Thema des Textes
mögliche Eingrenzung des Themas auf einen Aspekt, z. B. eine spezielle Forschungsfrage	**Untertitel**	Verdeutlichung der Position, die der Autor gegenüber dem Thema einnimmt
Aspekt, der die Aufmerksamkeit der Leser binden soll, z. B. ein Zitat	**Aufhänger**	Aspekt, der die Aufmerksamkeit der Leser binden soll, z. B. ein Zitat
	Aufbau	
Abfolge des Gedankenganges, Aufeinanderfolge einzelner Aspekte (roter Faden)	**Makrostruktur**	Formulierung der These und evtl. der Antithese, Darstellung von Argumenten und/oder Gegenargumenten nach ihrer jeweiligen Gewichtung und ihren thematischen Zusammenhängen
Detailinformationen der einzelnen Sinnabschnitte bezogen auf das Thema	**Mikrostruktur**	Detailinformationen zu einzelnen Argumenten, Veranschaulichung durch Beispiele
Bündelung der Ergebnisse	**Zusammenfassung**	Bekräftigung der These mit Hinweis auf die gewichtigsten Argumente
Ableitung von Folgen aus den Arbeitsergebnissen	**evtl. Schlussfolgerung**	Ableitung von Folgen aus den Arbeitsergebnissen

Die sprachliche Gestaltung von Sachtexten

Die Aussageabsicht, der Adressatenkreis und damit verbunden die Wahl der Textsorte (→ S. 203) bestimmen die sprachlich-formale Gestaltung eines Sachtextes. Der Leitartikel einer Tages- oder Wochenzeitung, der wesentlich zur öffentlichen Meinungsbildung beitragen soll, verlangt eine andere sprachliche Gestaltung als ein populärwissenschaftlicher Artikel, der über die neueren Entwicklungen auf einem bestimmten wissenschaftlichen Gebiet informieren soll; ein literaturwissenschaftlicher Interpretationsansatz folgt anderen sprachlichen Gestaltungsnormen als eine Rezension.
Der gezielte Einsatz ausgewählter sprachlich-formaler Gestaltungsmittel verstärkt die jeweilige Aussageabsicht. Deshalb müssen die sprachlich-formalen Gestaltungsmittel immer mit Blick auf ihre Funktion beschrieben werden.

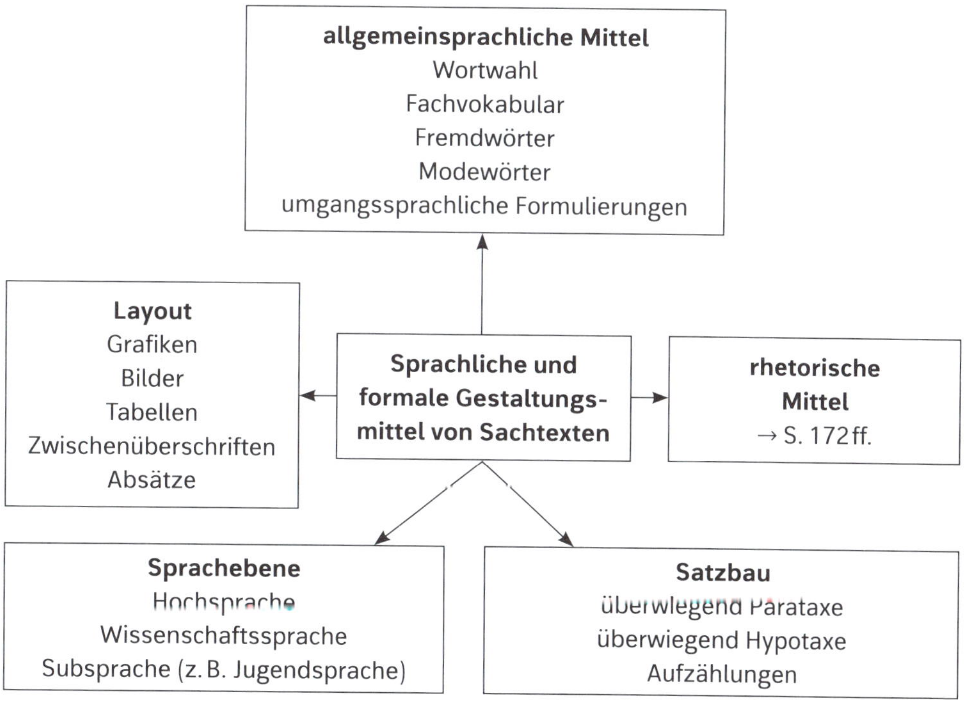

Sachtexte in Prüfungsaufgaben

In den Prüfungsaufgaben für das Abitur im Fach Deutsch finden Sie Sachtexte, die eine informierende, argumentative oder appellative Funktion als Schwerpunkt haben.

- Bei hauptsächlich *informierenden Sachtexten* handelt es sich in der Regel um literaturtheoretische oder literaturhistorische Analysen bzw. um wissenschaftliche bzw. auch populärwissenschaftliche Darstellungen zu kulturellen, gesellschaftlichen oder philosophischen Themen, die in der Qualifikationsphase angesprochen worden sind.
- *Argumentative Sachtexte* sind häufig Rezensionen oder Kritiken, die auf im Unterricht behandelte fiktionale Texte Bezug nehmen, oder Kommentare, die Position zu einem im Unterricht behandelten Thema beziehen.
- *Appellative Texte* sind häufig Auszüge aus Reden, deren historisch-gesellschaftlicher oder kultureller Kontext aus dem Unterricht bekannt ist.

Inhaltliches Vorwissen zu einem bestimmten Themenbereich erleichtert außerordentlich die Auseinandersetzung mit dazugehörigen Sachtexten.

Grundsätzlich unterscheidet man drei Aufgabenarten:

- Textanalyse
- Texterörterung, auch als freie Erörterung
- adressatenbezogenes Schreiben

Kompetenzen

Der Prüfling muss bei der Bearbeitung der Prüfungsaufgaben zeigen, dass er

- Sachtexte sowohl mithilfe von Texterschließungsstrategien selbstständig erschließen als auch Sachtexte mithilfe von Schreibstrategien eigenständig verfassen kann,
- verschiedene prüfungsrelevante Textsorten erkennen und anhand ihrer textsortenspezifischen Merkmale unterscheiden kann,
- Informationen aus Sachtexten bezogen auf eine bestimmte Aufgabenstellung entnehmen, ordnen, vergleichen, prüfen, beurteilen und durch eigene Kenntnisse ergänzen kann,
- Text- und Argumentationsstrukturen erkennen und verbalisieren kann,
- Zusammenhänge zwischen der Intention der jeweiligen Autorin / des jeweiligen Autors, der Textsorte und der sprachlichen Gestaltung des Textes und der möglichen Wirkung auf die Leser aufzeigen kann sowie
- zu einem aufgezeigten Sachverhalt und dessen Darstellung sachlich fundiert und argumentativ schlüssig Stellung nehmen kann.

Prüfungsaufgabe: Analyse pragmatischer Texte

Bei einer Textanalyse wird von Ihnen erwartet, dass Sie einen informierenden, argumentierenden oder appellierenden Sachtext im Hinblick auf seine zentralen Aussagen, seine Argumentationsstruktur und seine Machart analysieren können. An eine Textanalyse kann sich eine Stellungnahme Ihrerseits zu der Position der Autorin / des Autors anschließen; diese kann auch mit einem produktionsorientierten Auftrag in Form adressatenbezogenen Schreibens verbunden sein (z. B. einen Vortrag verfassen, einen Leserbrief schreiben).

Zeilenzähler	Makrostruktur: Gliederung des Textes in Sinnabschnitte und Angabe ihrer Funktion	Mikrostruktur: Detailaussagen der Sinnabschnitte und ihre Funktion	Sprachliche Gestaltung und ihre jeweilige Funktion
Welche Zeilen umfasst jeweils ein Abschnitt?	In welche Sinnabschnitte ist der Text unterteilt? Welche Funktion haben die Sinnabschnitte? (z. B. Textaufhänger, These, Argumente, Beispiele ...)	Welche detaillierten inhaltlichen Aussagen enthalten die einzelnen Sinnabschnitte?	Mit welchen formalen und sprachlichen Mitteln wird der Argumentationsgang unterstützt?
	Welche Wirkung soll damit beim Adressaten erzeugt werden?		

Beispielaufgabe in *Finale*: → S. 90 ff.

Prüfungsaufgabe: Erörterung pragmatischer Texte

Ausgehend von einer zuvor von Ihnen analysierten Textvorlage sollen Sie bei dieser Aufgabenart eine in der Vorlage thematisierte Problemstellung argumentativ erörtern. Dabei ist es das Ziel, dass Sie, Pro- und Kontrapositionen gegeneinander abwägend, zu einer begründeten Stellungnahme gelangen. Als Grundlage hierfür können neben pragmatischen Texten auch bildliche Darstellungen dienen: Grafiken, Schaubilder und Karikaturen oder auch Statistiken und Tabellen.
Im Gegensatz zu dieser „text- bzw. materialgebundenen Erörterung" ist als Variante auch eine „freie Erörterung" möglich, bei der ggf. nur ein Problem oder auch ein kurzes Impulszitat gegeben werden, mit dem Sie sich dann thematisch auseinandersetzen sollen. In beiden Fälle ist besonders darauf zu achten, dass der von Ihnen eingeschlagene Argumentationsgang in sich schlüssig und anschließend auch nachvollziehbar ist. Eine mögliche Aufgabe wäre: „Erörtern Sie, inwiefern Sie den schulischen Literaturunterricht für sinnvoll erachten."

Beispielaufgabe in *Finale*: → S. 90 ff.

Prüfungsaufgabe: Materialgestütztes Schreiben

Ziel dieser in Niedersachsen noch relativ neuen Aufgabenart ist es, auf der Grundlage verschiedener Materialien einen **informierenden** oder **argumentierenden** Text zu verfassen. Einen Überblick über die eventuell von Ihnen zu verfassenden Textsorten erhalten Sie auf Seite 203 dieses Buches. Argumentierende Texte sind z. B. eine Rezension oder ein Kommentar. Ein Lexikonartikel oder ein Beitrag für ein Programmheft wären dagegen primär informierende Texte. Im Gegensatz zum textbezogenen Schreiben erhalten Sie für Ihren materialgestützten Text deutlich mehr Texte, denen Sie relevante Informationen im Hinblick auf das zu realisierende Schreibziel entnehmen müssen. Während bei der Analyse und Interpretation einzelner Texte (textbezogenes Schreiben) eine inhaltlich, sprachlich und formal sehr genaue und tiefgründige Bearbeitung mit sehr klarem Bezug zum Text (Arbeit mit Textbelegen und Zitaten) von Ihnen erwartet wird, geht es beim Umgang mit den zahlreichen Texten beim materialgestützten Schreiben vor allem darum, relevante Informationen für das eigene Schreibziel im Kontext zu erfassen, mit eigenen Kenntnissen zu verknüpfen und im Hinblick auf den zu verfassenden Text sinnvoll zu strukturieren.

Beim **Verfassen eines informierenden Textes** ist es Ihr Ziel, den Leser einer bestimmten Adressatengruppe (Aufgabenstellung und/oder Kommunikationssituation berücksichtigen!) über einen Sachverhalt genau zu informieren. Es ist Ihre Aufgabe, dem Materialpool die wesentlichen Aussagen zu dem vorgegebenen Thema zu entnehmen, mit eigenen Worten darzustellen und so zu erklären, dass sie nachvollziehbar und verständlich sind. Dabei wird in der Regel auf Textbelege verzichtet. Zitate werden nur dann eingesetzt, wenn sie eine besondere Aussagekraft haben. Beim Verfassen Ihres Textes müssen Sie alle vorgegebenen Materialien (direkt oder indirekt) verwenden.

Beim **Verfassen eines argumentierenden Textes** ist es Ihr Ziel, zu einem strittigen Thema Position zu beziehen und den Leser durch eine kohärente Argumentation zu überzeugen. Es ist Ihre Aufgabe, den vorgegebenen Materialien nicht nur Informationen zu entnehmen, sondern auch die Position des jeweiligen Autors zu erfassen und auf diese zu reagieren. Im Vordergrund Ihres Textes steht aber Ihre eigene Positionierung zu der Problemfrage, die sie argumentativ und – je nach zu verfassender Textsorte – auch sprachlich-stilistisch geschickt vertreten müssen. Um ihre Position zu stützen, ist es in der Regel erlaubt, aus den Materialien auszuwählen und nur jene Argumente zu nutzen, die Ihrer subjektiven Darstellung zugutekommen.

Beispiel- und Originalaufgaben in *Finale*:
→ S. 32 ff., S. 102 ff., S. 113 ff.